이름값 경제학

나비의 활주로

이름값이 화폐가 되는 순간

BTS가 BTS했다

2022년, 한 문화 전문 기자가 방탄소년단의 콘서트 리뷰를 단 한 문장으로 마무리했다.

"BTS가 BTS했다."

짧은 문장이었지만, 전 세계 팬들은 모두 이해했다. 그 말은 'BTS답게, BTS의 이름값에 걸맞게, 모두가 기대한 것 이상의 무대를 보여줬다'는 뜻이었다. 이 표현 속에는 단순한 찬사 이상의 의미가 담겨 있다. **이름이 곧 기대가 되고, 기대가 곧 현실로 증명되는 순간**, 사람들은 "이름값을 했다."라고 말한다. BTS라는 이름은 더 이상 단순한 그룹명이 아니다. 그 이름은 이런 의미를 지닌다.

- 월드투어 매진을 보장하는 확실한 티켓
- 글로벌 브랜드와의 협업을 성사시키는 경제적 자산
- 국가 이미지를 높이는 문화적 상징

이것이 바로 **이름이 화폐로 작동하는 순간**이다. 설명이 필요 없는 이름, 증거가 이미 축적되어 신뢰가 자동으로 거래되는 힘. 바로 이것이

‘이름값 경제학’의 핵심이다.

이름은 화폐다

우리는 흔히 이름을 단순한 호칭으로 생각한다. 하지만 현실은 전혀 다르다. **이름은 사회적 신뢰와 직결된 가장 작은 경제 단위다.**

“김연아가 출전한다.” → 결과를 보지 않아도 기대치가 올라간다.

“워런 버핏이 투자했다.” → 주가는 곧장 움직인다.

“한강 작가가 썼다.” → 책의 판매량이 달라진다.

이 모든 현상은 이름이 곧 경제적 가치라는 사실을 보여준다. 그리고 이름값은 결코 유명인에게만 해당되는 것이 아니다. 당신이 일상에서 겪는 작은 신뢰와 기회 역시 이름값으로 결정된다.

직장에서 “이 프로젝트는 ○○씨가 맡으면 안심이다.”

고객에게 “이 프리랜서는 신뢰할 수 있다.”

대학에서 “그 학생은 성실하다.”

이 모든 것이 이름값이다. 그리고 이름값은 곧 더 많은 기회, 더 높은 보상, 더 단단한 관계로 이어지는 보증수표다.

떠오름, 보임, 검색됨의 힘

‘BTS’라는 이름을 들었을 때, 우리는 설명을 듣지 않아도 즉시 어떤 이미지가 떠오른다. 무대 위를 압도하는 퍼포먼스, 빌보드 1위의 기록, 유엔 연설에서의 진중한 메시지, 그리고 전 세계 팬들과의 따뜻한 소통까지. 그들의 이름은 단순한 브랜드가 아니라, 수천 번의 무대와 수억 건의 검색, 수많은 인터뷰와 기록들이 증명한 총합이다.

'BTS'라는 세 글자 안에는 사람들이 떠올리는 이미지, 보이는 콘텐츠와 행동, 검색되는 모든 증거가 압축되어 작동하고 있는 것이다.

우리는 이름값을 다음과 같은 세 가지 차원으로 정의할 수 있다.

떠오르는 것: 이름을 들었을 때 자동으로 연상되는 인상과 정체성

보이는 것: 콘텐츠, 무대, 결과물 등 눈앞에 보이는 활동과 증거

검색되는 것: 디지털에서 축적된 평판, 기사, 리뷰, SNS 언급 등

이 세 가지는 이름값의 '기억·체험·증거'이며, 교집합이 바로 '당신의 이름값'이다. 우리가 본문에서 다룰 이름값 공식은 다음과 같다.

이름값=(정체성+기능+신뢰+매력)×언어

이 공식은 내면의 가치가 외부 표현을 통해 시장과 연결될 때 진짜 이름값이 완성된다는 뜻이다. 그리고 이 공식은 이렇게도 말할 수 있다.

이름값=떠오름∩보임∩검색됨

이름을 들었을 때 무엇이 연상되고, 어떤 장면이 떠오르며, 어떤 정보

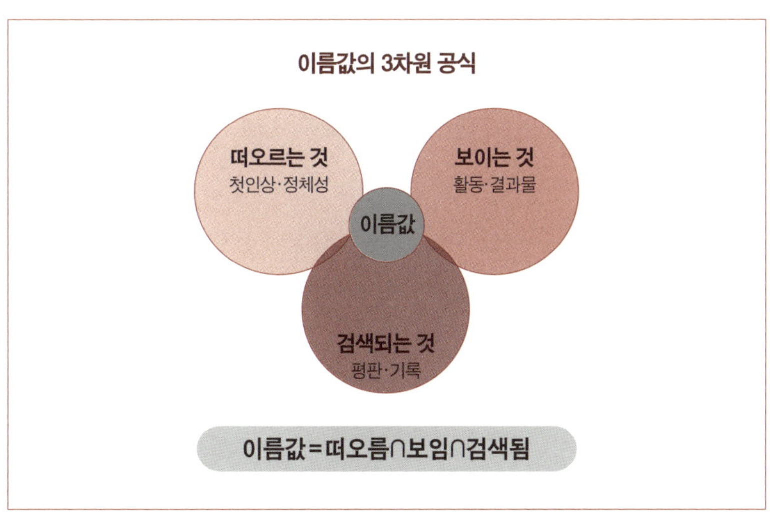

가 검색되는지가 그 사람의 증명되지 않은 자기소개서가 되는 시대다.

그런데 왜 이 총합이 중요한가? 사람들은 당신에 대해 긴 설명을 듣지 않는다. 당신의 이름을 들었을 때 무엇이 연상되느냐가 모든 판단의 시작점이 된다. 이것이 바로 이름값은 말이 아니라 증거로 완성된다는 이유다.

BTS처럼 거대한 플랫폼을 가진 사람들만이 아니다. 작은 무대, 작은 검색 결과, 작은 기억의 조각들이 모여 나라는 사람의 이름값을 구성한다.

"나는 누구인가?"라는 질문에 대한 진짜 대답은 당신의 이름을 누군가 떠올렸을 때, 무엇이 함께 떠오르는가에 달려 있다.

무경력 청년도 이름값을 만들 수 있다

최근 이런 뉴스가 화제가 됐다.

"경력 없어서 취업 안 돼… 무경험 20대 청년실업자 33.5% 급증"

무경력 청년들의 현실은 갈수록 암울해 보인다. 하지만 이름값 경제학의 관점에서 보면, 이름값은 화려한 경력에서만 시작되지 않는다. 경력 없는 청년들에게도 분명 자신의 가능성을 증명할 방법은 존재한다. 이름값은 작은 증거 하나를 쌓는 것에서 시작되기 때문이다.

그렇다면 무경력 청년들은 무엇을 해야 할까?

첫째, 작은 성과를 기록으로 남겨라.

콜롬비아대학교 심리학자 하이디 그랜트의 연구에 따르면, 개인이 자신의 성과를 구체적으로 기록할 때 자기효능감이 향상되며, 이는 실제 행동 변화로 이어질 가능성을 높인다.

미국 심리학회 보고서는 더 구체적이다. 성취 경험을 지속적으로 기록하는 사람들은 그렇지 않은 사람에 비해 목표 달성률이 평균 30% 이상 높다. 공모전 참가, 자격증 취득, 블로그 글 한 편, 유튜브 영상 하나도 성과가 된다. 작더라도 반복된 기록은 '증거 포트폴리오'로 축적된다.

둘째, 온라인 존재감을 만들어라.

오늘날 채용 시장에서 온라인 존재감은 곧 경쟁력이다. 미국의 한 고용 조사에 따르면, 채용 담당자의 70% 이상이 지원자의 온라인 기록을 확인하며, 긍정적인 평판은 면접 기회를 높이는 핵심 요소로 작용한다. 반면 하버드비즈니스리뷰에 따르면, 채용 1건당 평균 250개의 이력서가 접수되지만 면접 기회를 얻는 사람은 단 2~3%에 불과하다.

링크드인, 브런치, 노션 포트폴리오는 무료지만 강력한 증거 창고 역할을 한다. 구글에서 내 이름을 검색했을 때 아무것도 나오지 않는다면, 존재하지 않는 것과 같다.

셋째, 작은 신뢰부터 차근차근 쌓아라.

이름값은 갑자기 만들어지지 않는다. 무급 봉사, 동아리 프로젝트, 멘토링 참여처럼 작은 역할에서 시작된 신뢰가 쌓일 때, 그 사람의 이름에 처음으로 '의미'가 담기기 시작한다.

링크드인 공식 보고서에 따르면, 추천 글이 있는 프로필은 그렇지 않은 경우보다 더 자주 주목받고, 더 빠르게 채용 기회를 얻는다. 채용 담당자의 60% 이상이 "추천 글이 있을 경우 지원자의 신뢰도를 높게 평가한다."라고 답했다.

한 줄의 긍정 피드백, 한 장의 추천서, 한 번의 태그. 이 작은 흔적들이 결국 검색 결과에 남고, 이름에 '신뢰의 증거'를 더한다.

무경력의 본질은 '경력 없음'이 아니라 '증거 없음'이다.

무경력 청년에게 필요한 것은 스펙이 아니라 **작게·빨리·공개적**으로 증거를 만드는 시스템이다. 이름값은 스펙이 아니라 **신뢰의 총합**이기 때문이다.

유명인도 이름값을 잃는다

여기서 중요한 사실이 있다. 이름값은 만드는 것보다 지키는 것이 더 어렵다는 점이다. 인플루언서, 정치인, 기업 CEO, 심지어 세계적 스포츠 스타도 이름값을 잃을 수 있다. 한 번의 무리한 광고 협찬, 부정직한 발언, 반복된 일관성 없는 행동. 이 모든 것이 그동안 쌓아온 증거를 한순간에 무너뜨린다. **이름값은 '만들기 어렵고, 잃기는 쉬운 자산'이다.** 그렇기에 이 책은 이름값을 어떻게 만들고, 어떻게 지키며, 어떻게 경제적 자산으로 전환할 수 있는지에 대해 다룬다.

이 책은 하나의 간단한 질문에서 시작했다.

"당신의 이름은 얼마의 가치를 가지고 있는가?"

BTS가 BTS했다는 말은 이미 쌓인 증거가 이름값으로 작동했기 때문에 가능했다. 하지만 그 원리는 슈퍼스타만의 것이 아니다. 무경력 청년이라도, 작은 증거를 쌓으면 이름값을 만들 수 있다. 직장인이라도, 신뢰의 누적이 곧 성과와 기회로 돌아온다. 인플루언서와 유명인도, 이름값을 지키지 못하면 모든 것이 무너질 수 있다. 앞으로 이 책에서 우리는 다음을 탐구할 것이다.

- 이름값이 어떻게 신뢰를 만들고,
- 신뢰가 어떻게 경제적 가치로 전환되며,
- 이름값을 증거로 자신의 가치를 증명할 수 있는 구체적인 방법은 무엇인지.

이 책은 지금까지 알고 있던 그저 그런 브랜딩 책이 아니다. 이것은 당신의 이름이 곧 경제적 화폐가 되는 과정에 대한 지도이자 실전 안내서다.

이름값은 호감이 아니라 '반복된 증거'의 총합이다. 증거가 쌓일수록 가치는 논리적으로 증명된다. BTS가 BTS했다는 표현은 우리 시대의 새로운 언어다. 그리고 이 책이 말하고자 하는 핵심은 단 하나다.

"퍼스널 브랜딩은 이름에 증거를 더해 이름값을 만드는 과정이다. 이름은 곧 화폐다."

CONTENTS

이름은 왜 화폐가 되는가(본질 편)

이름은 왜
화폐가 되는가

본질 편

이름값의 본질

이름은 단순한 기호가 아니다

2019년, 한 실험이 마케팅 업계를 뒤흔들었다. 똑같은 화이트 티셔츠 두 벌을 준비했다. 하나는 무명 브랜드, 다른 하나는 명품 브랜드 로고를 달았다. 소재도 같고, 봉제 방식도 같고, 심지어 제조 공장도 같았다. 단 하나 다른 것은 이름뿐이었다. 결과는 충격적이었다. 명품 브랜드 로고가 달린 티셔츠는 무명 브랜드보다 평균 12배 높은 가격에 팔렸다. 소비자들은 기꺼이 더 많은 돈을 지불했고, 만족도도 더 높았다.

이것이 바로 **이름값의 실체**다. 우리는 흔히 이름을 단순한 호칭이라고 생각한다. 그러나 이름은 그 자체로 하나의 **경제적 신호**다. 이름에 따라 가격이 달라지고, 기회가 달라지고, 심지어 운명까지 달라진다.

경제학적으로 보면, 이름은 단순한 '표식'이 아니라 **신뢰와 경험이 압축된 가치 단위**다. 바로 이것이 '이름값 경제학'의 출발점이다.

워런 버핏이 증명한 이름의 힘

세계 최고의 투자자 워런 버핏에게는 흥미로운 습관이 하나 있다. 그는 투자 결정을 내릴 때 "이 회사의 이름값은 얼마나 되는가?"를 가장 먼저 묻는다. '가치 투자의 대가'다운 질문이다. 버핏이 코카콜라에 투자한 이유도 바로 이름값 때문이었다. 그는 이렇게 말했다.

"만약 코카콜라의 모든 공장과 설비가 하루아침에 사라진다 해도, 회사는 'Coca-Cola'라는 이름 하나만으로 다시 일어설 수 있다. 이것이 진짜 자산이다."

실제로 코카콜라의 브랜드 가치는 약 800억 달러로 평가된다. 이는 회사 전체 시가총액의 30% 이상을 차지하는 규모다. 설탕물에 불과한 제품이 이처럼 높은 가치를 갖는 이유는 단 하나, 이름값 때문이다.

명목 가치와 실질 가치의 역설

이름값은 언제나 **명목 가치와 실질 가치** 사이의 간극을 보여준다.

- **명목 가치**: 겉으로 드러나는 이름, 알려진 브랜드, 외형적 인지도
- **실질 가치**: 실제 기능, 성능, 증명 가능한 성과

놀라운 사실은 사람들이 종종 실질 가치보다 이름값(명목 가치)에 따라 더 많은 비용을 지불한다는 점이다. 하버드 비즈니스 스쿨의 연구에 따르면, 소비자의 67%가 동일한 품질의 제품이라도 브랜드 이름에 따라 최대 40%까지 더 높은 가격을 지불할 의향이 있다고 답했다.

왜 이런 현상이 일어날까? 이름은 단순한 표식이 아니라, **과거의 증거와 신뢰가 집적된 상징**이기 때문이다.

브랜드 가치로서의 이름

글로벌 브랜드 컨설팅 회사 인터브랜드Interbrand가 매년 발표하는 '세계 100대 브랜드 가치 순위'를 보면, 이름값의 실체가 더욱 명확해진다.

*** 2023년 기준 상위 5개 브랜드**

애플 - 4,821억 달러

마이크로소프트 - 2,789억 달러

아마존 - 2,744억 달러

구글 - 2,816억 달러

삼성 - 910억 달러

이 숫자들이 의미하는 바는 명확하다. **이름 그 자체가 수백조 원의 경제적 가치를 갖는다**는 것이다. 브랜드 경제학에서 이름이 곧 자산인 이유는 세 가지다.

- **신뢰 보증** 이름이 품질과 신뢰성을 보장한다.
- **선택 단순화** 복잡한 의사결정을 이름 하나로 해결한다.
- **감정적 연결** 이름이 주는 정체성과 소속감을 제공한다.

당신 주변의 이름값 경제학

이름값은 거대 기업만의 이야기가 아니다. 당신의 일상 곳곳에서 이름값 경제학은 작동하고 있다.

• 직장에서의 이름값 - "이 일은 김 과장님이 담당하시죠."

이 한 마디에는 과거의 성과, 신뢰도, 전문성이 모두 압축되어 있다. 김 과장의 '이름값'이 새로운 기회를 만들어낸 순간이다.

• 온라인에서의 이름값 - 유튜버 '백종원'의 레시피 영상은 조회 수가 수백만을 넘나든다. 같은 레시피라도 무명의 요리사가 올린다면? 결과는 천지 차이다. 이것이 디지털 시대의 이름값이다.

• 지역 경제에서의 이름값 - 충북 음성의 '귀족수박'은 같은 수박이라도 '귀족'이라는 이름이 붙자, 일반 수박보다 30~50% 높은 가격에 팔린다. 높은 당도와 엄격한 품질 관리로 쌓인 신뢰가 이름값으로 전환된 사례다.

이름이 곧 화폐인 시대

스탠퍼드 대학의 경제학자 로버트 홀Robert Hall은 이렇게 말했다. "21세기 경제에서 가장 중요한 자산은 물리적 자본이 아니라 무형 자산이다. 그중에서도 브랜드와 평판이 핵심이다."

실제로 S&P 500 기업들의 무형자산 비중은 1975년 17%에서 2020년 90%로 급증했다. 이는 기업 가치의 대부분이 눈에 보이지 않는 자산, 즉 **이름값**에서 나온다는 의미다. 여기서 이름값 경제학 첫 번째 공식이 출발한다. 이름은 곧 화폐다. 이름은 시장에서 거래되는 가장 강력한 통화다.

- 이름은 제품의 가격을 바꾼다.
- 이름은 사람의 기회를 만든다.
- 이름은 기업의 경쟁력을 결정한다.
- 이름은 국가의 위상까지 좌우한다.

즉, 이름은 보이지 않는 화폐 단위로 작동한다. 그리고 이 화폐는 꾸준히 관리하고 증거로 쌓을 때만 값어치를 유지한다.

당신의 이름값을 점검해보라

MIT 경영대학원의 연구에 따르면, 개인의 평판과 브랜드가 연봉에 미치는 영향은 평균 23~35%에 달한다. 같은 능력이라도 이름값에 따라 받는 대우가 완전히 달라진다는 뜻이다. 그렇다면 지금 당신에게 묻고 싶다. **당신의 이름은 지금 어떤 가치를 갖고 있는가?**

- 동료들이 당신의 이름을 들었을 때 떠오르는 첫 번째 단어는 무엇인가?
- 고객이나 파트너가 당신을 선택하는 이유는 무엇인가?
- 구글에서 당신의 이름을 검색했을 때 나오는 결과는 어떤가?

만약 명확한 답이 없다면, 당신의 이름은 아직 단순한 호칭에 머물러 있을 가능성이 높다. 하지만 걱정할 필요는 없다. 이름값은 만들어지는 것이고, 누구나 자신만의 이름값을 설계할 수 있다. 다음 장에서는 이름이 어떻게 단순한 호칭을 넘어 경제적 자산이 되는지, 그 과정을 구체적으로 살펴볼 것이다.

이름값은 선택이 아니라 필수다. 디지털 시대에 이름값 없는 개인이나 기업은 존재하지 않는 것과 같다. 당신의 이름이 화폐가 되는 여정이 바로 지금 시작된다.

이름은 단순한 호칭이 아니다

이름이 불리는 순간의 마법

2020년 도쿄 올림픽 양궁 결승전. 안산 선수가 마지막 화살을 쏘기 직전, 해설자가 말했다. "안산! 대한민국 양궁의 전설이 또 다른 금메달을 향해 활을 당깁니다!" 그 순간 전 세계가 주목했다. '안산'이라는 이름 하나에 대한민국 양궁의 전통, 정확성, 승부 근성이 모두 압축되어 있었기 때문이다.

당신도 이런 경험이 있을 것이다. 교실에서 선생님이 내 이름을 불렀던 순간, 회의실에서 팀장이 "○○씨, 이 프로젝트 어떻게 생각하세요?"라고 했던 순간. 이름이 불리는 그 순간, 공기가 달라진다. 사람들의 시선이 모이고, 나의 대답과 행동이 평가되기 시작한다.

이름은 단순히 부르는 소리가 아니다. 이름은 나를 대신하는 가장 짧은 브랜드다.

뇌과학이 밝힌 이름의 비밀

심리학자 데일 카네기는 1936년 『인간관계론』에서 이렇게 말했다. "한 사람의 이름은 그 사람에게 가장 달콤하고 중요한 소리다."

80여 년이 지난 지금, 뇌과학이 카네기의 통찰을 증명하고 있다. 2018년 하버드 의대 신경과학과의 연구에 따르면, 사람이 자신의 이름을 들을 때 뇌의 보상 중추가 활성화되며, 이는 달콤한 음식을 먹을 때와 동일한 반응이라고 밝혔다.

더 흥미로운 사실은 다른 사람의 이름을 들을 때의 반응이다. MIT 인지과학과의 2019년 연구 결과, 사람들이 특정 이름을 들을 때 0.3초 이내에 그 이름과 연관된 이미지, 감정, 경험이 자동으로 떠오른다고 한다. 즉, 이름은 단순한 음성 신호가 아니라 뇌에 저장된 데이터베이스의 검색 키워드다.

- 김연아 → '피겨의 여왕', '완벽한 연기', '국민적 자긍심'
- 스티브 잡스 → '혁신', '아이폰', '창조적 파괴'
- 손흥민 → '월드클래스', '겸손함', '팀플레이'

이름의 경제적 파워는 숫자로 증명된다.

워런 버핏 효과

2020년 8월, 워런 버핏의 버크셔 해서웨이가 일본 5대 상사 주식을 매입했다고 발표했다. 발표 직후 도쿄 증시에서 해당 기업들의 주가는 평균 7.5% 급등했다. CNBC는 이를 "버핏 네임 밸류의 즉각적인 경제 효과"라고 보도했다.

BTS 경제 효과

현대경제연구원이 2020년 발표한 보고서에 따르면, BTS 한 그룹이 창출하는 연간 경제 효과는 약 5조 1,600억 원에 달한다. 이는 중견 기업 26개의 연간 매출액과 맞먹는 규모다. 단순히 7명의 가수가 아니라, 'BTS'라는 이름 자체가 경제적 자산이 된 것이다.

디지털 시대의 이름값 공식

전 구글 CEO 에릭 슈미트는 2010년 테크크런치 컨퍼런스에서 이렇게 경고했다. "인터넷에서 검색되지 않는 것은 존재하지 않는 것과 같다." 13년이 지난 지금, 이 말은 예언이 되었다.

검색 결과가 곧 이름값

구글 트렌드 분석에 따르면, 개인 이름 검색량과 그 사람의 사회적 영향력 사이에는 강한 상관관계가 있다. 검색되지 않는 이름은 디지털 시대에 존재감이 없는 이름이다. 마이크로소프트의 2022년 연구 보고서는 더욱 구체적이다. 온라인 개인 브랜드가 확립된 전문가는 그렇지 않은 경우보다 평균 32% 높은 연봉을 받는다고 밝혔다.

인스타그램, 링크드인, 유튜브에서의 존재감이 곧 이름값이 되는 시대다. 딜로이트의 2023년 조사에 따르면, Z세대의 67%가 구매 결정 시 개인 인플루언서의 추천을 브랜드 광고보다 신뢰한다고 답했다.

이름값이 없는 사람의 대가

그렇다면 이름값이 없는 사람은 어떤 손실을 입을까? 하버드 비즈니스 스쿨의 2021년 연구에 따르면, 개인 브랜드가 없는 전문가는 동일한 역량을 가진 경쟁자 대비 평균 28% 적은 기회를 얻는다고 나타났다. 구체적인 손실은 다음과 같다.

- 설명 시간 3배 증가: 신뢰를 얻기 위해 더 많은 설명과 증명이 필요하다.
- 협상력 약화: 이름값이 없으면 가격 경쟁력으로만 승부해야 한다.
- 기회 접근성 저하: 추천과 소개를 받을 확률이 현저히 낮다.
- 성장 속도 지연: 같은 성과를 내도 인정받는 데 더 오랜 시간이 걸린다.

이름은 자산이다

스탠퍼드 경영대학원의 칩 히스(Chip Heath) 교수는 이렇게 말한다. "21세기 개인의 가장 중요한 자산은 금융 자산이 아니라 평판 자산이다. 그리고 그 평판은 이름에 축적된다."

이제 분명해진다. 이름은 단순한 호칭이 아니다. 이름은 다음을 의미한다.

- 신뢰를 담는 그릇
- 증거를 쌓을수록 가치가 올라가는 계좌

- 시장에서 통용되는 화폐 단위
- 미래의 기회를 부르는 자석

당신의 이름이 불렸을 때, 사람들의 머릿속에 떠오르는 이미지와 감정이 바로 당신의 '이름값'이다. 그 이름값은 미래의 기회, 경제적 보상, 인간관계의 질을 결정짓는 가장 중요한 개인 자산이다.

이제 가장 중요한 질문을 해 보자. **"당신의 이름은 지금 이 순간 무엇을 하고 있는가?"** 당신이 잠들어 있는 동안에도, 당신의 이름은 24시간 일하고 있다. 누군가 당신을 떠올릴 때, 당신을 추천할 때, 당신을 평가할 때 당신의 이름은 쉬지 않고 작동한다.

이름값 없는 사람 vs 이름값 있는 사람

이름값 없는 김 대리의 하루는 이렇다. 아이디어를 제안해도 "검토해보겠습니다."라는 답을 듣고, 같은 성과를 내도 "운이 좋았네요."라는 말을 듣는다. 새 프로젝트 기회는 항상 다른 사람에게 넘어가고, 연봉 협상에서도 "예산이 부족해서…."라는 말만 듣는다.

반면, 이름값 있는 박 대리의 하루는 다르다. 아이디어를 제안하면 "역시 박 대리답네요."라는 답을 듣고, 같은 성과를 내면 "박 대리니까 가능했죠."라고 인정받는다. 새 프로젝트는 항상 먼저 제안받고, 연봉 협상에서도 "박 대리는 특별히…."라는 말로 좋은 결과를 얻는다.

결국 차이는 능력이 아니라 이름값이다. 당신의 이름이 단순한 호칭을 넘어 자산으로 작동하고 있다면, 다음 세 가지 신호가 나타난다.

이름값 자가진단 체크리스트

☐ **인지도 테스트**: 동료 5명에게 "나를 한 단어로 표현한다면?"이라고 물어보라.

☐ **검색 테스트**: 구글에서 내 이름을 검색했을 때 긍정적 결과가 첫 페이지에 나오는가?

☐ **추천 테스트**: 지난 6개월간 누군가 나를 다른 사람에게 추천한 경험이 있는가?

☐ **프리미엄 테스트**: 같은 일을 하는 다른 사람보다 더 높은 대우를 받고 있는가?

☐ **신뢰 테스트**: 처음 만나는 사람도 내 이름만 들으면 어느 정도 신뢰하는가?

만약 5개 중 3개 이하라면, 당신의 이름은 아직 잠재력을 발휘하지 못하고 있다.

1. **설명 생략 효과** - 별도 설명 없이도 신뢰받는 상태가 된다.(예: "이 일은 ○○씨가 하면 되겠네요.")

2. **프리미엄 효과** - 같은 조건에서도 더 좋은 기회, 더 높은 대우를 받는다.

3. **자동 추천 효과** - 당신이 홍보하지 않아도 다른 사람이 자발적으로 추천한다.

이 세 가지 효과가 나타났다면, 축하한다. 당신의 이름은 이미 경제적 자산으로 작동하고 있다.

만약 당신의 이름이 아직 호칭 단계에 머물러 있다 해도, 절망할 필요는 없다. 모든 이름값은 첫 번째 증거에서 시작된다. 스티브 잡스도 처음에는 무명이었고, 김연아도 처음에는 꼬마 피겨 선수였다. BTS도 처음에는 작은 기획사의 연습생들이었다.

중요한 것은 시작이 아니라 방향이다. 다음 장에서는 이름이 어떻게 신뢰의 화폐로 전환되는지, 그 구체적인 메커니즘을 살펴볼 것이다. 당신의 이름이 처음으로 '신뢰'라는 화폐로 거래되는 순간의 비밀을 파헤쳐보자.

핵심을 기억하라! 이름은 당신이 잠들어 있을 때도 24시간 일하는 무급 직원이다. 그 직원이 당신을 위해 제대로 일하고 있는지 지금 당장 점검해보라.

신뢰가 거래로 바뀌는 순간

거래보다 먼저 오는 것

2020년 3월, 전 세계가 코로나19로 혼란에 빠졌을 때 한 가지 놀라운 현상이 일어났다. 마스크가 품귀 현상을 겪는 상황에서, 사람들은 정부 인증 마크가 붙은 제품만 찾았다. 같은 기능을 하는 마스크라도 '식약처 인증'이라는 신뢰의 표시가 없으면 아무도 사지 않았다. 심지어 더 저렴하고 성능이 좋은 마스크가 있어도, 사람들은 기꺼이 더 비싼 인증 제품을 선택했다. 이것이 바로 **신뢰가 거래를 만드는 순간**이다.

우리는 흔히 '거래'라 하면 가격과 품질을 떠올린다. 하지만 실제로 거래보다 먼저 오는 것은 신뢰다. 편의점에서 생수를 살 때, 우리는 그 물을 검사하지 않는다. 그냥 계산대에 올리고 돈을 낸다.

왜일까? "이 편의점에서 파는 물은 안전하다."라는 신뢰가 있기 때문이다. 아무리 좋은 제품이라도 "이거 괜찮을까?"라는 의심이 생기는 순간, 거래는 지연된다. 거래는 결국 신뢰 위에서만 성립한다.

신뢰가 거래를 만든다는 과학적 증거

하버드 케네디 스쿨의 경제학자 에드워드 글레이저Edward Glaeser는 2000년 발표한 연구에서 이렇게 밝혔다. "신뢰 수준이 1 표준편차 증가하면, 경제성장률이 연간 0.5%포인트 상승한다." 정치경제학자 프랜시스 후쿠야마는 1995년 저서 『트러스트: 사회적 덕목과 번영의 창조』에서 더욱 명확히 말했다.

"신뢰는 사회적 자본이며, 경제의 보이지 않는 윤활유다. 신뢰 없이는 시장경제가 제대로 작동할 수 없다."

이는 단순한 철학이 아니다. 데이터로도 증명된다. 2019년 에델만 트러스트 바로미터 특별 보고서에 따르면 소비자의 81%가 "브랜드를 신뢰할 수 있어야 구매한다."라고 답했다. 또한 단 33%만이 자신이 구매하는 대부분의 브랜드를 신뢰한다고 말했다.

PwC 2021년 글로벌 CEO 조사는 더욱 충격적이다. CEO의 58%가 "신뢰 상실이 매출에 직접적인 타격을 준다."라고 답했다. 신뢰도가 높은 기업은 그렇지 않은 기업보다 평균 2.5배 높은 주가 수익률을 기록했다.

노스웨스턴 대학 스피겔 연구센터(2019)의 온라인 리뷰 연구 결과에서는 리뷰가 전혀 없는 제품 대비 5개의 리뷰가 있는 제품의 구매 가능성은 270% 증가, 리뷰 평점이 1점 상승할 때마다 매출이 평균 5~9% 증가했다. 즉, 신뢰가 있으면 거래가 성립하고, 신뢰가 없으면 아무리 좋은 조건이라도 거래는 멈춘다.

신뢰가 가격을 바꾸는 순간

신뢰는 단순히 거래 여부만 좌우하지 않는다. 신뢰는 가격 자체를 바꾼다. 같은 원두를 사용해도 스타벅스 커피는 일반 카페보다 30~50% 비싸다. 소비자들은 기꺼이 이 가격을 지불한다. 왜일까? 스타벅스라면 일정한 품질을 보장한다는 신뢰 프리미엄 때문이다.

루이비통 가방과 무명 브랜드 가방의 소재와 제조 공정이 비슷해도, 가격 차이는 10배 이상 난다. 이는 명품 브랜드가 쌓아온 신뢰의 증거가 가격으로 환산된 결과다.

업워크Upwork 2023년 데이터에 따르면, 5점 만점에 4.8점 이상 평점을 받은 프리랜서는 같은 서비스를 40% 더 비싼 가격에 제공할 수 있다. 포트폴리오가 비슷해도 '이 사람은 믿을 만하다'는 신뢰값이 프리미엄을 만들어낸다. 신뢰는 가격을 바꿀 뿐만 아니라 기회 자체를 창조한다. 링크드인이 2022년 발표한 '글로벌 채용 트렌드' 보고서를 보면 채용 시장에서의 신뢰 효과를 확인할 수 있다.

- 추천서나 평판이 있는 지원자는 면접 기회를 얻을 확률이 5배 높다.
- 같은 스펙이라도 '신뢰할 수 있는 인물'이라는 평가를 받은 지원자는 연봉 협상에서 평균 23% 우위를 점한다.

한 대기업 인사팀장은 이렇게 말한다. "이력서만 보면 비슷한 지원자들이 많습니다. 하지만 '이 사람과 함께 일하고 싶다'는 신뢰를 주는 지원자는 드물어요. 그런 지원자를 만나면 조건을 맞춰서라도 모시고 싶습니다.”

맥킨지 2021년 B2B 의사결정 연구에 따르면 B2B 시장에서도 신뢰
효과는 유효하다는 것을 알 수 있다.

- B2B 구매자의 77%가 ‘공급업체에 대한 신뢰’를 최종 구매 결정의 핵심 요소로
  꼽았다.
- 신뢰도가 높은 공급업체는 재계약률이 85% 이상으로, 그렇지 않은 경우
  (43%)보다 2배 이상 높았다.

한국소비자원 2022년 ‘소상공인 신뢰도 조사’에 따르면 자영업에서의
신뢰 효과는 보다 강력해 보인다.

- 자영업체 고객의 78%가 ‘사장의 인품과 신뢰도’를 재방문 결정의 핵심 요소로
  꼽았다.
- 신뢰도가 높은 자영업체는 단골 고객 비율이 70% 이상으로, 평균(34%)보다 2
  배 이상 높았다.

신뢰는 가격과 기회를 만드는 힘을 가지지만 반대로 신뢰가 사라지
는 순간의 파괴력 또한 강력한 힘을 갖는다. 신뢰가 무너지는 순간, 거
래도 함께 무너진다. 그 파괴력은 상상을 초월한다.

2021년, 한 유명 유튜버가 허위 광고 논란에 휩싸였다. 600만 명의
구독자를 보유했음에도 불구하고 브랜드 협찬 제의는 90% 이상 감소,

광고 단가는 70% 급락했다. 또한 새로운 영상의 조회 수가 이전 대비 50% 감소하면서 개인 브랜드는 붕괴되었다.

기업의 신뢰 위기 사례는 더 충격적이다. 2019년 보잉 737 MAX 추락 사고 이후 보잉의 주가는 6개월간 25% 하락했으며, 전 세계 항공사들이 737 MAX 주문을 취소하거나 연기했다. 결국 브랜드 가치 손실액만 약 600억 달러로 추산됐다.

하버드 비즈니스 스쿨 마이클 루카Michael Luca 교수의 2016년 연구는 온라인 평판의 즉각적 영향이 얼마나 큰지를 보여주는 지표다.

- 옐프(Yelp) 평점이 1점 하락하면 매출이 5~9% 감소
- 특히 신규 업체의 경우 한 번의 나쁜 리뷰로 인한 신뢰도 회복에 평균 12개의 좋은 리뷰 필요

이름값 경제학의 핵심 공식

MIT 슬론 경영대학원의 던컨 시메스터Duncan Simester 교수는 2020년 연구에서 이렇게 결론지었다. "디지털 시대에 신뢰는 새로운 화폐다. 신뢰를 잃는 것은 곧 시장에서 퇴출되는 것과 같다."

이 장에서 얻을 수 있는 핵심 공식은 명확하다.

신뢰 → 거래 성립 / 신뢰 결핍 → 거래 중단 / 신뢰 파괴 → 기회 소멸

즉, 이름값 경제학의 핵심 공식은 '신뢰=거래 가능성'이다.

그리고 신뢰는 말로 얻는 것이 아니라, 반복된 증거로만 만들어진다. 한 번의 작은 실수가 오랫동안 쌓아온 신뢰를 한순간에 무너뜨릴 수 있지만, 신뢰를 쌓는 것은 시간과 일관성이 필요한 과정이다.

이제 가장 중요한 질문을 해 보자.

당신의 이름은 지금 누군가에게 '신뢰의 신호'로 작동하고 있는가?

신뢰 자산 자가진단

☐ **즉석 신뢰 테스트** 처음 만나는 사람도 내 이름만 들으면 어느 정도 신뢰하는가?

☐ **거래 성사율 테스트** 내가 제안하는 일이나 협업이 성사되는 비율은?

☐ **재거래 테스트** 한 번 거래한 상대방이 다시 나를 찾는 비율은?

☐ **추천 테스트** 내 이름이 다른 사람의 입을 통해 추천되는 빈도는?

☐ **프리미엄 테스트** 같은 일을 하는 다른 사람보다 더 좋은 조건을 받는가?

만약 신뢰 자산 자가진단에서 명확한 답을 할 수 없다면, 당신의 이름은 아직 신뢰의 화폐로 작동하지 못하고 있다. 하지만 좌절할 필요는 없다. 신뢰는 만들어지는 것이고, 체계적으로 쌓을 수 있는 자산이다.

다음 장에서는 이름값이 없을 때 치르게 되는 구체적인 대가와 비용에 대해 살펴볼 것이다. 그리고 그 대가가 얼마나 큰지 알 때, 비로소 이름값 구축의 진정한 가치를 깨닫게 될 것이다.

기억하라! 신뢰는 21세기의 새로운 화폐다. 당신의 이름이 신뢰의 화폐로 거래되고 있는지 지금 당장 점검해보라. 신뢰를 쌓는 것은 시간이 걸리지만, 잃는 것은 한순간이다.

이름값이 없는 사람의 대가

존재하지 않는 것과 같은 이름

2020년 초, 한 젊은 개발자가 구직 활동을 시작했다. 실력은 뛰어났지만 포트폴리오는 로컬 컴퓨터에만 있었고, 온라인에는 아무런 흔적이 없었다. 구글에서 자신의 이름을 검색해봤다. 결과는 충격적이었다. 아무것도 나오지 않았다. 사진도, 기록도, 성과도 없었다. 디지털 시대에서 이는 곧 존재하지 않는 것과 같았다.

전 구글 회장 에릭 슈미트는 2010년 테크크런치 디스럽트 컨퍼런스에서 이렇게 경고했다. "인터넷에 존재하지 않는다면, 그것은 존재하지 않는 것이다." 13년이 지난 지금, 이 말은 예언이 되었다. 이름값이 없는 사람은 사회적으로 '투명인간'이 된다. 아무도 떠올리지 않고, 아무도 기억하지 않는다. 그 결과, 새로운 기회에서 가장 먼저 탈락한다.

이름값이 없을 때 생기는 숨겨진 비용

이름값이 없다는 것은 단순히 유명하지 않다는 뜻이 아니다. 그것은 설명 비용, 설득 비용, 신뢰 비용이 기하급수적으로 늘어난다는 뜻이다.

취업 시장에서의 설명 비용

하버드 비즈니스 스쿨 질 에이브리Jill Avery 교수의 2023년 연구에 따르면, 이름값이 없는 지원자는 동일한 성과를 설명하는 데 평균 3배 더 많은 시간이 필요하다고 밝혔다.

무경력 청년이 이력서만 제출하면, 기업은 '이 사람이 누구인지' 알 수 없다. 결국 면접에서 몇 배 더 설명해야 하고, 자기 PR에 시간을 쏟아야 한다. 반대로 이름값이 있는 지원자는 짧은 설명만으로도 신뢰를 얻는다.

프리랜서 시장에서의 신뢰 비용

업워크 2023년 글로벌 프리랜서 보고서에 따르면 이름값이 없는 신규 프리랜서는 첫 계약을 위해 평균 40% 할인된 가격을 제시해야 한다. 반면 평점 4.5점 이상의 기존 프리랜서는 시장가보다 25% 높은 수주가를 받는다.

처음 의뢰받을 때 '이 사람은 믿을 만한가?'라는 불신이 앞선다. 이름값이 없는 프리랜서는 단가를 낮춰야 거래가 이루어진다. 하지만 이름값 있는 프리랜서는 오히려 높은 가격에도 선택된다.

자영업에서의 마케팅 비용

한국소상공인진흥공단 2022년 조사에 따르면 이름값이 없는 신규 자영업체는 홍보 비용이 매출의 15~20%에 달한다. 반면 지역에서 인지도가 있는 자영업체는 홍보 비용이 매출의 3~5%에 불과하다.

"저 가게가 뭐 하는 곳이지?"라는 질문부터 시작해야 한다면, 이미 손님을 절반은 잃은 셈이다. 이름값이 없는 가게는 가격 할인, 과도한 홍보에 의존하게 된다.

이름값이 없으면 늘 더 많이 설명하고, 더 싸게 팔고, 더 힘들게 설득해야 한다. 이것이 이름값 부재의 경제학이다.

'아무도 찾지 않는 이름'의 위험

시카고대학교 부스 경영대학원의 행동과학자 니콜라스 엡리Nicholas Epley 교수의 연구에 따르면, 사람들은 선택지가 많을 때 '친숙한 이름'을 우선적으로 선택하는 '가용성 휴리스틱Availability Heuristic' 현상이 나타난다.

2018년 소비자 심리학 저널에 발표된 연구 결과

소비자는 브랜드 선택 시 친숙함이 품질 인식에 미치는 영향이 40%에 달한다.

온라인 쇼핑에서 검색 결과 상위 3개 브랜드가 전체 클릭의 75%를 차지한다.

즉, 이름값이 없다는 것은 선택의 순간에 후보군에조차 오르지 못한다는 뜻이다.

채용 공고에서 100명이 지원했을 때, 이름값 있는 지원자는 바로 눈에 띄고, 이름값 없는 지원자는 묻힌다. 배달 앱의 수많은 음식점 중에서도 이름값 있는 브랜드는 클릭되고, 이름값 없는 가게는 리스트 속에서 사라진다. 마찬가지로 프리랜서 플랫폼에서도 수백 명 중 리뷰와 이름값이 있는 사람에게만 의뢰가 몰린다. **이름값이 없으면 경쟁조차 시작할 수 없다.**

부정적 이름값의 더 큰 대가

더 무서운 것은 이름값이 '없음'보다 '나쁨'으로 기억될 때다.

- "그 사람은 믿을 수 없어."
- "그 가게는 불친절해."
- "그 프리랜서는 마감을 자주 어겨."

한 번 부정적 이름값이 생기면, 그 사람은 어떤 설명을 해도 설득하기 어렵다. 이는 심리학의 '확증편향Confirmation Bias' 효과 때문이다. 스탠퍼드대학교 심리학과의 레이몬드 닉커슨Raymond Nickerson 교수는 1998년 발표한 연구에서 "사람들은 기존에 믿고 있던 이미지를 강화할 정보만 받아들이는 경향이 있다."라고 밝혔다.

브리티시 컬럼비아대학교 2019년 연구 결과

부정적 첫인상을 바꾸기 위해서는 긍정적 경험이 평균 12~15회 필요하다.

하지만 긍정적 첫인상을 무너뜨리는 데는 단 1~2회의 부정적 경험이면 충분하다.

즉, 부정적 이름값은 회복하기 훨씬 어렵다. 이름값이 없는 것보다 훨씬 치명적이다.

이름값이 없는 사람이 치르는 구체적 대가

경제적 손실의 실체

- PMC(PubMed Central) 2019년 연구 'Get Noticed to Get Ahead'에 따르면:
- 연봉 격차: 개인 브랜드가 없는 전문가는 동일한 역량 대비 평균 23~28% 낮은 연봉을 받는다.
- 기회 접근성: 새로운 기회를 얻을 확률이 40% 낮다.
- 협상력 약화: 가격 경쟁력으로만 승부해야 하므로 마진이 평균 35% 낮다.
- 성장 속도: 같은 성과를 내도 인정받는 데 2~3배 더 오랜 시간이 걸린다.

시간 비용의 증가

- 설명 시간 3배 증가: 신뢰를 얻기 위해 더 많은 설명과 증명이 필요하다.
- 의사결정 지연: 상대방이 검토하고 판단하는 시간이 길어진다.
- 재거래 확률 저하: 신뢰 부족으로 지속적 관계 형성이 어렵다.

이름은 신뢰의 최소 단위

MIT 슬론 경영대학원의 던컨 시메스터Duncan Simester 교수는 2021년 연구에서 이렇게 결론지었다. "디지털 경제에서 개인 브랜드가 없다는 것은 신용카드 없이 쇼핑하려는 것과 같다. 기술적으로는 가능하지만, 모든 거래가 복잡하고 비효율적이 된다."

이름은 단순한 호칭이 아니다. 이름은 신뢰의 최소 단위다. 이름값이 없는 사람은 늘 불리한 출발선에 선다. 하지만 절망할 필요는 없다. 다음 장에서는 이름값을 체계적으로 관리해야 하는 이유와 그 구체적인 방법을 살펴볼 것이다.

이름값은 왜 관리해야 하는가

이름은 관리하지 않아도 만들어진다

놀라운 사실이 하나 있다. 이름값은 우리가 의도하지 않아도 이미 만들어지고 있다는 점이다.

- 한 번의 인터뷰, 한 번의 발표, 한 번의 실수
- 주변 동료의 평가, 고객의 리뷰, 온라인에 남긴 글
- 심지어 소셜미디어의 '좋아요' 하나까지

이 모든 것이 24시간 쌓여 당신의 이름값이 된다. 문제는, 좋은 방향으로 쌓이리라는 보장이 없다는 것이다. 관리하지 않은 이름은 공백이 되거나, 때로는 부정적으로 굳어진다.

방치된 이름값의 위험

하버드 비즈니스 스쿨의 질 에이브리 교수와 레이첼 그린왈드는 2023년 하버드비즈니스리뷰에 방치된 이름값의 위험을 경고했다. "개인 브랜딩을 하지 않는다는 것은 사실상 존재하지 않는다. 다른 사람들이 당신에 대한 브랜드를 만들 뿐이다."

만약, 인터넷에서 검색했을 때 아무것도 나오지 않는다면?

- 취업 면접관은 이력서보다 먼저 검색창을 열지만, 빈 화면을 본다.
- 협업 파트너는 당신을 확인하려 하지만, 아무 흔적도 찾지 못한다.

공백은 곧 기회 상실이다. 존재하지 않는 것처럼 보이기 때문이다.

- 구글에서 검색했을 때 아무것도 나오지 않으면, 존재하지 않는 사람처럼 취급된다.
- 소셜미디어 부재 시 2030세대에게는 '뭔가 숨길 것이 있는 사람'으로 인식될 수 있다.
- 전문 분야 콘텐츠가 없으면 '실력을 증명할 수 없는 사람'으로 여겨진다.

부정적 기록의 지속성

더 큰 문제는 부정적 흔적이 방치되는 경우다.

- 오래전의 실수, 부정적 기사, 악성 댓글이 그대로 남는다.

- 관리되지 않는 기록은 시간이 지나도 사라지지 않는다.
- 한 번의 부정적 낙인이 긍정적 증거 10개를 덮어버린다.

심리학에서 이를 '부정성 편향Negativity Bias'이라 부른다. 사람은 긍정적 정보보다 부정적 정보를 더 강하게 기억한다. 방치된 이름값은 결국 부정적 기억만 증폭시킨다.

- 한 번의 무책임한 SNS 포스팅이 검색 상단에 남으면, 그것이 곧 당신의 정체성이 된다.
- 부정적 리뷰나 평가가 온라인에 남으면, 새로운 긍정적 콘텐츠로 덮기까지 12~18개월이 걸린다.

브랜딩을 하지 않는다는 선택은 없다. 세상은 늘 당신을 보고 있고, 당신에 대해 말하고, 평가한다. 이름값은 관리하지 않으면, 스스로 당신을 배신한다.

관리된 이름값이 부르는 기회

반대로, 이름값을 주도적으로 관리하면 전혀 다른 길이 열린다. 링크드인 2022년 글로벌 탤런트 트렌드 보고서를 보자.

- 체계적으로 개인 브랜드를 관리하는 전문가는 그렇지 않은 경우보다 커리어 기회가 평균 5배 많다.

- 온라인에서 전문성을 지속적으로 발신하는 사람은 연봉 협상에서 30% 이상 유리한 위치에 선다.

즉, 이름값을 관리하면 다음과 같은 효과를 얻을 수 있다.

- **기회의 자동 유입** 꾸준히 남긴 기록은 '이 사람은 성실하다'는 증거가 되어 새로운 제안이 들어온다.
- **신뢰의 선제공** 타인의 추천과 리뷰는 '믿을 수 있다'는 신호가 되어 협상에서 우위를 점한다.
- **전문성의 인정** 검색되는 콘텐츠는 '전문성이 있다'는 첫인상을 만들어 프리미엄을 받는다.

이름값은 '자산 관리'다

많은 사람들이 주식이나 부동산은 세심하게 관리하면서도, 이름은 관리하지 않는다. 하지만 이름은 그 어떤 자산보다 오랫동안 나를 따라다니는 평생 자산이다.

자산으로서 이름값의 특성

- **유동성** 언제든지 새로운 기회로 전환 가능
- **성장성** 꾸준한 관리로 기하급수적 가치 증가
- **안정성** 한 번 구축되면 쉽게 사라지지 않음
- **상속성** 개인을 넘어 조직이나 후대에게도 전달 가능

스탠퍼드 대학교 경제학과의 챈드라 조시(Chandra Joshi) 교수는 2020년 연구에서 이렇게 밝혔다. "21세기 가장 가치 있는 자산은 금융자산이 아니라 평판자산이다. 그리고 그 평판은 개인의 이름에 축적된다."

이름값 관리의 복리 효과

워런 버핏이 복리를 '세계 8번째 불가사의'라고 했듯이, 이름값 관리에도 복리 효과가 있다.

이름값 복리의 메커니즘

- **1단계**: 작은 성과 기록 → 검색 결과 개선
- **2단계**: 검색 결과 개선 → 첫인상 향상
- **3단계**: 첫인상 향상 → 기회 증가
- **4단계**: 기회 증가 → 더 큰 성과
- **5단계**: 더 큰 성과 → 이름값 상승 (1단계로 순환)

MIT 슬론 경영대학원의 2021년 종단 연구에 따르면

- 개인 브랜드를 3년 이상 일관되게 관리한 전문가는 연 수입이 평균 180% 증가했다.
- 특히 5년 차부터는 기하급수적 성장 곡선을 보였다.

당신은 이미 관리당하고 있다

무서운 사실은 당신이 이름값을 관리하지 않아도, 당신의 이름값은

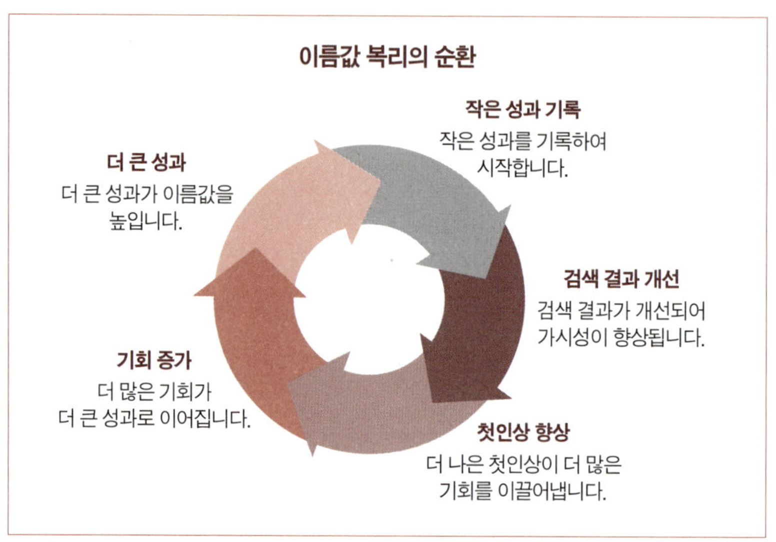

이미 다른 사람들에 의해 관리당하고 있다는 점이다. 우리가 의도하지 않아도 이름값은 이미 세상에 존재한다. 사람들은 당신의 말과 행동, 흔적과 기록을 통해 평가한다. 즉, 이름값은 '관리하지 않는다'는 선택지가 없다. 관리하지 않으면 방치된 이름값이 스스로 굳어진다.

온라인 평판 관리 회사들의 증언

- 개인의 온라인 평판은 매일 평균 15~20개의 새로운 데이터 포인트가 추가된다.
- 소셜미디어 활동, 온라인 리뷰, 뉴스 기사, 심지어 다른 사람의 포스팅에 태그된 것까지 모두 기록된다.
- 이 정보들은 AI 알고리즘에 의해 자동으로 분석되고 프로파일링된다.

즉, 선택은 두 가지뿐이다. **능동적으로 내가 관리하거나, 수동적으로
다른 사람이 만든 이미지를 받아들이거나.**

경제학적으로 이름값 방치는 곧 기회 비용의 문제다.

- 관리되지 않아 신뢰를 주지 못하면, 거래와 기회가 줄어든다.
- 투자자, 고객, 고용주 모두 '더 신뢰할 수 있는 다른 이름'을 선택한다.
- 기회는 단순히 사라지는 것이 아니라, 경쟁자에게 넘어간다.

이름값을 방치하는 것은, 돈과 기회를 스스로 흘려보내는 일이다.

이름값 관리의 새로운 공식

이제 이름값 관리의 공식이 명확해진다.

이름값=(무관리×위험) vs (관리×기회)

- **무관리** 불확실성, 부정적 편향, 기회 상실
- **관리** 예측 가능성, 긍정적 편향, 기회 창출

관리하지 않으면 위험으로, 관리하면 기회로. 이 단순한 공식이 이
름값 경제학의 본질이다.

마지막으로 스스로에게 물어보자.

만약 이 질문들에 명확한 답을 할 수 없다면, 당신의 이름값은 무관리 상태에 있을 가능성이 높다. 하지만 걱정할 필요는 없다. 다음 장부터는 이름값을 체계적으로 관리하고 발전시키는 구체적인 전략들을 하나씩 살펴볼 것이다.

이름값은 관리의 문제가 아니라 생존의 문제다. 당신이 관리하지 않으면 다른 사람이 관리한다. 그리고 그 결과는 당신이 원하는 모습과 전혀 다를 수 있다.

이름은 나의 첫 번째 자산이다

가장 오래된 자산의 발견

2024년, 27세 스타트업 창업자 김민준(가명)이 투자 유치에 성공했다. 그런데 놀라운 사실이 있었다. 그의 회사 자산은 사무용 컴퓨터 몇 대와 임대 사무실이 전부였다. 그럼에도 투자자들은 50억 원을 투자했다. 무엇이 50억 원의 가치를 만들었을까?

바로 김민준이라는 이름이 보증하는 신뢰와 전문성이었다. 그가 이전 회사에서 쌓아온 성과, 업계에서의 평판, 그리고 '김민준'이라는 이름에 축적된 모든 증거들이 투자 결정을 좌우했다. 이것이 바로 **이름이 자산으로 작동하는 순간**이다.

사람들은 종종 집, 돈, 주식이 자신의 첫 번째 자산이라고 생각한다. 하지만 잘못된 생각이다. 태어나는 순간부터 우리가 가진 가장 오래되고, 가장 오래 지속되는 자산은 이름이다. 집은 팔릴 수 있고, 직장은 바뀔 수 있고, 직업도 바뀔 수 있다. 그러나 이름은 평생 따라다니며, 사회적 시장에서 나를 대표하는 **최초의 화폐**가 된다.

이름은 사회적 거래의 시작점이다

정치학자 프랜시스 후쿠야마는 1995년 저서『트러스트: 사회적 덕목과 번영의 창조』에서 이렇게 밝혔다.

"사회의 번영과 경쟁력은 단일하고 뚜렷한 문화적 특성, 즉 그 사회에 내재된 신뢰 수준에 의해 좌우된다. 민주주의와 자본주의 제도가 제대로 작동하려면, 그 제도들의 적절한 기능을 보장하는 전근대적 문화적 습관과 공존해야 한다."

미니애폴리스 연준의 서평에 따르면, 후쿠야마는 신뢰를 "공통으로 공유하는 규범에 기반한 규칙적이고 정직하며 협력적인 행동에 대한 기대"로 정의하며, 사회 자본이 "사회 내 신뢰의 보편성에서 발생한다."라고 설명했다. 한마디로 정리하면 사회의 번영과 경쟁력이 사회적 신뢰 수준에 달려 있다는 말이다.

후쿠야마에 따르면, 고신뢰 사회(독일, 일본, 미국)는 저신뢰 사회(중국, 이탈리아, 프랑스)보다 더 낮은 거래 비용으로 운영된다. 서로 신뢰하는 사회에서는 계약 이행을 위한 감시와 법적 조치에 드는 비용이 줄어들어 효율성이 높아진다.

그는 사회적 자본을 "공동 목적을 위해 함께 일할 수 있는 사회의 능력"으로 정의했다. 이는 신뢰의 보편성에서 발생하며, 합리적 투자 결정으로는 획득할 수 없고 "공동체의 도덕적 규범에 대한 습관화와 충성,

정직, 신뢰성 같은 미덕의 습득"을 통해서만 얻을 수 있다고 설명했다.

특히 고신뢰 사회는 대규모 비혈연 조직을 만들어내는 데 훨씬 유리하다. 독일과 일본의 기업들이 이탈리아나 프랑스의 가족 기업들보다 큰 규모로 성장할 수 있었던 이유가 바로 여기에 있다.

개인 이름값과의 연결점

이 원리는 개인 차원에서도 동일하게 적용된다. 개인의 이름에 축적된 신뢰는 사회적 거래의 비용을 줄이고 협력의 범위를 확장시킨다. 신뢰받는 이름을 가진 사람은 더 적은 비용으로 더 많은 기회에 접근할 수 있다. 이름은 단순한 표식이 아니다. 누군가 당신을 부르는 순간, 이미 신뢰와 기대치의 거래가 시작된다.

학생의 이름은 성실함과 학업 태도를 담는다. "○○ 학생은 과제를 정말 잘해요." 이 한 마디가 교수의 추천서로 이어지고, 장학금 기회로 발전한다. 또한 직장인의 이름은 업무 성과와 평판을 담는다. "이 프로젝트는 ○○씨가 맡으면 안심이야."라는 말처럼 신뢰가 승진 기회와 연봉 인상으로 연결된다. 그리고 창업가의 이름은 브랜드와 회사의 신뢰를 담는다. "○○ 대표가 하는 일이라면…." 이 믿음이 투자 유치와 파트너십으로 이어진다.

이름은 **당신이 사회에서 내미는 첫 번째 거래 수단**이다.

무형자산으로서의 이름값

오션 토모Ocean Tomo의 2020년 무형자산 시장가치 연구에 따르면,

S&P 500 기업의 시장가치 중 90%가 무형자산으로 구성되어 있다.
1975년에는 고작 17%였던 것이 45년 만에 90%로 급증한 것이다.

무형자산의 핵심 구성 요소

- 특허와 지적재산권
- 브랜드와 상표권
- 고객 관계와 네트워크
- 평판과 신뢰(Reputation)
- 조직 문화와 노하우

개인의 이름값도 마찬가지다. 경제학적으로 이름은 '무형자산 Intangible Asset'에 속한다.

- **누적성** 꾸준한 성과와 평판은 이름의 가치를 높인다.
- **변동성** 관리되지 않은 흔적은 이름의 가치를 떨어뜨린다.
- **복리성** 이름값은 시간이 지날수록 복리처럼 쌓이기도 하고, 반대로 한 번의 실수로 급락하기도 한다.

평판 경제학의 실증적 증거

UCLA 앤더슨 경영대학원의 안드레아 아이스펠트 Andrea Eisfeldt 교수가 2023년 발표한 연구 '무형자산의 경제학'에 따르면 개인 평판의 경제적 효과는 다음과 같다.

- 온라인에서 긍정적 평판을 가진 전문가는 부정적 평판 대비 평균 2.3배 더 많은 협업 기회를 얻는다.
- 평판 점수가 1점 상승할 때마다 프로젝트 수주 단가가 평균 8~12% 증가한다.
- 꾸준한 평판 관리를 하는 프리랜서는 연간 소득이 평균 40% 높다.

즉, 이름은 단순한 호칭이 아니라 실제 경제적 자산으로 작동한다.

이름값이 돈보다 먼저 오는 이유

많은 사람들이 '돈을 벌면 이름값도 따라온다'고 생각한다. 그러나 실제로는 그 반대다. 이름값이 있어야 기회가 생기고, 그 기회가 돈을 만든다.

- **미슐랭 가이드 효과** 무명 레스토랑이 미슐랭 스타를 받는 순간, 음식값이 30~50% 오른다. 같은 음식, 같은 셰프이지만 '미슐랭 스타 레스토랑'이라는 이름값이 프리미엄을 만든다.
- **TED 스피커 효과** TED 무대에 선 순간, 그 사람의 강연료는 평균 3~5배 증가한다. 18분 강연 하나가 수십 년간 축적될 이름값을 완성시킨다.
- **Y Combinator 효과** 같은 아이디어라도 Y Combinator 출신이라는 이름값이 붙으면 투자 유치 확률이 7배 이상 높아진다고 CB인사이츠 보고서는 밝혔다.

결론은 명확하다. 이름이 먼저고, 돈은 그다음이다.

이름값의 네트워크 효과

경제학자 로버트 메트칼프Robert Metcalfe가 제시한 '멧칼프의 법칙'에 따르면, 네트워크의 가치는 연결된 사용자 수의 제곱에 비례한다. 이름값도 마찬가지로 네트워크 효과를 보인다.

이름값 네트워크의 특징

- **연결점의 확산** 한 사람이 당신을 신뢰하게 되면, 그 사람의 네트워크 전체에 당신의 이름값이 전파된다. 링크드인 데이터에 따르면, 긍정적 추천을 받은 전문가는 2차 네트워크(친구의 친구)까지 영향을 미쳐 기회 노출이 평균 15배 증가한다.

- **신뢰의 전이성** 심리학자 로버트 치알디니(Robert Cialdini)의 연구에 따르면, 사람들은 신뢰하는 사람이 추천하는 대상을 80% 이상의 확률로 신뢰한다. 이는 이름값이 단순한 개인 자산이 아니라 사회적 연결망을 통해 증폭되는 자산임을 의미한다.

- **임계점 효과** 일정 수준의 이름값에 도달하면 기하급수적 성장이 시작된다. 던바 수(Dunbar's Number) 이론에 따르면, 평균적으로 150명 이상이 당신을 신뢰할 때 이름값의 자기 증식이 시작된다고 알려져 있다.

이름값의 내구성과 감가상각

물리적 자산과 달리 이름값은 독특한 내구성을 갖는다.

시간에 따른 가치 변화

- **물리적 자산** 시간이 지나면서 감가상각
- **이름값** 적절히 관리되면 시간이 지날수록 가치 상승
- **방치된 이름값** 급격한 가치 하락 (디지털 시대에 더욱 가속화)

레거시 효과

스탠퍼드 경영대학원의 2021년 연구에 따르면, 강력한 이름값을 구축한 개인은 은퇴 후에도 평균 10~15년간 그 영향력이 지속된다. 이는 다른 어떤 자산도 갖지 못하는 특성이다.

디지털 경제에서 이름값의 자산 가치는 더욱 중요해지고 있다. 구글에서 검색되지 않는 이름은 존재하지 않는 것과 같다. 매일 전 세계에서 85억 건의 검색이 이루어지는데, 그중 상당수가 사람 이름 검색이다. 링크드인 2024년 데이터에 따르면 프로필 조회 수가 높은 전문가는 채용 제안을 받을 확률이 40배 높고, 소셜미디어에서 지속적으로 전문성을 발신하는 사람은 연봉이 평균 35% 높다.

이제 이름값을 자산으로 인식하고 관리해야 할 시대다. 여러 플랫폼과 채널에서 이름값을 구축하고, 부정적 요소를 모니터링하고 대응하며 리스크를 관리하고, 정기적인 이름값 평가와 개선을 시도하고, 단기 성과보다 지속 가능한 신뢰를 구축하는 것이 중요하다.

당신의 이름 자산을 평가해보라

이름 자산 가치 평가 체크리스트

☐ **호칭 vs 자산** 나는 내 이름을 지금 '호칭'으로 쓰고 있는가, 아니면 '자산'으로 관리하고 있는가?

☐ **가치 변화** 내 이름은 시간이 지날수록 가치가 오르고 있는가, 아니면 떨어지고 있는가?

☐ **시장 거래** 내 이름은 지금 어떤 시장에서, 어떤 '가격'으로 거래되고 있는가?

☐ **자산 수익률** 내 이름값이 나에게 가져다주는 기회와 혜택은 무엇인가?

☐ **미래 가치** 5년 후 내 이름의 예상 가치는 얼마나 될까?

만약 이 질문들에 명확한 답을 할 수 없다면, 당신은 아직 자신의 가장 중요한 자산을 방치하고 있을 가능성이 높다. 다음 장에서는 이름이 첫인상에 미치는 경제적 영향과 그 메커니즘을 구체적으로 살펴볼 것이다. 왜냐하면 모든 거래와 기회는 첫인상에서 시작되기 때문이다. 이름은 당신이 평생 보유하게 될 가장 중요한 자산이다. 다른 모든 자산은 사고팔 수 있지만, 이름만큼은 평생 당신과 함께한다. 그렇다면 이 자산을 어떻게 관리할 것인가?

이름이 주는 첫인상의 경제학

0.1초의 비밀: 첫인상은 이름에서 시작된다

2023년 여름, 글로벌 IT 기업에서 인턴 채용을 담당하는 김 차장은 흥미로운 실험을 했다. 동일한 스펙의 지원자 이력서 두 개를 만들되, 한 개는 구글 검색 시 긍정적 결과가 나오는 이름으로, 다른 하나는 검색 결과가 거의 없는 이름으로 바꿔서 동료들에게 보여줬다.

결과는 놀라웠다. 검색 결과가 좋은 지원자는 83%가 '면접 대상'으로 선택했고, 검색 결과가 없는 지원자는 단 31%만이 선택했다. 같은 스펙, 같은 경력이었음에도 불구하고 말이다. 이것이 바로 디지털 시대의 첫인상 경제학이다.

뇌과학이 밝힌 첫인상의 속도

프린스턴 대학교의 심리학자 알렉산더 토도로프Alexander Todorov와 제닌 윌리스Janine Willis가 2006년 『Psychological Science』 저널에 발표한 연구는 충격적이었다.

- 사람들은 100밀리초(0.1초) 만에 얼굴에서 신뢰도, 매력도, 능력을 판단한다.
- 노출 시간이 늘어나도 첫인상의 정확도는 거의 변하지 않는다.
- 오히려 시간이 늘어나면 판단에 대한 확신만 강해질 뿐이다.

토도로프 교수는 후속 연구에서 더욱 놀라운 사실을 밝혔다. 33밀리초(0.033초) 노출만으로도 신뢰도 판단이 가능하며, 167밀리초 이상 노출해도 판단이 개선되지 않는다는 것이다.

디지털 시대의 0.1초 법칙

오프라인에서는 얼굴이 첫인상을 결정했다면, 디지털 시대에는 검색 결과가 0.1초의 첫인상을 만든다.

현대인의 첫인상 형성 과정

- 이름 입력 → 구글/링크드인/포털 검색
- 0.1초 스캔 → 첫 화면 정보 흡수
- 즉석 판단 → 신뢰/불신 결정
- 확증편향 → 이후 정보는 첫인상을 뒷받침하는 방향으로 해석

구글이 2022년 발표한 데이터에 따르면, 사람들은 검색 결과 페이지

를 평균 8.8초 동안 보며, 그중 첫 3초가 판단의 80%를 결정한다. 토도로프 교수의 2005년 『Science』 연구는 더욱 충격적인 사실을 보여줬다. 정치인의 얼굴을 0.1초 보고 '능력 있어 보이는' 후보를 선택하게 했을 때, 실제 선거 결과와 70% 일치했다는 것이다. 이는 첫인상이 단순한 인상이 아니라 실질적인 경제적 결과를 만든다는 증거다.

링크드인이 2023년 발표한 '글로벌 채용 트렌드 보고서'에 따른 취업 시장에서의 첫인상 효과는 어떨까?

- 온라인에서 긍정적 첫인상을 주는 지원자는 면접 기회를 얻을 확률이 4.2배 높다.
- 프로필 사진과 초기 검색 결과가 일치하는 지원자의 채용률이 65% 높다.

소비자 행동에서의 첫인상 효과도 흥미롭다. 행동경제학자 대니얼 카너먼의 연구를 확장한 2021년 스탠퍼드 연구를 보자.

- 브랜드 이름의 첫인상이 긍정적일 때 구매 확률이 38% 증가한다.
- 친숙한 이름은 가격이 15% 비싸도 선택받을 확률이 높다.

하버드 비즈니스 스쿨의 2022년 B2B 거래에서의 첫인상 효과다.

- CEO의 온라인 첫인상이 긍정적인 기업은 투자 유치 확률이 2.8배 높다.
- 경영진의 디지털 평판이 좋은 기업의 주가는 평균 12% 프리미엄을 받는다.

그렇다면 확증편향의 함정은 무엇일까? 첫인상이 고착화되는 이유는 도대체 뭘까?

스탠퍼드 대학교의 인지심리학자 리 로스Lee Ross가 명명한 확증편향Confirmation Bias은 첫인상의 경제적 영향을 더욱 강화한다. **확증편향의 메커니즘은 긍정적이거나 부정적이거나 같은 결과를 보인다.**

- 긍정적 첫인상 → 이후 정보를 긍정적으로 해석 → 신뢰 강화
- 부정적 첫인상 → 이후 정보를 부정적으로 해석 → 불신 고착

MIT 슬론 경영대학원의 2021년 연구에 따르면

- 긍정적 첫인상을 받은 직원의 작은 실수는 36% 관대하게 평가된다.
- 부정적 첫인상을 받은 직원의 우수한 성과도 23% 저평가된다.

즉, 첫인상은 한 번 만들어지면 경제적 레이블처럼 작동한다.

디지털 첫인상 관리의 전략적 중요성

구글의 전 CEO 에릭 슈미트가 2010년 한 말은 이제 현실이 되었다. "인터넷에 존재하지 않으면 존재하지 않는 것이다." 현대에는 이를 확장해야 한다. "온라인에서 좋은 첫인상을 주지 못하면 기회는 존재하지 않는다."

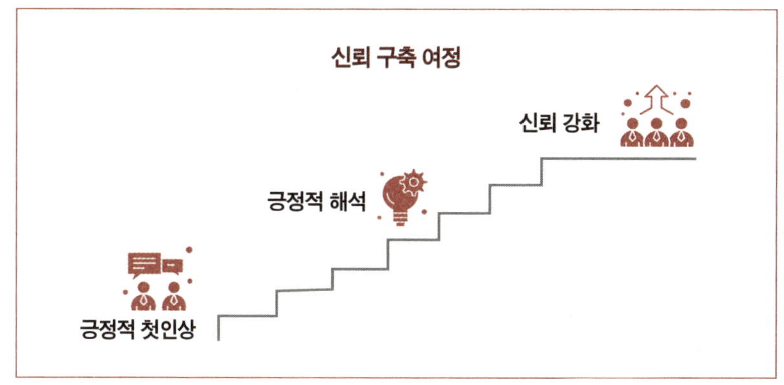

디지털 첫인상 최적화 전략

- 1단계: 검색 결과 최적화

  - 구글, 네이버, 링크드인 첫 페이지에 긍정적 콘텐츠 배치

  - 전문성을 보여주는 기사, 인터뷰, 포트폴리오 상위 노출

  - 부정적 결과가 있다면 긍정적 콘텐츠로 밀어내기

- 2단계: 일관된 메시지 구축

  - 모든 플랫폼에서 동일한 전문성과 가치관 어필

  - 프로필 사진, 자기소개, 콘텐츠 톤의 일관성 유지

  - 브랜드 스토리의 명확한 핵심 메시지

- 3단계: 증거 기반 신뢰 구축

  - 추천사, 리뷰, 성과 사례의 전략적 배치

  - 제3자 검증 자료의 활용

- 지속적인 전문성 발신을 통한 권위 구축

당신의 디지털 첫인상을 진단하라

만약 이 중 절반 이상에서 만족스럽지 않다면, 당신의 가장 중요한 0.1초가 기회를 놓치고 있을 가능성이 높다.

다음 장에서는 검색이 어떻게 현실을 바꾸는지, 어떻게 하면 검색 결과를 바꿔 신뢰받는 이름값을 만들 수 있는지 살펴볼 것이다.

디지털 시대에 첫인상은 0.1초에 결정되고, 그 첫인상이 경제적 기회를 좌우한다. 당신의 이름이 만드는 첫인상을 전략적으로 관리하지 않으면, 기회는 다른 사람에게 돌아간다.

검색되는 순간,
이름은 현실이 된다

검색창에서 판결이 내려지는 시대

2023년 봄, 한 스타트업 대표는 신기한 경험을 했다. 투자자 미팅에서 상대방이 명함을 받자마자 즉석에서 그의 이름을 구글에 검색했다. 그리고 미팅 분위기가 180도 바뀌었다. 검색 결과 첫 화면에 나온 것은 그가 2년 전 쓴 기술 블로그 글, 업계 전문지와의 인터뷰, 그리고 이전 동료들의 링크드인 추천사였다. 투자자는 이렇게 말했다. "당신의 사업 계획서를 보기 전에 이미 당신을 신뢰하게 됐습니다."

이것이 바로 검색 경제학의 현실이다. 우리는 누군가를 알기 전, 검색부터 한다. 처음 본 강사, 인터뷰 대상자, 소개팅 상대, 심지어 새로 들어온 팀원조차. 이름을 입력하고 엔터를 누르는 그 순간 우리는 이미 평가하고 있다.

7초 vs 0.1초: 첫인상의 속도 혁명

오프라인에서는 첫인상이 7초 안에 결정된다고 했다. 그렇다면 온라인에서는? 단 한 번의 클릭, 단 한 줄의 검색 결과로 끝난다.

디지털 첫인상의 체크포인트

☐ 구글 첫 페이지에 나오는 정보가 긍정적인가?

☐ 링크드인 프로필이 최신 정보로 잘 정리되어 있는가?

☐ 포털 뉴스에 검색되는 내용이 전문성을 보여주는가?

☐ 블로그, 브런치, 유튜브에 본인의 역량이 잘 드러나는가?

☐ 과거 SNS 게시물이 현재의 브랜드 이미지와 충돌하지 않는가?

이 모든 것이 디지털 이름값 포트폴리오다. 심지어 본인이 만들지 않은 정보조차 검색 결과에 영향을 준다.

데이터가 증명하는 '검색의 파워'

커리어빌더CareerBuilder의 2022년 최신 조사는 충격적인 현실을 보여준다.

채용 시장의 검색 현실

- 고용주의 70%가 채용 전 구직자를 온라인에서 검색한다.

- 검색 결과가 부정적일 경우 54%가 채용하지 않는다.

- 온라인에서 아예 찾을 수 없는 지원자의 57%가 면접 기회조차 받지 못한다.

더 놀라운 사실은 다음과 같다.

- 69%의 고용주가 구글, 네이버 등 검색엔진을 활용해 후보자를 조사한다.

- IT업계는 74%, 제조업은 73%가 소셜미디어와 검색을 통해 후보자를 평가한다.

- 47%의 고용주가 "온라인에서 찾을 수 없는 지원자는 면접 부를 가능성이 낮다."라고 답했다.

검색 결과가 만드는 양극화 효과

커리어빌더 조사는 검색이 양날의 검과 같다는 사실도 보여준다.

긍정적 검색 결과의 힘

채용 담당자들이 후보자를 채용하게 만든 온라인 콘텐츠

- 전문 자격을 뒷받침하는 배경 정보(38%)

- 뛰어난 커뮤니케이션 스킬(37%)

- 전문적인 이미지(36%)

- 창의성을 보여주는 콘텐츠(35%)

부정적 검색 결과의 파괴력

고용주들이 채용을 포기하게 만든 온라인 콘텐츠

- 부적절한 사진, 영상, 정보 게시(39%)

- 음주나 약물 사용 관련 포스팅(38%)

- 인종, 성별, 종교 관련 차별적 발언(32%)

- 이전 회사나 동료 비방(30%)

디지털 이름값은 복리로 성장하는 자산

한 번의 인터뷰보다, 한 줄의 칭찬 리뷰가 더 오래 남는다. 한 장의 이력서보다, 꾸준히 쌓아온 콘텐츠 기록이 더 강한 설득력을 갖는다.

검색 가능한 신뢰 자산의 구성 요소

- 긍정적인 블로그 글 하나
- 언론 인터뷰 기사 한 줄
- 고객의 SNS 태그 후기
- 멘토로 참여한 프로젝트 기록
- 업계 전문지에 기고한 칼럼
- 컨퍼런스 발표 영상

이것들이 모이면, 검색 가능한 신뢰 자산이 된다.

링크드인이 증명한 추천의 경제학

링크드인 2023년 글로벌 인재 동향 보고서에 따르면, 추천 글이 있는 프로필은 조회 수가 평균 5배 높다. 채용 담당자의 87%가 추천 글을 신뢰도 판단의 핵심 지표로 활용한다. 추천 글이 3개 이상인 전문가는 헤드헌터 연락을 받을 확률이 12배 높다. 즉, 다른 사람이 당신에 대해 쓴 글이 당신 자신이 쓴 글보다 더 강력한 경제적 효과를 갖는다.

하버드가 밝힌 이력서의 한계

하버드비즈니스리뷰 2022년 연구는 채용 시장의 근본적 변화를 보여준다.

전통적 채용 vs 디지털 시대 채용

- 이력서만으로 채용되는 확률: 평균 2~3%
- 온라인 검색 후 면접 기회를 얻는 확률: 평균 15~20%
- 긍정적 온라인 평판이 있는 후보자의 채용 확률: 평균 35~40%

즉, 이름을 검색했을 때 신뢰가 보이지 않으면, 선택받지 못한다.

검색될 만한 이름을 만드는 전략

이제 이름은 부르는 것이 아니라, 검색되는 것이다.

당신이 해야 할 질문은 바뀌었다

- "내가 누구인가?" → "내 이름을 검색했을 때, 어떤 결과가 나오는가?"
- "내 스펙은 뭐지?" → "내 이름은 어떤 신뢰를 증명하고 있지?"
- "나를 어떻게 어필할까?" → "검색 결과가 나를 대신 어필하고 있나?"

디지털 이름값 구축 4단계 전략

- 1단계: 검색 결과 감사(Audit)

  - 구글, 네이버, 다음에서 본인 이름 검색

- 첫 3페이지까지 모든 결과 점검

- 긍정적/중립적/부정적 콘텐츠 분류

• 2단계: 긍정적 콘텐츠 생산

- 전문성을 보여주는 블로그 포스팅

- 업계 매체 기고 및 인터뷰

- 링크드인 활동 및 인사이트 공유

- 프로젝트 성과와 고객 피드백 문서화

• 3단계: 타인 증언 확보

- 동료, 상사, 고객의 추천 글 요청

- 프로젝트 파트너의 협업 후기 수집

- 멘티, 후배들의 감사 메시지 보관

• 4단계: 지속적 모니터링

- 월 1회 이상 검색 결과 점검

- 새로운 긍정적 콘텐츠 주기적 업로드

- 부정적 요소 발견 시 즉시 대응

당신의 검색 현실을 직시하라

지금 이 순간, 누군가는 당신의 이름을 검색하고 있다. 그 결과가 당신의 첫인상이고, 당신의 신뢰이며, 곧 당신의 경제적 기회다.

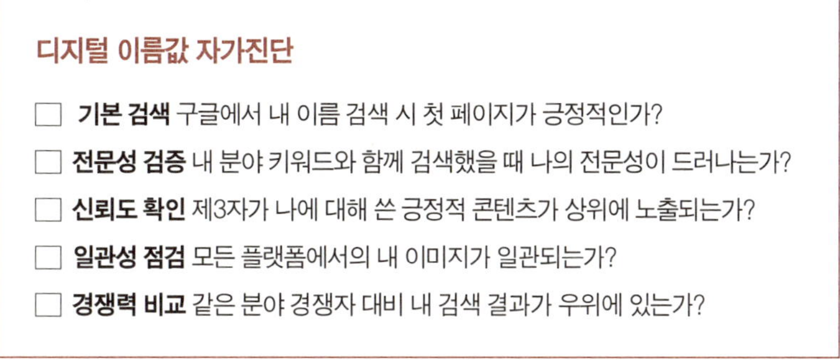

만약 이 중 절반 이상에서 만족스럽지 않다면, 당신의 가장 중요한 디지털 자산이 방치되고 있을 가능성이 높다. 다음 장에서는 이름이 어떻게 평생 브랜드가 되며, 그 브랜드를 전략적으로 설계하고 관리하는 구체적 방법을 살펴볼 것이다.

핵심을 기억하라. 디지털 시대에 당신의 현실은 검색 결과가 만든다. 검색되지 않으면 존재하지 않고, 부정적으로 검색되면 기회를 잃는다. 당신의 이름이 만드는 디지털 현실을 전략적으로 설계하라.

이름은 평생
따라다니는 브랜드다

"직업은 바뀌어도 이름은 남는다. 이름이야말로 당신의 진짜 자산이다."

사람은 누구나 직장을 옮기고, 직업을 바꾸고, 삶의 환경이 변한다. 하지만 한 가지는 변하지 않는다. 이름이다. 이름은 내가 어떤 자리에 있든, 어떤 직업을 갖든, 평생 따라다니는 브랜드다. 직업은 '옷'이고, 이름은 '피부'다. 옷은 갈아입을 수 있지만, 피부는 바꿀 수 없다.

직업 수명 30년 vs 이름 수명 80년

하버드 비즈니스 스쿨 질 에이버리Jill Avery 교수는 개인 브랜딩의 본질을 이렇게 설명한다. "우리가 제품과 서비스 브랜딩에 대해 알고 있는 모든 것을 우리의 가장 중요한 제품인 우리 자신에게 어떻게 적용할 것인가? 우리가 취업을 지원하거나 승진을 노리거나 새 고객을 확보하려 할 때마다 우리는 우리 자신을 마케팅해야 한다."

프론티어 심리학 저널Frontiers in Psychology 2019년 연구는 이 현실을 더욱 구체적으로 입증한다. 현대의 새로운 고용 형태에서 개인 브랜딩은 "타깃 오디언스의 요구에 맞춰 자신의 전문적 정체성을 패키징하고 제시하는 적응 가능한 커리어 행동"으로서 커리어 성공의 중요한 요소가 되었다.

필자는 자기 소개를 이렇게 한다.

"저는 YBM SISA Junior 국장, 엠유 주식회사 대표, 한국 퍼스널 브랜딩 신문 발행인, STN 브랜드 총괄 책임자CBO, 명지대학교 교육대학원 교육학과 특임교수를 거쳤습니다. 하지만 고객들이 저를 부르는 방식은 늘 '조연심'입니다. 제 이력서에는 다섯 개의 직책이 있지만, 시장에서 통용되는 제 브랜드는 오직 하나, '조연심'이라는 이름뿐입니다."

이것이 바로 **이름값 경제학의 핵심**이다. 직업은 임시적이지만, 이름은 영구적이다. **이름은 시장에서 브랜드처럼 작동한다.** 이름은 곧 브랜드 자산이다.

- 삼성이라는 이름이 전자제품의 신뢰를 보장하듯,
- 나이키라는 이름이 운동화를 뛰어나게 보이게 하듯,
- 당신의 이름도 사회적 시장에서 브랜드로 기능한다.

한 사람의 이름은 그가 쌓은 신뢰, 성과, 평판을 압축한 상징이다. 따라서 이름은 단순히 불리는 호칭이 아니라 시장에서 거래되는 브랜드 네임이다.

맥킨지 글로벌 연구소 2023년 보고서에 따르면 현대인은 평생 평균 12번의 직업을 경험한다. 또한 같은 회사에서 평균 재직 기간은 4.1년에 불과하다. 그리고 업종을 완전히 바꾸는 커리어 전환을 평균 3번 겪는다. 하지만 단 하나만은 변하지 않는다. 이름이다.

데이터로 입증된 '이름의 경제적 가치'

스탠퍼드 경영대학원 2022년 연구는 충격적인 사실을 보여준다.

개인 브랜드(이름값)의 경제적 영향

- 강한 개인 브랜드를 가진 전문가는 동일 경력 대비 평균 23% 높은 연봉을 받는다.
- 이름값이 확립된 프리랜서는 프로젝트 단가를 평균 40% 더 높게 책정할 수 있다.
- 개인 브랜드 점수 상위 10%는 헤드헌팅 제안을 받을 확률이 5배 높다.

이름은 단순한 호칭이 아니라 측정 가능한 경제적 자산이다.

나이키처럼 작동하는 개인의 이름

브랜딩 구루 데이비드 아커David Aaker는 『브랜드 포트폴리오 전략』(2004)에서 개인 브랜드의 작동 원리를 설명했다.

기업 브랜드 vs 개인 브랜드의 공통점

- 나이키=스포츠웨어 품질 보장 → 김철수=마케팅 전문성 보장

- 애플=혁신적 디자인 → 이영희=창의적 기획력

- 삼성=기술 신뢰성 → 박민수=프로젝트 완수 능력

개인의 이름도 기업 브랜드와 동일한 인지적 단축키Cognitive Shortcut로 작동한다. 사람들은 복잡한 정보를 처리하는 대신, 이름이 주는 브랜드 연상을 통해 빠르게 판단한다.

하버드가 증명한 '브랜드 일관성의 법칙'

하버드 비즈니스 스쿨 프란체스카 지노Francesca Gino 교수의 2021년 연구는 개인 브랜드 구축의 핵심 원리를 밝혔다.

브랜드 일관성 실험 결과

- 일관된 메시지를 전달한 그룹: 신뢰도 평가 8.2점/10점

- 불일치하는 메시지를 전달한 그룹: 신뢰도 평가 4.7점/10점

- 일관성 있는 개인 브랜드는 불일치한 브랜드보다 74% 높은 신뢰를 획득

200명의 참가자에게 가상의 컨설턴트 프로필을 보여주고 신뢰도를 평가하게 했다. 경력, 발언, SNS 게시물이 일관된 메시지를 전달하는 프로필과 서로 다른 메시지를 전달하는 프로필을 비교했더니, 일관성이 신뢰의 가장 강력한 예측 변수였다.

브랜드는 일관성과 반복으로 만들어진다. 브랜드가 하루아침에 만들어지지 않듯, 이름도 마찬가지다.

- 꾸준히 성실하게 일한 기록은 '신뢰할 수 있는 브랜드'라는 이미지를 만든다.

- 한 번의 약속 파기는 '깨진 브랜드'라는 낙인을 남긴다.

- 긍정적 행동이 반복되면 브랜드는 강화되고, 부정적 행동이 반복되면 브랜드는 추락한다.

심리학에서 이를 브랜드 '일관성 효과Brand Consistency Effect'라고 부른다. 사람들은 일관성 있는 브랜드를 더 신뢰한다.

이름은 당신이 가진 가장 장기적인 자산이다

직업은 바뀌고, 회사는 옮기고, 환경은 변한다. 하지만 이름은 평생 따라다닌다. 그렇기에 이름은 가장 장기적이고, 가장 가치 있는 자산이다. MIT 연구가 증명한 것처럼, 개인 브랜드는 복리로 성장한다. 오늘 당신이 이름에 투자한 시간과 노력은 10년 후 몇 배의 가치로 돌아올 것이다.

- 당신의 이름은 지금 어떤 브랜드로 인식되고 있는가?

- 20년 후에도 통용될 브랜드를 오늘부터 설계하고 있는가?

- 평생 따라다닐 이 자산을 우연에 맡길 것인가, 전략적으로 관리할 것인가?

다음 장에서는 이름값이 더 이상 선택사항이 아닌 생존 필수 요소가 된 현실을 살펴볼 것이다. AI와 자동화가 지배하는 미래 경제에서 이름값만이 당신을 대체 불가능한 존재로 만드는 이유와, 이미 시작된

'이름값 격차'의 충격적인 현실을 확인하게 될 것이다.

직업은 임시적이지만 이름은 영구적이다. 이름은 당신이 평생 관리해야 할 가장 중요한 브랜드 자산이다. 오늘부터 당신의 이름을 브랜드처럼 설계하고 관리하라.

이름값은 선택이 아니라 생존이다

이름값은 취향이 아니다

많은 사람들은 퍼스널 브랜딩을 '하고 싶으면 하는 것' 정도로 생각한다. 마치 자기계발의 옵션처럼 여긴다. 하지만 오늘날, 이름값은 취향이 아니라 생존 조건이다.

취업, 창업, 프리랜싱, 협업… 어떤 길을 선택하든 결국 남는 질문은 단 하나다. "이 사람을 믿을 수 있는가?" 그 답은 이름값으로 증명된다.

AI가 바꾼 생존의 조건

2025년 1월, 스탠퍼드 대학교의 충격적인 연구 결과가 발표되었다. AI가 미국 노동시장에 "상당하고 불균등한 영향"을 미치기 시작했다는 것이다. 특히 22~25세 젊은 직장인들의 고용률이 AI 노출도가 높은 직종에서 "크고 통계적으로 유의미한" 감소를 보였다.

이제 현실이 된 AI의 위협을 알아보자.

- **맥킨지 2025년 보고서** AI가 2030년까지 현재 업무의 절반을 자동화할 것
- **골드만삭스 분석** AI 확산 시 미국 고용의 2.5%가 대체 위험에 노출
- **국제통화기금(IMF) 경고** 전 세계 일자리의 40%가 AI 영향권 진입

하지만 한 가지는 확실하다. AI가 아무리 발전해도 대체할 수 없는 것이 있다. 바로 개인의 브랜드와 신뢰다. **"AI와 자동화가 지배하는 미래에서, 이름값만이 당신을 대체 불가능한 존재로 만든다."**

하버드 비즈니스 스쿨 2025년 연구는 AI 시대의 새로운 현실을 명확히 보여준다. "AI가 발전할수록 개인의 신뢰성과 브랜드 가치가 더욱 중요해진다."라는 것이다. 뉴스위크 2024년 분석도 같은 결론에 도달했다. "AI 시대에 개인 브랜딩은 단순한 자기 홍보를 넘어 디지털 영역에서 우리가 누구인지를 결정하는 핵심 요소가 되었다."

기회는 이름값이 있는 사람에게 몰린다

경제학의 기본 원리 중 하나는 희소성의 법칙이다. 신뢰할 수 있는 이름, 검증된 이름, 기억되는 이름은 희소하다. 그래서 시장은 그 이름에 더 많은 기회를 배분한다.

- 채용 시장에서 이름값 있는 지원자는 인터뷰 기회를 더 많이 얻는다.
- 스타트업 창업자의 이름값은 투자자 설득력으로 이어진다.

- 프리랜서의 이름값은 계약 성사율을 좌우한다.

이름값이 없다면, 기회조차 얻지 못한다. 이제 AI 시대의 생존 조건이 바뀌었다.

- 과거의 생존 공식: 기술+경험=고용 안정성
- 현재의 생존 공식: 기술+경험+이름값=대체 불가능성

왜 이름값이 생존 조건이 되었나?

첫째, AI는 기능을 대체하지만 신뢰는 대체하지 못한다. 고객의 91%는 AI가 수행한 업무라도 '신뢰할 수 있는 사람'의 검증을 거친 결과를 더 선호한다. 둘째, AI는 반복 작업을 자동화하지만 창조적 판단은 여전히 인간의 영역이다. AI 시대에도 '인간의 관계와 신뢰'는 고부가가치 영업에서 결정적 요소로 남아있다.

이름값 격차가 만드는 양극화

AI 연구 전문기관 AIM Multiple의 2025년 보고서는 충격적인 현실을 드러낸다.

이름값이 있는 전문가

- AI 도구를 활용해 생산성을 평균 300% 향상
- 고객과의 신뢰 관계로 AI 위협으로부터 보호받음

- 새로운 기회에서 우선 고려 대상이 됨

이름값이 없는 사람

- AI에 의한 직접적 대체 위험에 노출

- 동일한 기술력이라도 신뢰 부족으로 기회 상실

- 시장에서 존재감 자체가 희미해짐

생존자와 도태자를 가르는 기준(National University 2025년 조사)

- 14%의 근로자가 이미 AI로 인해 일자리를 잃었음

- 하지만 강한 개인 브랜드를 가진 전문가의 실업률은 2% 미만

- 이름값이 확립된 프리랜서는 오히려 수요가 증가하는 현상

같은 역량이라도 이름값이 있으면 살아남고, 없으면 도태된다.

검색되지 않으면 존재하지 않는다

디지털 생존의 새로운 법칙이 등장했다. 구글 AI 오버뷰와 ChatGPT 시대의 현실을 보자.

- 기존 검색엔진조차 AI가 추천하는 '신뢰할 수 있는 미디어 소스'에서만 정보를 가져옴

- 브랜드가 신뢰받는 매체에 언급되지 않으면 AI 검색에서 완전히 배제

- 즉, 이름값이 없으면 디지털 세계에서 존재 자체가 지워짐

기회는 이름값에 따라 배분된다

맥킨지 2025년 직장 내 AI 보고서를 보면 다음과 같은 결과를 확인할 수 있다.

- 88%의 마케터가 일상 업무에서 AI를 활용 중
- 하지만 AI가 자동화하지 못하는 영역: 관계 구축, 신뢰 형성, 브랜드 커뮤니케이션
- AI 시대의 프리미엄은 '인간적 신뢰'에서 발생

실제 사례를 보자. 기술 분야의 경우 같은 코딩 실력이라도 깃허브 GitHub에서 유명한 개발자가 연봉 협상에서 40% 우위에 선다. 컨설팅 분야의 경우 동일한 분석 역량이라도 업계 평판이 있는 컨설턴트가 프로젝트 수주율 5배 차이를 보인다. 크리에이티브 분야에서도 둘 다 AI 도구를 사용한다 해도 개인 브랜드가 강한 디자이너 80%가 그렇지 않은 디자이너 20%에 비해 높은 클라이언트 유지율을 보인다.

AI가 만든 신뢰 경제학

퓨 리서치 센터 2024년 조사는 AI 시대의 새로운 경제 원리로 신뢰의 희소성이 커졌다는 것을 보여준다. 다시 말하면 신뢰의 경제적 가치가 높아졌다는 의미다.

- AI가 늘어날수록 "진짜 인간의 판단"에 대한 가치가 상승

- 88%의 소비자가 "AI가 관여한 업무라도 신뢰할 수 있는 전문가의 검증"을 원함
- 신뢰할 수 있는 이름에 대한 수요가 공급보다 빠르게 증가

이름값 부재의 치명적 결과는 경쟁 무대에 올라갈 기회조차 상실시킨다는 점이다. 이름값이 없을 때 벌어지는 일을 알아보자.

- 검색에서 배제: 구글 첫 페이지에 긍정적 결과 없음
- 추천에서 제외: 네트워크에서 기억되지 않음
- 신뢰 검증 실패: 레퍼런스나 추천사 부재
- 기회 인지 불가: 좋은 기회가 와도 알아채지 못함

어떤가? 이래도 여전히 이름값이 선택의 문제인가?

생존 전략으로서의 이름값

심리학 연구(스탠퍼드대, 2016)에 따르면, 사람들은 스스로의 주장보다 반복적으로 확인된 증거를 더 신뢰한다. 즉, 이름값은 증거를 기반으로 한 생존 전략이다. 이름은 단순히 불리는 호칭이 아니라, 기회와 신뢰, 거래와 생존을 가능하게 하는 경제적 엔진이다.

골드만삭스 2025년 분석이 보여주는 현실에서 이름값은 더 이상 선택의 문제가 아니라는 것을 알 수 있다.

- 2030년까지 AI로 인한 일자리 변화율 800%

- 변화 속도가 인간의 적응 속도를 넘어섬
- 유일한 대응책: 대체 불가능한 개인 브랜드 구축

이름값이 없는 사람은 경쟁조차 못 한다. 이름값이 없는 상태는 단순한 불이익이 아니라, 존재 자체가 지워지는 것이다.

- 검색되지 않으면, 존재하지 않는 사람처럼 취급된다.
- 추천받지 않으면, 시장에서 경쟁 기회조차 주어지지 않는다.
- 신뢰가 없으면, 아무리 뛰어난 능력도 발휘할 무대가 주어지지 않는다.

즉, 이름값은 선택이 아니라 참가 자격증이다.

마지막 경고와 기회

시간이 얼마 남지 않았다. MIT의 데이비드 아우터David Autor 교수는 경고한다. "AI 전환기에는 기회의 창이 매우 짧다. 지금 준비하지 않으면 영원히 뒤처질 수 있다."

현재 상황을 보자. 매년 AI 도입 속도가 100% 증가하고 있다. 개인 브랜드 구축 소요 시간은 최소 1~2년이 걸린다. 시작하지 않은 사람과 시작한 사람의 격차는 매월 확대되고 있다.

당신에게 던지는 마지막 질문들

- 생존 진단

- 내 이름을 검색했을 때 AI도 인정할 만한 신뢰 정보가 나오는가?

- 내가 하는 일을 AI가 대체한다면, 나만의 고유한 가치는 무엇인가?

- 5년 후에도 시장에서 필요한 사람이 되기 위해 오늘 무엇을 하고 있는가?

• 기회 진단

- 내 업계에서 이름값으로 차별화된 사람은 몇 명인가?

- 그들과 나의 차이는 무엇이며, 얼마나 따라잡을 수 있는가?

- 지금 시작한다면 언제까지 생존 가능한 이름값을 구축할 수 있는가?

• 행동 진단

- 오늘부터 당장 시작할 수 있는 이름값 구축 활동은 무엇인가?

- 1년 후 나는 AI와 경쟁하는 사람인가, AI를 활용하는 사람인가?

- 내 이름이 곧 생존을 보장하는 자산이 될 수 있도록 무엇을 해야 하는가?

AI는 선택이 아니라 현실이다. 그리고 그 현실에서 살아남는 방법도 선택이 아니라 필수다. 이름값은 더 이상 성공의 도구가 아니라 생존의 조건이다. 지금 시작하지 않으면, 영원히 기회를 놓칠 수 있다.

1. 이름값의 본질

- 이름은 단순한 호칭이 아니라 신뢰와 이미지를 담은 경제적 신호다.
- 명목 가치(겉)와 실질 가치(속) 사이의 간극이 이름값을 만든다.
- 농산물, 글로벌 브랜드, 유명인의 사례 모두 이름값 경제학을 보여준다.

2. 이름은 단순한 호칭이 아니다

- 이름은 사회적 신뢰의 집약체다.
- 첫인상과 경제적 기회가 이름에 따라 달라진다.
- 청년·프리랜서·자영업자 사례에서 이름의 힘을 확인할 수 있다.

3. 신뢰가 거래로 바뀌는 순간

- 신뢰는 거래 비용을 줄이고 프리미엄을 창출하는 경제적 자산이다.
- 신뢰도 1% 증가 시 GDP가 0.15% 상승한다는 연구 결과가 이를 입증한다.
- 개인 차원에서도 신뢰는 측정 가능하고 관리 가능한 경제적 가치를 지닌다.

4. 이름값이 없는 사람의 대가

- 이름값 부재로 인한 경제적 손실은 연간 평균 2,400만 원에 달한다.
- 기회비용, 협상력 약화, 네트워크 접근 제한 등이 복합적으로 작용한다.
- 같은 역량이라도 이름값 유무에 따라 경제적 성과가 2~5배 차이 난다.

5. 이름값은 왜 관리해야 하는가

- 이름값은 방치하면 자연적으로 감소하는 부패성 자산이다.
- 적극적 관리를 통해 연 7~12%의 수익률을 창출할 수 있다.
- 위기 상황에서 이름값은 생존을 결정하는 핵심 자산 역할을 한다.

6. 이름은 나의 첫 번째 자산이다

- 이름값은 부동산보다 높은 수익률(연 15~25%)을 창출하는 무형자산이다.
- 초기 투자비용은 낮지만 장기적 가치는 기하급수적으로 증가한다.
- 경력 초기부터 체계적으로 관리하면 평생 경제적 우위를 확보할 수 있다.

7. 이름이 주는 첫인상의 경제학

- 디지털 시대 첫인상은 7초에서 0.1초로 단축되었다.
- 첫인상이 긍정적일 때 경제적 기회가 3~5배 증가한다.
- 온라인 프로필과 검색 결과가 첫인상을 좌우하는 핵심 요소가 되었다.

8. 검색되는 순간, 이름은 현실이 된다

- 검색 결과가 개인의 사회적 현실을 결정하는 시대가 되었다.
- 고용주의 70%가 채용 전 온라인 검색을 통해 후보자를 평가한다.
- 검색되지 않으면 존재하지 않고, 부정적으로 검색되면 기회를 잃는다.

9. 이름은 평생 따라다니는 브랜드다

- 직업은 바뀌지만 이름은 평생 따라다니는 가장 장기적인 자산이다.
- 개인 브랜드는 복리로 성장하며, 일관성 있게 관리하면 기하급수적 가치를 창출한다.
- '이름값=(신뢰도×일관성×노출도)^시간지수' 공식으로 체계적 관리가 가능하다.

10. 이름값은 선택이 아니라 생존이다

- AI 시대에 이름값은 대체 불가능성을 보장하는 유일한 방법이다.
- 이미 14%의 근로자가 AI로 인해 일자리를 잃었지만, 강한 개인 브랜드를 가진 전문가는 오히려 기회가 증가했다.
- 검색되지 않으면 AI 시대에서 완전히 배제되며, 이름값 구축은 더 이상 선택이 아닌 생존 조건이다.

2부

증거가
이름값을 만든다

말이 아니라 증거가 이름값을 만든다

"세상은 당신이 말하는 것이 아니라, 당신이 보여준 것을 믿는다."

말로만 되는 이름값은 없다

우리는 종종 이런 말을 한다. "나는 열심히 하고 있어." "나는 누구보다 성실해." "나는 성장 가능성이 있다." 하지만 안타깝게도, 세상은 말만으로는 믿지 않는다. 세상은 증거를 요구한다. 사람들은 우리가 말한 것을 믿는 게 아니라, 우리가 보여준 행동과 남긴 기록을 통해 이름값을 평가한다.

- "나는 성실하다."라는 말보다, 매일 블로그에 글을 쓴 기록이 더 강력하다.
- "나는 책임감 있다."라는 말보다, 마감 한 번 어기지 않은 이력서 한 줄이 더 큰 힘을 가진다.

- "나는 전문가다."라는 주장보다, 실제로 발표한 논문이나 강연 영상 하나가 더 신뢰를 준다.
- "이 사람은 열정적이다."라는 말을 듣는 것보다, 실제로 3년 동안 한 분야를 꾸준히 연구한 기록을 보는 게 훨씬 설득력 있다.
- "나는 창의적이다."라고 말하는 것보다, 독창적인 프로젝트를 완수한 결과물을 보여주는 것이 진짜 창의성의 증거다.

즉, 이름값은 '화려한 말'이 아니라 반복된 증거의 총합이다.

증거가 쌓일 때 이름값이 생긴다

심리학의 '사회적 증거 원리Social Proof Principle'가 이를 설명한다. 로버트 치알디니 교수의 연구에 따르면, 사람들은 스스로의 주장보다 다른 사람이 실제로 확인한 행동을 더 신뢰한다. 링크드인의 2024년 연구가 이를 뒷받침한다.

- 92%의 사람들이 무급 추천을 유급 광고보다 신뢰한다.
- 70%는 모르는 사람의 추천이라도 신뢰한다.
- 추천 글이 있는 프로필은 조회 수가 14배 높다.

유명인의 이름값도 증거로 쌓였다

BTS의 이름값은 단 한 번의 무대가 아니라, 데뷔 이후 10년 가까이 수백 번의 무대에서 팬들이 확인한 증거의 축적이다. 김연아의 이름값은 '피겨 여왕'이라는 수식어가 아니라, 수천 시간의 훈련과 올림픽 금메달이라는 증거의 결과물이다. 스티브 잡스의 이름값은 '혁신의 아이콘'이라는 이미지가 아니라, 아이폰과 맥북이라는 구체적인 증거물에서 비롯된 것이다. 이름값은 말로 포장되는 것이 아니라, 사람들이 반복해서 확인한 증거 위에 세워진다.

그렇다면 평범한 사람은 어떻게 증거를 쌓을 수 있을까?

첫째, 디지털 기록 만들기

- 블로그 글, 노션 포트폴리오, 유튜브 영상
- 작은 기록이라도 쌓이면 '꾸준한 사람'이라는 이름값을 만든다.
- 요즘 HR 담당자들은 지원자의 온라인 활동을 반드시 확인한다.

둘째, 작은 성취 남기기

- 공모전 참가, 자격증 취득, 봉사활동 인증
- 작더라도 증거는 증거다.
- 특히 정량적 성과가 담긴 증거가 가장 강력하다. 그래서 온라인 포트폴리오를 만들 수 있는 300프로젝트(100권의 책 후기+100명의 인터뷰+100개의 칼럼)는 이름값을 만드는 데 가장 효과적인 방법 중 하나다.

셋째, 타인의 추천 받기

이것이 가장 강력한 증거다. 왜냐하면 제3자의 객관적 평가이기 때문이다. 이는 2024년 채용 시장 데이터를 보면 알 수 있다.

- **링크드인 연구** 추천 글이 있는 프로필의 채용 확률이 3배 높다.

- **잡바이트 조사** 채용 관리자의 70%가 링크드인 추천을 전통적 추천서보다 신뢰한다.

- **글래스도어 분석** 추천 글이 있는 지원자의 입사 제안 수락률이 50% 높다.

구체적으로 추천을 요청하는 것도 효과가 높다. 교수의 추천서는 학업 성실성과 전문성을 증명하고, 고객의 리뷰는 실무 능력과 서비스 품질을 입증하며, 동료의 피드백은 협업 능력과 인격적 신뢰도를 보증하는 역할을 한다.

넷째, 디지털 흔적 관리하기

- 내 이름을 검색했을 때 긍정적 증거가 나오게 하라.

- 구글, SNS, 포트폴리오 페이지에 남는 흔적이 곧 이름값이 된다.

- 첫 페이지에 나오는 정보가 당신의 현실을 결정한다.

말뿐인 브랜딩의 위험

퍼스널 브랜딩을 오해하는 사람들이 있다. '좋은 말, 멋진 자기소개, 번지르르한 이미지'를 만드는 것이라고 생각한다. 하지만 말뿐인 브랜딩은 금세 무너진다.

- 꾸준함 없이 "나는 성실하다."라고 주장하면, 한 번의 약속 파기로 무너진다.

- 성과 없이 "나는 전문가다."라고 외치면, 질문 하나에도 신뢰를 잃는다.

• 진정성 없는 멋진 말은, 결국 증거 앞에서 힘을 잃는다.

브랜딩의 진짜 본질은 광고가 아니라 증거다. **이름값 경제학의 첫 번째 공식은 '이름이 곧 화폐다'라는 것이다.** 1부에서 우리는 이름이 단순한 호칭이 아니라 화폐 단위라는 사실을 보았다. 이제 그 화폐 단위를 만드는 재료가 무엇인지 명확해졌다. 그것은 바로 증거다.

• 증거가 쌓일수록 이름값은 오르고,
• 증거가 없으면 이름값은 공허한 소리에 불과하다.

이름값 경제학의 두 번째 공식

'말이 아니라, 증거가 이름값을 만든다.'

> **이름값 경제학의 핵심 공식**
>
> 1. 이름은 화폐다.
> 2. 말이 아니라 증거가 이름값을 만든다.

이제 단순히 검색 결과에 나오는 것을 넘어 내가 누구인지를 보여줄 수 있는 증거 데이터를 확보하는 것이 우선 과제다. 원리는 명확하다. 체계적 증거 구축 전략이 필요하다. 말이 아니라 증거가 이름값을 만들기 때문이다.

세상은 당신의 말을 믿지 않는다. 세상은 당신의 증거를 믿는다. 오늘부터 말하기 전에 증명하고, 주장하기 전에 기록을 남겨라. 자, 이제 스스로에게 물어보자.

- 내 이름을 증거로 보여줄 수 있는가, 아니면 여전히 말로 설명해야 하는가?
- 지금 내 이름은 구글 검색에 어떤 결과를 남기고 있는가?
- 내가 가진 증거는 신뢰를 불러오는가, 아니면 아직 증거 부재의 상태인가?

앞으로 이 책은 어떤 증거를 어떻게 쌓아야 이름값이 완성되는지를 구체적으로 탐구할 것이다. 왜냐하면, 결국 세상은 말이 아니라 증거를 믿기 때문이다.

이름값을 증명하는
다섯 가지 증거

"이름값은 말이 아니라 다섯 종류의 구체적 증거로 만들어진다."

이름값은 증거로 증명된다

사람들은 우리가 스스로 말하는 것이 아니라, 남들이 확인할 수 있는 증거로 이름값을 평가한다. 그렇다면 어떤 증거들이 이름값을 만들까? 수년간의 연구와 실제 채용 현장 분석 결과, 이름값은 크게 다섯 가지 증거로 증명된다는 사실이 밝혀졌다.

1. 성과 Performance

성과는 이름값의 가장 직접적인 증거다. 성과는 말로 설명할 필요가 없는 명확한 사실이다. 숫자와 결과로 말하기 때문에 가장 강력한 설득력을 갖는다. 성과는 '말이 아닌 결과'라는 가장 명확한 언어다.

- 취업 준비생에게는 자격증, 수상, 프로젝트 경험이 성과다.
- 프리랜서에게는 납품한 결과물과 고객 만족이 성과다.
- 기업가에게는 매출, 투자 유치, 성장 지표가 성과다.

2. 평판Reputation

제3자가 남긴 평가는 언제나 강력하다. 스스로 하는 말보다 다른 사람이 해주는 증언이 훨씬 믿을 만하다. 이는 인간의 기본적인 심리 원리다. 이름값은 결국 타인의 입에서 완성된다. 하버드 비즈니스 리뷰HBR 연구에 따르면, 추천서가 있는 지원자는 채용 확률이 평균 3배 높다.

- **교수의 추천서** 학습 능력과 성실성 증명
- **고객 리뷰** 실무 역량과 서비스 품질 입증
- **동료의 평가** 협업 능력과 인성 보증
- **언론 기사** 사회적 인정과 전문성 확인

3. 스토리Storytelling

성과와 평판이 단편적 사실이라면, 스토리는 그것들을 엮는 서사다. 인간의 뇌는 이야기 형태의 정보를 더 잘 기억한다. 단순한 팩트보다 스토리로 포장된 경험이 더 강한 인상을 남긴다. 사람들은 단순한 정보보다 맥락이 있는 이야기를 더 신뢰한다. 이름값은 '사실'이 아니라 '사실이 담긴 이야기'로 퍼져 나간다.

- 단순한 프로젝트 경험도 스토리로 풀면 기억에 남는다.

- 실패조차 스토리로 재구성하면 성장의 증거가 된다.

- 복잡한 경력도 일관된 서사로 엮으면 설득력이 생긴다.

효과적인 스토리 구성법

- **도전 상황** 어떤 문제나 과제에 직면했는가?

- **행동** 그 상황에서 무엇을 했는가?

- **결과** 어떤 성과나 변화를 만들어냈는가?

- **학습** 그 경험에서 무엇을 배웠는가?

4. 네트워크 Network

누구와 연결되어 있는가 역시 중요한 증거다. 인간은 사회적 동물이다. 한 사람의 가치를 판단할 때 그 사람이 속한 네트워크를 자연스럽게 고려한다.

- 업계 전문가와의 협업 경험

- 영향력 있는 사람들의 추천과 인정

- 신뢰받는 조직이나 집단의 일원

- 의미 있는 프로젝트 파트너십

사람의 신뢰도는 개인 성과뿐만 아니라 그들이 속한 네트워크의 질에 의해서도 크게 좌우된다.

- 같은 실력의 개발자라도 유명 오픈소스 프로젝트 기여자는 더 높은 평가를 받는다.
- 동일한 경력의 마케터라도 업계 리더들과의 협업 경험이 있으면 더 신뢰받는다.

좋은 네트워크는 곧 이름값의 보증인이다.

5. 일관성Consistency

단 한 번의 성과보다, 반복되는 증거가 더 강력하다. 일관성은 예측 가능성과 신뢰성을 보여주는 핵심 지표다. 사람들은 꾸준함을 보고 미래의 성과를 예측한다. 꾸준함은 이름을 일시적 반짝임이 아닌 장기적 자산으로 만든다.

- **매일 쓴 블로그 글** 꾸준함과 전문성의 증거
- **매주 업데이트되는 포트폴리오** 지속적 성장의 기록
- **매년 쌓이는 프로젝트 기록** 장기적 역량 발전 추적
- **변하지 않는 핵심 가치** 신뢰할 수 있는 원칙
- 정기적으로 콘텐츠를 발행하는 프로필은 조회 수가 5배 높다.
- 일관된 메시지를 유지하는 브랜드가 더 높은 신뢰를 얻는다.

이름값 경제학의 구성 요소

'이름값=성과+평판+스토리+네트워크+일관성'

이 다섯 요소는 상호 보완적으로 작용한다.

- 성과가 기반을 만들고

- 평판이 신뢰를 더하며

- 스토리가 기억에 남게 하고

- 네트워크가 사회적 증거를 제공하며

- 일관성이 지속 가능성을 보장한다.

증거 없는 이름값은 한계를 가진다. 다섯 가지 증거 중 하나라도 부족할 때 이런 현상이 발생한다.

- 성과 없는 평판 → 공허한 소리

- 평판 없는 성과 → 자화자찬

- 스토리 없는 경력 → 단편적 나열

- 네트워크 없는 전문성 → 고립된 능력

- 일관성 없는 브랜드 → 신뢰도 하락

이제 무엇이 진짜 증거인지 명확해졌다. 다음 장에서는 각각의 증거를 어떻게 체계적으로 쌓아갈 것인지 구체적인 방법을 다룰 예정이다. 이름값은 다섯 가지 증거의 조합이다. 하나만 뛰어나서는 안 되고, 모든 영역에서 균형 잡힌 증거를 쌓아야 한다. 당신에게 묻고 싶다.

- 지금 내 이름을 증명할 수 있는 성과는 무엇인가?

- 타인의 입을 통해 확인된 평판은 있는가?

- 나의 경험을 하나의 스토리로 연결할 수 있는가?

- 나는 어떤 네트워크 속에서 신뢰를 얻고 있는가?

- 나는 일관된 증거를 쌓아왔는가, 아니면 반짝인 채 사라지고 있는가?

다섯 가지 증거가 모두 갖춰졌을 때, 비로소 진짜 이름값이 완성된다.

그 많던 전문가들은 다 어디로 갔을까?

반짝 유명세의 허상

한때 TV 화면을 장식했던 전문가들, 수십만 팔로워를 거느리던 인플루언서들, 그리고 구독자 수백만을 자랑하던 유튜버들. 그들은 모두 어디로 갔을까? 대부분은 조용히 사라졌다. 근거 없는 조언, 진정성 없는 광고성 활동, 그리고 일관성 없는 메시지는 결국 신뢰를 잃었다. 유명세는 쉽게 얻을 수 있지만, 오래가지 못한다는 진실을 보여준다.

우리는 매일같이 새로운 '스타'들이 등장하고 사라지는 것을 목격한다. 어제의 화제는 오늘의 잊힌 이름이 되고, 오늘의 트렌드는 내일의 과거가 된다. 이런 현상은 단순히 개인의 문제가 아니라, 우리 시대의 본질적인 특징이다.

유명세와 이름값: 겉보기와 본질의 차이

유명세Fame는 관심을 모으는 순간의 불꽃이다. 반면 이름값Name Value은 신뢰를 쌓아 만드는 장기적 자산이다. 이 둘의 차이를 명확히 이해하는 것이 중요하다.

유명세의 특징

- 팔로워 수와 조회 수로 측정된다.
- 광고 노출과 화제성으로 얻어진다.
- 빠르게 오르내린다.
- 외부 요인에 크게 의존한다.
- 일시적이고 변동성이 크다.

이름값의 특징

- 꾸준한 증거와 결과로 쌓인다.
- 행동과 기록으로 만들어진다.
- 시간이 지날수록 더 단단해진다.
- 내재적 가치에 기반한다.
- 지속적이고 누적적이다.

심리학자들은 이런 현상을 '인지적 편향'의 결과로 설명한다. 사람들은 눈에 보이는 숫자와 화려한 외형에 쉽게 현혹되지만, 진짜 가치는 시간이 지나야 드러난다는 것이다.

심리학자 다이앤 바틀Diane Barthel은 이렇게 말했다. "Fame is fleeting, but reputation is enduring(유명세는 덧없고, 평판은 오래간다)."

사라진 이름들의 공통된 패턴

많은 연구자들이 '플래시 인 더 팬Flash in the Pan' 현상을 분석해왔다. 이는 순간적으로 큰 주목을 받지만 금세 사라지는 현상을 뜻한다.

일시적 전문가들의 몰락

방송에서는 전문가라 불렸지만, 한 번의 잘못된 예측으로 신뢰가 무너졌다. 이들의 공통점은 '권위에 의존한 발언'이었다. 실제 경험이나 검증된 데이터 대신, 학력이나 소속만으로 신뢰를 얻으려 했다.

SNS 인플루언서들의 추락

협찬 광고에만 집중하다가 진정성을 잃고, 팔로워가 급격히 이탈했다. 이들은 '수익 극대화'에만 몰두하면서 팔로워들과의 진정한 관계를 놓쳤다. 결국 광고판 역할만 하는 계정이 되어버렸다.

반짝 유튜버들의 소멸

유행 콘텐츠에 의존하다가 꾸준한 가치를 제공하지 못해 금세 잊혔다. 트렌드를 좇아가기에 급급해 자신만의 색깔과 전문성을 키우지 못했다. 이들은 모두 '관심'을 얻었지만 '증거'를 남기지 못했다. 숫자에만 집중하고 본질적인 가치 창출을 소홀히 한 결과였다.

대도서관: 진짜 이름값을 쌓은 1세대 유튜버의 유산

2024년 9월 6일, 1세대 유튜버 대도서관(본명 나동현, 1978~2025)이 46세의 나이로 세상을 떠났다. 하지만 이름도 없이 사라진 다른 전문가와는 달리 그는 이름값을 남겼다.

대도서관은 2010년 다음 TV팟에서 '시드 마이어의 문명 V' 게임 방송으로 시작했다. 화려한 스펙이나 배경이 있었던 것은 아니다. 고등학교 졸업 후 IT 회사에서 콘텐츠 기획자로 일하던 평범한 직장인이었다.

하지만 그는 남들과 다른 철학을 가지고 있었다. 2013년 지디넷코리아와의 인터뷰에서 그는 이렇게 말했다. "더 돈을 벌고 재미있게 하는 방법도 알지만 올바르게 가야 한다고 생각한다. 욕설과 자극 대신, 모범이 되는 방송을 하고 싶다."

'유교 방송'이라 불린 클린한 콘텐츠

대도서관의 방송은 '유교 방송'이라고 불렸다. 욕설이나 자극적인 내용 없이도 재미있는 콘텐츠를 만들 수 있다는 것을 증명했다. 이는 당시 막장 방송과 욕설이 난무하던 인터넷 방송계에서 혁신적인 시도였다. 게다가 지속적인 가치 창출의 모범이 되었다. 그는 단순히 개인의 성공에만 만족하지 않았다. 수익을 마인크래프트 서버 구축이나 팬미팅 같은 곳에 재투자하며 "나 혼자 잘 사는 것보다 재미있는 콘텐츠를 만들고 싶다."라고 강조했다.

후배들에게 남긴 길

대도서관의 사망 소식이 전해지자, 수많은 유튜버들이 추모 메시지를 남겼다. "대도서관 덕분에 유튜버라는 직업을 꿈꾸게 되었다."라는 내용이 주를 이뤘다. 한국 유튜브 생태계에서 그가 차지하는 위치를 보여주는 대목이다. 사망 이틀 전인 9월 4일까지도 그는 서울패션위크에 참석하고 5시간 동안 생방송을 진행했다. 마지막까지 자신의 일에 최선을 다했던 모습은 많은 이들에게 깊은 인상을 남겼다.

대도서관의 유튜브 구독자는 144만 명이었다. 하지만 그의 진짜 유산은 숫자가 아니라, 건전한 인터넷 방송 문화를 만들고 수많은 후배들에게 길을 열어준 것이다.

물론 대도서관에 대해 좋은 평판만 있던 것은 아니다. 방송계 뒷소문에 의하면 잦은 지각과 거만한 태도가 문제가 될 때도 있었다. 그렇지만 그를 아는 대부분의 사람들에게 대도서관은 이름값을 지킨 전문가로 기억될 것이다.

사라진 이름들에서 우리가 배울 교훈

현대 사회에서 유명세를 얻는 것은 그 어느 때보다 쉬워졌다. 하지만 그것을 유지하고 진짜 가치로 전환하는 것은 여전히 어렵다. 사라진 이름들의 공통된 패턴을 통해 우리는 다음과 같은 교훈을 얻을 수 있다.

첫째, 관심보다 증거에 집중하라.

일시적 화제보다 꾸준한 기록이 이름값을 만든다. 한 번의 바이럴보다 100번의 작은 성취가 더 가치 있다. 관심은 외부에서 주어지는 것이지만, 증거는 스스로 만들어가는 것이다.

둘째, 숫자보다 신뢰를 쌓아라.

팔로워 수는 줄 수 있지만, 신뢰는 시간이 지날수록 커진다. 1만 명의 진정한 팬이 100만 명의 무관심한 팔로워보다 훨씬 가치 있다. 숫자는 허상일 수 있지만, 신뢰는 실체다.

셋째, 보여주기식 브랜딩을 경계하라.

멋진 말과 이미지는 오래가지 못한다. 행동과 증거만이 살아남는다. SNS에서 보이는 화려한 라이프스타일보다 실제 삶에서의 일관된 행동이 더 중요하다.

넷째, 단기적 수익보다 장기적 가치를 추구하라.

당장의 광고비나 협찬료보다 오랫동안 쌓을 수 있는 전문성과 신뢰에 투자하라. 대도서관이 광고 수익을 콘텐츠 개선에 재투자한 것처럼 말이다.

다섯째, 개인의 성공을 넘어 공동체의 가치를 생각하라.

혼자만 잘되려는 사람은 결국 외로워진다. 함께 성장할 수 있는 생태계를 만드는 사람이 진짜 리더가 된다.

이름값 경제학의 세 번째 공식

'유명세가 아니라 증거가 남긴 신뢰이다.'

이 공식이 중요한 이유는 우리가 추구해야 할 방향을 명확히 제시하기 때문이다. 유명세는 결과적으로 따라오는 것이지, 그 자체가 목적이 되어서는 안 된다.

이름값 경제학의 핵심 공식

1. 이름은 화폐다.
2. 말이 아니라 증거가 이름값을 만든다.
3. 이름값은 유명세가 아니라 증거가 남긴 신뢰다.

이 장을 마무리하며, 스스로에게 정직하게 물어보자.

- 나는 지금 이름값을 '관심'으로 쌓고 있는가, 아니면 '증거'로 쌓고 있는가?
- 팔로워와 구독자가 사라진 뒤에도 내 이름이 신뢰를 남길 수 있는가?
- 내 이름은 반짝 불꽃인가, 아니면 오래 타오르는 불빛인가?

대도서관이 남긴 가장 큰 교훈은 이것이다. 진짜 이름값은 하루아침에 만들어지지 않는다. 하지만 한 번 만들어지면 그 사람이 사라진 후에도 오래도록 기억된다.

우리 모두는 자신만의 이름값을 쌓아갈 수 있다. 화려하지 않아도, 유명하지 않아도 상관없다. 중요한 것은 진정성과 지속성이다. 작은 증거부터 시작해서 큰 신뢰를 만들어가는 것, 그것이 바로 이름값 경제학의 출발점이다.

작은 증거가 큰 이름값을 만든다
- 스노우볼 효과

눈덩이의 시작은 아주 작다

겨울 산에서 굴린 눈덩이를 떠올려 보자. 처음에는 손바닥만 한 작은 눈덩이다. 하지만 계속 굴리다 보면 눈이 달라붙어 점점 커지고, 결국에는 혼자 멈출 수 없을 만큼 큰 눈사태로 이어진다.

이름값도 똑같다. 작은 증거 하나가 쌓이고, 또 하나가 더해지고, 어느 순간에는 내가 의도하지 않아도 이름이 나를 대신해 굴러가기 시작한다.

작은 증거의 놀라운 위력

유튜브 1편

한 학생이 아무도 보지 않을 거라 생각하며 공부법을 올렸다. 조회수는 처음엔 10명이었다. 하지만 꾸준히 올리자 어느 날 "이 학생은 진

짜 열심히 하네."라는 댓글이 붙었고, 몇 년 후 그 채널은 수십만 구독
자를 가진 브랜딩의 기반이 되었다.

공모전 참가

수상하지 못했더라도 '참가 경험'이 이력서에 남는다. 이는 곧 '도전
하는 사람'이라는 이름값의 씨앗이 된다.

자영업자의 한 장의 리뷰

"사장님이 친절하십니다."라는 리뷰 하나가, 그 가게의 이미지 전체
를 바꿔놓는다. 고객은 별점 5점 평균보다, 진정성 있는 리뷰 하나를
더 신뢰한다. 작은 증거는 처음에는 하찮아 보일 수 있다. 하지만 작은
증거가 곧 큰 이름값의 시작점이다.

노벨경제학상 수상자 리처드 탈러Richard Thaler의 행동경제학 연구
에 따르면, 사람들은 한 번의 큰 성과보다 작은 성과가 반복되는 패턴
을 더 신뢰한다고 밝혀졌다. 작은 성공을 꾸준히 쌓은 사람은 큰 성공
을 단번에 이룬 사람보다 장기적으로 더 높은 신뢰와 협력 기회를 얻
는다. 즉, 세상은 '한 번의 대박'보다 '작은 증거의 지속적 축적'에 더 큰
가치를 부여한다.

성공한 이름들도 작은 증거에서 출발했다

BTS도 처음부터 세계적인 스타가 아니었다. 작은 무대, 작은 팬덤,

작은 유튜브 콘텐츠에서 시작했다. 그 작은 증거들이 쌓여 오늘날 'BTS는 BTS했다'라는 말이 가능해졌다. 김연아도 처음부터 금메달리스트가 아니었다. 작은 대회에서 한 번의 연기, 한 번의 점프 성공이 증거가 되었다. 그것이 눈덩이처럼 불어나 결국 '피겨 여왕'이라는 이름값으로 완성되었다. 스티브 잡스도 마찬가지다. 창고에서 만든 작은 컴퓨터 애플I이 없었다면, '혁신의 아이콘'이라는 이름값도 없었을 것이다.

그렇다면, 일반인의 작은 증거, 어떻게 시작할까?

청년 취준생은 자격증 하나, 프로젝트 참가 한 줄, 교수의 추천서 한 문장부터 시작해 보자.

프리랜서라면 첫 클라이언트의 리뷰 한 줄이나 첫 포트폴리오의 작은 작업물이 증거가 된다. 자영업자라면 첫 단골의 "여긴 정직하다"라는 첫 온라인 리뷰가 시작이다. 이 작은 증거들은 당장은 미미해 보인다. 그러나 이것들이 쌓일수록 설명하지 않아도 신뢰가 따라오는 이름값이 된다.

작은 증거를 무시하면 안 되는 이유

많은 사람들이 '이 정도는 별거 아니잖아.' 하고 작은 증거를 무시한다. 하지만 작은 증거가 쌓이지 않으면, 큰 증거도 절대 오지 않는다.

- 큰 계약은 작은 거래에서 시작된다.
- 큰 팬덤은 작은 팬들의 신뢰에서 시작된다.
- 큰 브랜드는 작은 증거의 반복에서 시작된다.

눈덩이가 커치려면 처음의 작은 뭉치가 있어야 한다. 이름값도 똑같다.

이름값 경제학의 네 번째 공식

'작은 증거가 모여 큰 이름값을 만든다.' 이는 스노우볼 효과의 힘이기도 하다.

이름값 경제학의 핵심 공식

1. 이름은 화폐다.
2. 말이 아니라 증거가 이름값을 만든다.
3. 이름값은 유명세가 아니라 증거가 남긴 신뢰다.
4. 작은 증거가 모여 큰 이름값을 만든다.

지금 내 삶 속에서 '작은 증거'는 무엇인가? 나는 그 증거를 기록하고, 남기고, 공개하고 있는가? 아니면 아직도 '큰 기회가 오면 하겠다'고 미루고 있지는 않은가? 작은 증거가 없으면 큰 기회는 절대 오지 않는다. 이제 당신이 굴릴 차례다. 작은 눈덩이를 굴려라. 그것이 이름값을 키우는 첫걸음이다.

검색되는 이름이 자산이다
- 디지털 시대 이름값

존재의 증거는 검색창에 있다

예전에는 사람의 평판이 이웃이나 직장 동료 사이에서만 회자되었다. 하지만 지금은 완전히 다르다. 사람의 존재와 평판은 검색창에서 확인된다. 구글, 네이버, 링크드인, 인스타그램. 우리는 누군가를 알기 전, 먼저 검색한다. 취업 면접관도, 투자자도, 고객도, 소개팅 상대도 마찬가지다. 이는 단순한 호기심이 아니라 필수적인 정보 수집 과정이 되었다.

디지털 시대의 냉혹한 현실이기도 하다. 오늘날 이름값은 오프라인이 아니라 온라인 검색 결과에서 시작된다. 검색창에 나타나지 않는 것은 존재하지 않는 것과 같다.

검색 결과가 곧 첫인상이다

프린스턴 대학교의 심리학자 제닌 윌리스Janine Willis와 알렉산더 토도로프Alexander Todorov의 연구에 따르면, 사람들은 0.1초 만에 첫인상을 형성한다. 하지만 디지털 시대에는 이 0.1초가 검색 결과 첫 화면에서 일어난다.

다양한 연구들이 공통적으로 지적하는 것은 첫인상 형성의 속도다. 어떤 연구는 7초, 어떤 연구는 몇 밀리초라고 하지만, 중요한 것은 극히 짧은 시간 내에 판단이 내려진다는 사실이다.

- 이름을 검색했을 때 기사, 블로그 글, 포트폴리오가 뜨면 → 신뢰로 연결된다.
- 아무것도 뜨지 않으면 → 존재하지 않는 사람처럼 보인다.
- 부정적인 기사나 댓글이 먼저 뜨면 → 신뢰는 순식간에 무너진다.

즉, 검색 결과는 단순한 정보가 아니라 디지털 명함이다. 더 나아가 디지털 시대의 신분증이라고 할 수 있다.

디지털 첫인상의 심리학

현대인의 뇌는 여전히 수만 년 전 생존을 위해 진화한 방식으로 작동한다. 위험을 빠르게 감지하고 안전한 대상을 구분해야 했던 조상들의 본능이 지금도 우리 안에 살아있다. 검색 결과를 볼 때도 마찬가지다. 우리의 뇌는 무의식적으로 이런 판단을 내린다.

"이 사람은 신뢰할 만한가?"

"이 사람과 일해도 될까?"

"이 사람은 전문가인가?"

이 모든 판단이 검색 결과 첫 페이지를 스크롤하는 몇 초 사이에 일어난다. 심지어 웹사이트 방문자들이 50밀리초(0.05초) 만에 사이트에 대한 인상을 형성한다는 연구 결과도 있다.

기업도 사람도 검색으로 평가된다

2017년 미국에서 한 스타트업은 유명 VC에게 투자 제안을 했지만, 검색 첫 페이지에 창업자의 과거 법적 분쟁이 노출되면서 투자가 거절되었다. 사업 아이디어보다 검색 이미지가 더 큰 영향을 미친 것이다.

링크드인의 조사에 따르면, 75%의 구직자들이 지원 전에 회사의 브랜드와 리뷰를 확인한다. 반대로 채용 담당자들도 지원자를 검색한다. 이는 단순한 확인 차원이 아니라 위험 관리의 일환이다.

취업 시장의 새로운 현실도 마찬가지다. 채용 과정에서 온라인 검색은 이제 표준이 되었다. 여러 조사에서 일관되게 나타나는 것은 채용 담당자의 상당수가 면접 전에 지원자의 온라인 흔적을 조사한다는 사실이다. 이력서보다 먼저 검색창에서 평가가 이루어지는 것이다. 실제로 73%의 채용 담당자가 소셜미디어를 통해 지원자를 채용한 경험이 있다고 밝혔다. 이는 검색 결과가 단순한 참고 자료가 아니라 채용 결정의 핵심 요소가 되었음을 의미한다.

업워크의 2022년 데이터를 보면, 완성된 프로필을 가진 프리랜서는 그렇지 않은 프리랜서보다 4.5배 더 많이 고용된다. 이는 온라인에서의 자기 표현이 실제 수익과 직결됨을 보여주는 명확한 증거다.

더욱 흥미로운 것은 업워크에서 성공하는 프리랜서들의 공통점이다. 단순히 실력만으로는 부족하다. 검색 최적화된 프로필, 체계적인 포트폴리오, 그리고 지속적인 온라인 평판 관리가 필수다.

검색은 과거의 기록을 영원한 증거로 만든다

인터넷의 가장 무서운 특징 중 하나는 디지털 기록의 영속성이다. 한 번 남긴 기록은, 긍정적이든 부정적이든 계속 따라다닌다.

긍정적 기록의 누적 효과

- 한 편의 전문적인 블로그 글이 '깊이 있게 생각하는 사람'이라는 증거가 된다.
- 한 번의 봉사활동 인증 사진이 '따뜻한 사람'이라는 이미지를 만든다.
- 하나의 성공적인 프로젝트 후기가 '실력 있는 전문가'라는 신뢰를 쌓는다.

부정적 기록의 파괴력

- 한 번의 부정적 기사나 악플이 부정적 이름값으로 각인된다.
- 과거의 실수나 논란이 현재의 기회를 막는다.
- SNS의 부적절한 게시물이 전문성을 의심받게 만든다.

이는 '디지털 문신' 효과라고 불린다. 한 번 새겨지면 지우기 어렵다는 의미다. 따라서 이름값은 이제 더 이상 오프라인에서만 관리할 수 없다. **'검색 관리=이름값 관리'**인 시대가 되었다.

검색되는 이름을 만드는 전략적 방법

디지털 시대의 이름값 구축은 우연에 맡겨둘 수 없다. 체계적이고 전략적인 접근이 필요하다.

첫째, 공식 온라인 정체성 구축하기

가장 먼저 해야 할 일은 자신의 이름으로 검색했을 때 가장 먼저 노출될 공식 채널을 만드는 것이다.

- **링크드인 프로필** 전문적인 경력과 네트워크를 보여주는 핵심 플랫폼
- **개인 웹사이트나 포트폴리오** 브런치, 노션, 개인 도메인 등을 활용
- **전문 분야별 플랫폼** 개발자라면 깃허브, 디자이너라면 비핸스(Behance) 등

이때 중요한 것은 일관성이다. 모든 플랫폼에서 동일한 이름, 사진, 핵심 메시지를 사용해야 한다.

둘째, 작은 기록의 지속적 축적

대도서관이 작은 게임 방송으로 시작했듯이, 온라인 이름값도 작은 기록에서 시작된다.

- **전문성 있는 블로그 글** 자신의 분야에 대한 인사이트를 꾸준히 공유
- **프로젝트 기록** 완료한 일들의 과정과 결과를 체계적으로 문서화
- **학습과 성장의 흔적** 새로 배운 것들, 참석한 세미나, 읽은 책들

이런 기록들이 쌓이면 '이 사람이 무엇을 했고, 어떤 가치를 제공하는지'가 자동으로 증거화된다.

셋째, 제3자 언급의 전략적 유도

스스로 올린 콘텐츠보다 다른 사람이 언급한 내용이 훨씬 강력한 신뢰를 준다.

- **언론 기고와 인터뷰** 전문가로서의 견해를 공식 매체에 발표
- **협업 프로젝트 참여** 다른 전문가들과의 협업을 통한 교차 검증
- **추천서와 후기** 클라이언트나 동료들의 공개적인 추천

넷째, 부정적 흔적의 선제적 관리

긍정적 콘텐츠를 만드는 것만큼 중요한 것이 부정적 요소들의 관리다.

- **과거 게시물 정리** 전문성에 맞지 않는 예전 SNS 게시물 삭제나 비공개 처리
- **검색 결과 모니터링** 정기적으로 자신의 이름을 검색해서 나타나는 결과 확인
- **온라인 평판 관리** 부정적 리뷰나 댓글에 대한 적절한 대응

디지털 네이티브 세대의 이름값 전략

특히 Z세대와 밀레니얼 세대에게는 디지털 이름값이 더욱 중요하다. 이들은 태어날 때부터 인터넷과 함께 자란 디지털 네이티브로, 온라인과 오프라인의 경계가 모호하다.

- 2022년 기준 Z세대 전문가의 43%, 밀레니얼 세대의 46%가 프리랜서 경험을 가지고 있다.

- 이들은 전통적인 9 to 5 모델에서 벗어나 자신만의 브랜드를 구축하려 한다.

- 53%의 Z세대 프리랜서가 전통적인 직장 모델을 거부하고 있다.

이는 단순한 세대적 특성이 아니라 경제적 필연성이다. 불안정한 고용 시장에서 자신만의 브랜드와 평판이 가장 확실한 보험이 되기 때문이다.

검색되는 이름값의 경제적 가치

디지털 시대에 이름값은 검색 가능성과 정비례한다. 이는 단순한 가설이 아니라 측정 가능한 경제적 현실이다.

검색 가능성의 경제학

- 검색되지 않으면 → 기회도 없다. (기회비용=무한대)

- 긍정적으로 검색되면 → 기회가 확장된다. (수익 증가)

- 부정적으로 검색되면 → 기회가 차단된다. (잠재 손실)

플랫폼에서 검색 최적화된 프로필을 가진 프리랜서들이 그렇지 않은 프리랜서들보다 월등히 높은 수익을 올린다. 실제로 업워크 상위 프리랜서 중 일부는 연간 150만 달러 이상을 벌어들인다. 이들의 공통점은 탁월한 실력뿐만 아니라 체계적인 온라인 브랜딩이다.

검색 시대의 성공 공식

디지털 시대의 성공은 단순히 실력만으로는 부족하다. 검색되는 방식을 관리하는 능력이 핵심이다.

검색 최적화된 이름값의 요소들

- 일관된 온라인 정체성: 모든 플랫폼에서 통일된 메시지
- 지속적인 콘텐츠 생산: 전문성을 보여주는 양질의 콘텐츠
- 네트워크와 추천: 다른 전문가들과의 연결과 상호 추천
- 평판 관리: 부정적 요소들의 선제적 관리

이름값 경제학의 다섯 번째 공식

'검색되는 이름이 곧 자산이다.'

이 공식이 중요한 이유는 디지털 시대의 새로운 경제 법칙을 제시하기 때문이다. 더 이상 실력만으로는 충분하지 않다. 그 실력이 검색 가능한 형태로 존재해야 한다.

이 장을 마무리하며, 자신에게 정직하게 물어보자.

- 지금 내 이름을 검색하면 어떤 결과가 뜨는가?
- 그 결과는 신뢰를 주는가, 아니면 공허한 공백인가?
- 내 이름은 검색될 때 기회를 만드는가, 아니면 기회를 차단하는가?
- 내가 10년 후에도 자랑스러워할 수 있는 디지털 발자국을 남기고 있는가?

지금 남기는 모든 온라인 기록은 미래의 나에게 자산이 될 수도, 부채가 될 수도 있다. 어떤 쪽으로 기울고 있는가?

검색 시대에 살아남기 위해서는 진정성 있는 콘텐츠를 꾸준히 만들고, 일회성 화제보다는 지속 가능한 가치를 만들어야 한다. 검색되는 이름을 만드는 것은 하루아침에 이루어지지 않는다. 하지만 체계적으로 접근한다면, 시간이 지날수록 더 강력한 자산이 된다.

이제 우리는 인정해야 한다. 검색되는 이름이 곧 자산이다. 그 자산을 어떻게 키우고 관리할지는 오롯이 우리의 선택에 달려 있다. 그리고 그 선택은 지금, 오늘 시작되어야 한다. 디지털 시대의 이름값은 기다려주지 않는다. 누군가는 지금 이 순간에도 자신의 검색 결과를 개선하고 있다. 우리도 시작해야 할 때다.

이름값 경제학의 핵심 공식

1. 이름은 화폐다.
2. 말이 아니라 증거가 이름값을 만든다.
3. 이름값은 유명세가 아니라 증거가 남긴 신뢰다.
4. 작은 증거가 모여 큰 이름값을 만든다.
5. 검색되는 이름이 곧 자산이다.

보이는 힘이 운명을 바꾼다

빙산 아래의 실력, 위로 떠오른 명성

세상에는 빙산처럼 숨어 있는 실력이 많다. 그러나 안타깝게도 세상은 빙산 아래를 보지 않는다. 사람들은 수면 위로 드러난 명성만 본다. 이는 단순한 관찰이 아니라 과학적으로 검증된 현상이다. 심리학에서는 이를 확증편향Confirmation Bias이라고 부른다. 1960년 심리학자 피터 왓슨Peter Wason이 처음 체계적으로 연구한 이 편향은, 사람들이 이미 가진 믿음이나 기대에 부합하는 정보에 더 많은 주의를 기울이고, 그에 맞춰 판단하는 경향을 뜻한다.

- 사람들은 자신의 기존 믿음을 확인해주는 정보를 적극적으로 찾는다.
- 반대 증거는 무시하거나 과소평가한다.
- 첫인상이나 초기 정보가 이후 모든 판단에 강력한 영향을 미친다.

이는 우리 조상들이 생존을 위해 빠른 판단을 내려야 했던 진화적 유산이다. 위험한 상황에서 모든 정보를 꼼꼼히 검토할 시간이 없었기 때문에, 처음 본 신호를 바탕으로 즉석에서 결정을 내려야 했다.

세상은 보이는 것을 믿는다

현대 인간의 뇌도 여전히 이런 방식으로 작동한다. 2023년 발표된 신경과학 연구에 따르면, 확증편향은 단순한 판단 오류가 아니라 주의력을 집중시키는 뇌의 효율적 전략이라고 밝혀졌다.

- 보이지 않는 능력 → 평가되지 않는다.
- 보이는 증거 → 신뢰와 기회로 연결된다.

이는 의료진들에게서도 동일하게 나타난다. 브리태니커 백과사전에 따르면, 의사들도 일반인과 마찬가지로 확증편향에 취약하다. 초기 진단 가설을 세우면, 그것을 뒷받침하는 증상에만 집중하고 다른 가능성을 놓치는 경우가 많다.

- "실력이 있다."라는 자기 확신보다, 검색되는 포트폴리오가 더 강력하다.
- "나는 전문가다."라는 주장보다, 언론 기사나 공식 인증이 더 큰 신뢰를 준다.
- 아무리 훌륭한 능력이 있어도, 세상에 드러나지 않으면 없는 것과 같다.

이제 실력과 명성의 전략적 결합이 필요한 때다. 진짜 경쟁력은 실력(빙산 아래)+명성(빙산 위)의 결합이다. 이 둘을 제대로 조합하지 못하면 바로 한계를 만나게 된다.

- 실력만 있고 명성이 없으면 → 기회를 얻지 못한다.
- 명성만 있고 실력이 없으면 → 금세 무너진다.
- 실력과 명성을 동시에 설계할 때 → 이름값은 압도적 차이를 만든다.

이는 단순한 이론이 아니라 실증적으로 검증된 현실이다. 앞서 살펴본 업워크의 데이터에서, 완성된 프로필을 가진 프리랜서가 4.5배 더 많이 고용되는 것이 바로 이 원리의 증명이다.

성공한 이름들의 전략적 패턴 분석

세계적으로 성공한 인물들을 분석해보면, 모두 실력과 명성을 전략적으로 결합했다는 공통점이 발견된다.

BTS: K-POP의 새로운 패러다임

- 실력: 수천 시간의 연습, 완성도 높은 안무와 보컬
- 보이는 증거: 무대 위의 퍼포먼스, SNS를 통한 지속적 소통, 글로벌 차트 성과
- 결과: 전 세계적 명성과 문화적 영향력

BTS의 성공은 단순히 실력만으로 이루어진 것이 아니다. 그들은 데뷔 초기부터 SNS를 통해 연습 과정을 공개하고, 팬들과 직접 소통하며

보이는 실력을 만들어갔다.

김연아: 피겨 스케이팅의 전설

- 실력: 완벽한 기술력과 예술적 표현력
- 보이는 증거: 올림픽 금메달, 세계선수권 우승, 방송 출연
- 결과: '피겨 여왕'이라는 불멸의 이름값

김연아의 경우, 실력 자체도 뛰어났지만 올림픽이라는 전 세계가 주목하는 무대에서 그 실력을 증명했기 때문에 명성을 얻을 수 있었다.

스티브 잡스: 혁신의 아이콘

- 실력: 기술적 통찰력과 디자인 철학
- 보이는 증거: 아이폰 출시, 키노트 프레젠테이션, 애플의 시장 성과
- 결과: '혁신의 아이콘'으로 자리매김

스티브 잡스는 단순히 좋은 제품을 만든 것이 아니라, 프레젠테이션이라는 보이는 무대를 통해 자신의 비전을 전 세계에 각인시켰다.

일반인을 위한 실력-명성 결합 전략

이런 성공 사례들이 일반인에게 주는 교훈은 명확하다. 실력만으로는 부족하고, 그 실력을 보이게 만드는 전략이 필요하다는 것이다.

취업 준비생은 스펙을 스토리로 만들어야 한다. 단순히 자격증을 따

고 성적을 올리는 것만으로는 부족하다. 그 과정과 결과를 이력서와 포트폴리오에 효과적으로 드러내야 한다.

- 프로젝트 경험을 구체적인 성과 지표와 함께 문서화
- 링크드인이나 깃허브 등을 통해 지속적인 학습 과정 공개
- 인터뷰에서 실력을 입증할 수 있는 구체적 사례 준비

프리랜서의 경우 작업 과정을 자산으로 만들어야 한다. 완성도 높은 작업물을 공개 플랫폼에 남기는 것이 다음 기회의 열쇠가 된다.

- 비핸스, Dribbble 등을 통한 포트폴리오 체계적 관리
- 클라이언트와의 협업 과정을 케이스 스터디로 정리
- 추천서와 후기를 적극적으로 수집하고 활용

자영업자는 서비스를 경험으로 패키징해야 한다. 훌륭한 서비스는 후기와 리뷰를 통해 보이게 만들어야 진정한 자산이 된다.

- 고객 만족도를 측정하고 개선점을 지속적으로 파악
- 성공 사례를 스토리텔링으로 포장하여 마케팅 자료로 활용
- 온라인 평판 관리를 통한 신뢰도 구축

직장인은 성과를 가시화해야 이름값이 생긴다. 팀 내에서 아무리 좋

은 성과를 내도 보고서와 발표로 가시화하지 않으면 인정받지 못한다.

- 프로젝트 결과를 데이터와 함께 체계적으로 정리
- 사내 발표나 공유회를 통해 노하우 전파
- 외부 세미나나 컨퍼런스 참여를 통한 전문성 인증

디지털 시대의 새로운 가시화 전략

1세대 유튜버들이 활동했던 2010년대와 현재는 환경이 많이 달라졌
다. 이제는 더욱 정교하고 체계적인 가시화 전략이 필요하다.

개인 브랜딩의 3단계 전략

- 1단계: 기반 구축

전문 분야에서의 꾸준한 실력 개발

온라인 정체성 통합 관리 (링크드인, 개인 웹사이트 등)

기본적인 포트폴리오와 경력 정리

- 2단계: 증거 축적

프로젝트별 성과와 피드백 체계적 수집

전문성을 보여주는 콘텐츠 지속적 생산 (블로그, 영상 등)

업계 네트워크 구축과 상호 추천 시스템 마련

- 3단계: 영향력 확산

언론이나 전문 매체를 통한 노출 기회 확보

강연이나 세미나를 통한 전문가 포지셔닝

멘토링이나 교육을 통한 가치 확산

보이는 힘의 경제학적 가치

현대 경제에서 가시성Visibility은 그 자체로 경제적 가치를 창출한다. 이는 네트워크 효과와 플랫폼 경제의 특성 때문이다.

- **검색 가능성** 온라인에서 발견될 확률이 높아짐
- **신뢰성 증대** 제3자 인증을 통한 리스크 감소
- **네트워크 효과** 한 번의 노출이 연쇄적 기회로 확산
- **프리미엄 효과** 동일한 실력이라도 더 높은 가격을 받을 수 있음

업워크에서 상위 1%에 속하는 프리랜서들을 분석해보면, 이들의 공통점은 실력만큼이나 체계적인 가시화 전략이다. 단순히 좋은 작업물을 만드는 것을 넘어서, 그것을 효과적으로 보여주는 방법을 터득한 것이다.

이름값 경제학의 여섯 번째 공식

'이름값=보이는 실력×신뢰의 증거'

이 공식에서 주목할 점은 곱셈 구조라는 것이다. 더하기가 아니라 곱하기다. 즉, 실력이나 가시성 중 하나라도 0에 가까우면 전체 이름값

도 0에 가까워진다는 의미다.

공식의 실제 적용

- 실력 10, 가시성 1=이름값 10
- 실력 5, 가시성 5=이름값 25
- 실력 10, 가시성 0=이름값 0

이는 왜 뛰어난 실력을 가진 사람이 때로는 평범한 실력의 사람보다 적게 인정받는지를 설명해준다.

이름값 경제학의 핵심 공식

1. 이름은 화폐다.
2. 말이 아니라 증거가 이름값을 만든다.
3. 이름값은 유명세가 아니라 증거가 남긴 신뢰다.
4. 작은 증거가 모여 큰 이름값을 만든다.
5. 검색되는 이름이 곧 자산이다.
6. 이름값은 실력 자체보다 보이는 실력에 좌우된다. .

확증편향을 역이용하는 전략적 사고

확증편향은 분명히 인간의 한계이지만, 이를 이해하고 활용하면 오히려 기회가 될 수 있다. 사람들이 첫인상에 크게 의존한다는 것을 안다면, 첫인상을 전략적으로 설계할 수 있다.

증거가 이름값을 만든다(증거 편)

전략적으로 첫인상을 최적화는 방법은 첫째, 온라인 검색 결과를 관리해야 한다. 이름 검색 시 가장 먼저 나타나는 내용을 통제해야 한다. 둘째, 전문성 신호를 강화시켜야 한다. 학력, 경력, 수상 내역 등 객관적 지표를 부각하라. 셋째, 사회적 증명을 활용하라. 추천서, 후기, 언론 보도 등 제3자 인증 정보를 확보하는 것이 중요하다.

미래를 바꾸는 선택의 기로

이 장을 마무리하며, 우리는 중요한 선택의 기로에 서 있다. 계속해서 빙산 아래에 숨어 있을 것인가, 아니면 수면 위로 떠올라 세상에 보일 것인가?

- 내 실력은 지금 어디에, 어떤 형태로 보이고 있는가?
- 나는 숨어 있는 빙산인가, 아니면 위로 떠오른 빙산인가?
- 내 이름값은 실력과 명성의 전략적 결합으로 설계되고 있는가?

아무리 뛰어난 능력을 가지고 있어도 그것을 제대로 보여주지 못하면 기회도 사라진다. 세상은 빙산의 전체 크기가 아니라 수면 위에 보이는 부분만으로 판단한다. 아무리 거대한 빙산이라도 수면 아래에만 있다면 그 존재를 인정받을 수 없다. 실력 개발과 가시화 전략을 동시에 추진해야 한다. 실력만 키우거나, 반대로 포장만 신경 쓰면 안 된다.

운명을 바꾸는 보이는 힘

결국 이름값이란 내가 누구인지를 세상에 알리는 힘이다. 그리고 그 힘은 숨겨진 실력을 드러내는 용기에서 시작된다. 대도서관이 작은 게임 방송으로 시작해서 한국 유튜브 생태계를 바꾼 것처럼, 우리도 작은 시작으로 큰 변화를 만들 수 있다. 중요한 것은 완벽한 준비가 아니라 지금 당장의 실행이다.

보이는 힘은 하루아침에 만들어지지 않는다. 하지만 매일의 작은 노력이 쌓여서 언젠가는 운명을 바꾸는 거대한 힘이 된다. 그 시작은 바로 지금, 이 순간이다.

타인의 입이 나의 증거다
– 추천·리뷰·평판의 힘

내가 하는 말보다 남이 하는 말

"나는 성실하다." "나는 전문가다." 이런 자기소개는 누구나 할 수 있다. 하지만 사람들은 나의 말보다 타인의 말을 훨씬 더 신뢰한다. 이는 단순한 선호가 아니라 인간의 진화적 본능에 뿌리를 둔 현상이다.

하버드 비즈니스 스쿨의 연구들에 따르면, 신뢰 구축에 있어서 타인의 평가는 자기 평가보다 압도적으로 강력한 영향을 미친다. 특히 Frances Frei와 Anne Morriss의 연구에서는 신뢰의 핵심 요소로 신빙성 Credibility, 진정성Authenticity, 논리Logic를 제시하며, 이 모든 것이 타인의 증언을 통해 더 효과적으로 전달된다고 밝혔다. 즉, 내가 아무리 나를 포장해도, 타인의 한마디가 곧 가장 강력한 증거가 된다.

브랜딩은 나를 바라보는 시각을 나의 관점에서 타인의 관점으로 전환해야 성공할 수 있다.

리뷰가 매출을 바꾸는 과학적 근거

현대 경제에서 리뷰와 평점의 영향력은 더 이상 부정할 수 없는 현실이다. 구체적인 데이터들이 이를 명확히 보여준다.

2023년 연구에 따르면, 아마존에서 별점 1점 증가는 매출을 26% 증가시킨다. 이는 단순한 상관관계가 아니라 직접적인 인과관계다. 아마존에서 별점이 4.5점 이상인 제품은 3점대 제품보다 판매량이 12배 많다. 구매자는 제품 설명보다 다른 사람의 경험을 더 믿는다.

더욱 놀라운 것은 리뷰의 존재 자체가 미치는 영향이다. 5개 이상의 리뷰를 보유한 제품은 리뷰가 없는 제품보다 구매될 확률이 270% 높다. 73%의 쇼핑객이 리뷰를 읽고 구매 결정을 내리며, 92%의 고객이 리뷰가 없는 제품은 아예 구매하지 않는다.

호텔 예약 시장의 현실은 어떤가? 유럽 소비자의 절반 이상이 호텔을 선택할 때 온라인 리뷰와 평점을 가장 중요한 요소로 꼽는다. 흥미롭게도 공식 호텔 성급star classification보다 고객 리뷰가 더 큰 영향을 미친다는 2022년 연구 결과도 있다.

음식 배달 서비스의 경우 리뷰 몇 줄이 '이 집은 친절하다'는 신뢰를 만들고, 그 신뢰가 반복 구매로 이어진다. 결국 **'리뷰＝매출＝이름값'**이라는 공식이 성립한다.

추천은 신뢰의 지름길이다

취업 시장에서 추천서의 힘은 더욱 극명하게 드러난다. 링크드인의 조사와 여러 HR 연구들이 일관되게 보여주는 것은 타인의 추천이 가진 압도적인 영향력이다.

추천서가 있는 지원자는 그렇지 않은 지원자보다 면접 기회를 얻을 확률이 현저히 높다. 왜일까? 기업은 지원자 스스로 말하는 것보다 교수, 전 직장 상사, 동료가 말하는 한마디를 더 신뢰하기 때문이다.

- "이 학생은 책임감이 강하다."
- "이 디자이너는 마감 한 번 어긴 적 없다."
- "이 개발자는 팀워크가 뛰어나다."

이런 한 문장이 수십 줄의 자기소개서보다 더 큰 힘을 발휘한다. 이는 사회적 증명Social Proof의 심리학적 효과 때문이다.

평판이 미래를 결정하는 메커니즘

평판은 단순한 현재의 이미지를 넘어 미래를 결정짓는 예측 변수로 작용한다. 이는 경제학에서 말하는 '시그널링 이론'과 직결된다.

프리랜서 생태계에서 첫 클라이언트에게 "이 사람은 믿을 수 있어요."라는 리뷰를 받으면, 그 평판이 새로운 고객을 불러온다. 업워크 데이터에 따르면, 초기 5개의 긍정적 리뷰를 받은 프리랜서는 그렇지 않은 프리랜서보다 10배 이상 많은 프로젝트 제안을 받는다.

반대로 "약속을 안 지킨다."라는 평판은 기회를 가로막는 거대한 장벽이 된다. 디지털 경제에서는 부정적 평판이 삭제되지 않고 계속 누적되기 때문에 그 파괴력이 더욱 크다.

자영업자의 지역 평판 효과를 보자. 지역 커뮤니티에 "사장님이 정직하다."라는 평판이 퍼지면, 광고비보다 강력한 단골 유입 효과를 만든다. 이는 구전 마케팅Word-of-Mouth Marketing의 힘으로, 61%의 마케팅 임원들이 가장 효과적인 마케팅 방법이라고 인정했다.

인플루언서 경제력은 팔로워 수보다 "이 사람은 진정성이 있다."라는 평판에 달렸다. 진정성 없는 광고는 한 번의 논란으로 신뢰를 잃고, 협찬이 끊긴다. 대도서관이 '유교 방송'으로 불리며 성공한 것도 바로 이 진정성 때문이었다. 즉, 평판은 이름값의 방향과 속도를 동시에 결정짓는다.

타인의 입을 내 편으로 만드는 전략적 방법

그렇다면 어떻게 타인의 입에서 긍정적인 말이 나오도록 할 수 있을까?

1. 작은 친절이 큰 평판을 만든다

작은 배려와 일관된 태도가 쌓여서 큰 평판을 만든다.

- 이메일 답변의 신속함과 정중함
- 약속 시간을 정확히 지키는 습관
- 요청받지 않은 작은 도움이나 조언

이런 사소한 행동들이 모여서 "좋은 사람", "믿을 만한 사람"이라는 평판의 씨앗이 된다.

2. 피드백을 적극적으로 요청하고 기록하라

많은 사람들이 좋은 일을 하고도 그에 대한 증언을 받지 못한다. 피드백을 요청하는 것은 겸손함이 아니라 전략적 필수사항이다.

- 프로젝트 완료 후 클라이언트에게 서면 피드백 요청
- 교수나 상사에게 추천서 작성 부탁
- 동료들에게 링크드인 추천 요청

누군가의 입에서 나온 긍정적 말은 곧 나의 디지털 자산이 된다.

3. 협업 경험을 통한 자연스러운 추천 획득

혼자 하는 일보다는 협업 프로젝트에 참여해야 한다.

- 팀 프로젝트에서의 역할과 기여
- 봉사활동이나 커뮤니티 활동 참여
- 멘토링이나 교육 활동을 통한 가치 제공

협업 과정에서 얻은 타인의 추천은 가장 진정성 있는 증거가 된다.

4. 온라인 리뷰 시스템의 전략적 활용

디지털 시대에는 온라인 평판 관리가 필수다.

- 고객에게 정직하게 리뷰 요청하기 ("도움이 되셨다면 리뷰 한 줄 부탁드립니다.)
- 부정적 리뷰에 대한 신속하고 전문적인 대응
- 긍정적 리뷰를 다른 플랫폼에서도 활용할 수 있도록 허가 요청

타인의 입을 관리하는 일은 우연에 맡길 수 없는 전략적 과정이다.

그런데 도대체 왜 타인의 말이 더 강력한 걸까? 이런 현상이 일어나는 이유는 인지 편향과 사회적 증명의 심리학에 있다. 사람들은 자기 확신보다는 외부 검증을 통해 안전함을 느낀다. 내가 아무리 "나는 전문가다.라고 말해도, 다른 사람이 "이 사람은 전문가다.라고 말하는 것보다 설득력이 떨어진다.

특히 중요한 결정(채용, 구매, 투자 등)을 내릴 때 사람들은 리스크를 최소화하려고 한다. 이것을 위험 회피의 본능이라 부른다. 타인의 추천이나 리뷰는 그 리스크를 줄여주는 보험과 같은 역할을 한다.

네트워크 효과 또한 기억해야 한다. 한 명의 추천이 또 다른 추천을 부르는 연쇄 효과가 있다. 이는 이름값을 가진 모든 사람들이 경험한 것처럼, 작은 시작이 눈덩이처럼 커지는 메커니즘이다.

이름값 경제학의 일곱 번째 공식
'타인의 입이 곧 나의 증거다.'

이 공식이 중요한 이유는 주체의 전환을 의미하기 때문이다. 이름값을 만드는 주체가 나에게서 타인으로 이동한다는 것이다.

1. 이름은 화폐다.
2. 증거가 이름값을 만든다.
3. 이름값은 유명세가 아니라 증거가 남긴 신뢰다.
4. 작은 증거가 모여 큰 이름값을 만든다.
5. 검색되는 이름이 곧 자산이다.
6. 이름값은 실력 자체보다 보이는 실력에 좌우된다.
7. 타인의 입이 곧 나의 증거다.

전통적 사고에서는 내가 나를 어떻게 포장하느냐가 중요했지만 새로운 사고를 해야 하는 시대에는 타인이 나를 어떻게 말하게 만드느냐가 중요하다.

평판 시대의 생존 전략

이름값을 만든 사람들이 우리에게 남긴 가장 큰 교훈 중 하나는 일관성 있는 진정성이었다. 그들은 화려한 자기 홍보보다는 꾸준한 양질의 콘텐츠와 시청자(또는 팬들)와의 진정한 소통으로 평판을 쌓았다. 현대는 평판 경제Reputation Economy의 시대다.

- 개인의 말보다 집단의 증언이 중요하다.
- 일회성 성과보다 지속적인 신뢰가 가치 있다.
- 자기 포장보다 타인의 자발적 추천이 강력하다.

이 장을 마무리하며, 스스로에게 물어보자.

- 지금 내 이름은 타인의 입에서 어떻게 불리고 있는가?
- 내 이름과 함께 따라오는 첫 평판은 긍정인가, 부정인가?
- 나는 오늘, 타인의 입에 어떤 증거를 남겼는가?

타인의 목소리로 완성되는 이름값

내가 나를 증명할 수 있는 시대는 지났다. 이제는 타인이 내 이름을 어떻게 말하는지가 곧 나의 시장 가치다. 결국 진정한 이름값은 내가 만드는 것이 아니라 타인이 완성해주는 것이다. 내가 할 수 있는 것은 그들이 좋은 말을 할 수 있는 이유를 꾸준히 제공하는 것뿐이다. 대도서관처럼 말이다. 그는 스스로를 전문가라고 주장한 적이 없었다. 대신 꾸준히 양질의 콘텐츠를 만들고, 시청자들과 진정성 있게 소통했다. 그 결과 사람들이 먼저 그를 "1세대 유튜버", "선구자", "롤모델"이라고 불렀다.

이제는 질문을 바꿔야 한다. "나는 누구인가?"가 아니라, "사람들은 나를 누구라고 말하는가?" 그리고 더 중요한 것은, "사람들이 나에 대해 어떤 말을 하게 만들 것인가?"이다. 타인의 입이 나의 가장 강력한 증거가 되는 시대, 그 증거를 만드는 것은 여전히 나의 몫이다.

꾸준함이 최고의 증거다

꾸준함 앞에 다른 증거는 힘을 잃는다

사람들은 화려한 시작보다, 끝까지 가는 사람을 신뢰한다. 한 번의 성과는 운일 수 있다. 하지만 꾸준함은 결코 운이 아니다. 매일 새벽 6시에 열리는 카페, 10년째 같은 자리를 지키는 동네 빵집, 5년째 매주 같은 요일에 업로드하는 유튜버. 이런 꾸준함은 사람들에게 단순한 서비스가 아니라 신뢰의 상징이 된다.

대도서관이 그랬다. 그는 화려한 기획이나 특별한 이벤트로 구독자를 모은 것이 아니라, 꾸준히 양질의 콘텐츠를 만드는 것으로 신뢰를 쌓았다. 시청자들이 그를 믿은 이유는 "이 사람은 변하지 않는다."라는 확신 때문이었다.

꾸준함이 신뢰를 만든다는 과학적 근거

심리학자 로버트 치알디니Robert Cialdini는『설득의 심리학』에서 일관성의 법칙Consistency Principle을 제시했다. 이 법칙에 따르면, 사람들은 일관되게 행동하는 사람에게 더 큰 신뢰를 보낸다. 치알디니의 연구에 따르면, 사람들은 자신의 이전 약속이나 행동과 일치하는 방향으로 행동하려는 강한 심리적 동기를 가지고 있다. 이는 인지적 일관성Cognitive Consistency을 유지하려는 인간의 기본적 욕구에서 비롯된다.

일관성 법칙의 핵심 메커니즘은 다음과 같다.

- 사람들은 일관성 없는 사람을 신뢰하지 않는다.
- 반복적인 행동 패턴은 예측 가능성을 제공한다.
- 예측 가능한 사람일수록 협력하기 안전하다고 판단된다.
- 따라서 꾸준함은 신뢰의 가장 강력한 신호가 된다.

실제 연구 데이터들도 이를 뒷받침한다. 다양한 분야에서 일관성 있는 행동 패턴이 성공과 강한 상관관계를 보인다는 증거들이 축적되고 있다.

꾸준함의 경제적 가치

먼저, 유튜브 생태계를 살펴보자. 플랫폼 분석에 따르면, 정기적으로 업로드하는 채널들이 불규칙한 채널들보다 구독자 성장률과 시청 시간 모두에서 현저히 우수한 성과를 보인다. 이는 알고리즘의 영향도 있지만, 더 근본적으로는 시청자들이 예측 가능한 채널을 선호하기 때문이다.

에델만Edelman 트러스트 바로미터 조사에서 소비자들은 "약속을 꾸준히 지키는 브랜드"를 가장 신뢰한다고 응답했다. 이는 품질이나 가격보다도 우선하는 요소로 나타났다.

또한 교육 연구에서 꾸준한 학습 패턴을 유지한 학생들이 단기간 집중 학습을 한 학생들보다 장기적으로 더 좋은 성과를 거둔다는 결과가 일관되게 나타나고 있다. 이는 지식의 정착과 응용 능력 모두에서 확인되는 현상이다. 즉, 꾸준함은 단순한 습관이 아니라, 이름값을 증명하는 최강의 증거다.

성공한 이름들의 꾸준함 분석

BTS: 10년간의 일관된 성장

그들이 '세계의 BTS'가 된 이유는 단순히 노래 실력 때문이 아니다. 데뷔 초기부터 현재까지 10년 가까이 앨범을 내고, 무대를 서고, 팬과 소통하는 꾸준한 활동이 쌓였기에 이름값이 완성되었다. 특히 그들은 초기 무명 시절부터 SNS를 통해 매일매일의 연습 과정과 일상을 꾸준히 공유했다. 이런 일관된 소통이 팬들과의 깊은 신뢰 관계를 만들었고, 결국 글로벌 성공의 토대가 되었다.

김연아: 일상의 반복이 만든 전설

한 번의 금메달이 아니라, 어린 시절부터 매일 6시간 이상 훈련을 이어온 꾸준함이 '피겨 여왕'이라는 이름을 가능하게 했다. 김연아의 성공 스토리에서 가장 인상적인 것은 15년간 하루도 거르지 않은 기본기 연습이다. 화려한 기술보다도 이런 기초적 꾸준함이 그녀만의 안정감과 완성도를 만들어냈다.

워런 버핏: 반세기의 일관된 습관

매년 주주들에게 서한을 보내는 일관된 습관, 50년 넘게 유지해온 투자 철학, 변하지 않는 생활 패턴. 이런 꾸준함 때문에 그의 이름은 '성실한 투자자'의 상징이 되었다. 버핏은 복리의 힘을 자주 언급하는데, 이는 투자 뿐만 아니라 개인 브랜딩에도 적용되는 원리다. 작은 신뢰가 매일 쌓여서 거대한 이름값이 된다는 것이다. 결국 위대한 이름값은 모두 꾸준함의 다른 이름이다.

일반인에게 꾸준함이 주는 실질적 힘

취업 준비생: 학습 일지의 누적 효과

하루 1시간씩 기록한 공부 일지는 단순한 메모가 아니라, "꾸준히 노력하는 사람"이라는 증거다. 면접관들은 화려한 스펙보다도 지속적인 노력의 흔적을 더 신뢰한다. 실제로 많은 기업들이 지원자의 학습 지속성을 중요한 평가 요소로 본다. 이는 입사 후에도 꾸준히 성장할 것이라는 신호로 해석되기 때문이다.

프리랜서: 신뢰도 누적의 경제학

매번 마감을 지키는 습관이 반복되면, 고객은 설명 없이도 "신뢰할 수 있는 사람"이라 평가한다. 이런 신뢰는 단순히 개인적 평가를 넘어서 경제적 프리미엄으로 이어진다. 업워크에서 완료율과 정시 납품률이 높은 프리랜서는 동일한 스킬을 가진 다른 프리랜서보다 20~30% 높은 수임료를 받는다는 데이터가 있다.

자영업자: 일상의 신뢰가 만드는 단골

매일 정해진 시간에 문을 열고, 변함없는 품질을 유지하면, 단골이 생기고 입소문이 난다. 이는 예측 가능성이 주는 안정감 때문이다. 특히 서비스업에서는 운영 시간의 일관성이 고객 신뢰도에 직접적인 영향을 미친다. 고객들은 '언제 가도 열려 있는 곳'을 더 신뢰하고 자주 찾는다. 큰 성공이 없어도, 꾸준함 자체가 이름값을 키우는 강력한 증거다.

꾸준함이 어려운 심리학적 이유

많은 사람들이 꾸준함의 가치를 알면서도 실패한다. 왜일까? 현대 심리학과 행동경제학 연구들이 그 이유를 명확히 보여준다.

1. 즉각적 보상 편향Instant Gratification Bias

꾸준함은 지연된 만족을 요구한다. 하지만 인간의 뇌는 즉각적인 보상을 선호하도록 진화했다. 따라서 꾸준함의 성과가 눈에 띄지 않는 초기에는 포기하기 쉽다.

2. 완벽주의의 함정

처음부터 완벽을 추구하다 보면 지속하기 어려워진다. '완벽하지 않으면 의미 없다'는 생각이 꾸준함을 방해한다. 실제로는 80%의 꾸준함이 100%의 완벽함보다 훨씬 가치 있다.

3. 사회적 비교 압력

'남들은 벌써 성공했는데…'라는 조급함이 꾸준함을 무너뜨린다. SNS에서 보이는 타인의 성공은 대부분 결과만 보여주고 과정은 숨긴다. 이런 왜곡된 비교가 꾸준함의 가치를 과소평가하게 만든다. 꾸준함은 거창한 결심이 아니라, 작은 행동을 오래 반복하는 힘이다.

꾸준함을 전략적으로 증거화하는 방법

앞의 이름값을 가진 사람들의 사례에서 배울 수 있듯이, 꾸준함은 그 자체로도 가치 있지만 보이게 만들어야 진정한 자산이 된다.

1. 작은 단위로 시작하기

- 하루 10분 글쓰기, 매주 1개 프로젝트 기록
- 작을수록 오래간다는 것이 핵심이다.
- 완벽한 큰 계획보다 불완전한 작은 실행이 낫다.

2. 보이는 곳에 남기기

- 블로그, SNS, 유튜브, 노션, 깃허브 등

• 남에게 보일 때 꾸준함은 증거가 된다.

• 사적인 노력은 개인적 만족에 그치지만, 공개된 노력은 사회적 자본이 된다.

3. 시스템과 연결하기

• 친구와의 약속, 구독자와의 공지, 자동 알람

• 외부 압력과 내적 동기를 결합하면 지속 가능성이 높아진다.

• 개인의 의지력에만 의존하지 말고 구조적 장치를 만들어라.

4. 피드백 루프 구축하기

• 정기적인 성과 점검과 조정

• 작은 성취에 대한 인정과 보상

• 진전을 가시화하면 동기가 지속된다.

꾸준함의 복리 효과

꾸준함의 복리 효과는 시간이 지날수록 기하급수적으로 커진다.

• **1단계** 개인적 만족(1~3개월) - 처음에는 자기 만족과 작은 성취감을 느낀다.

• **2단계** 주변 인식(3~12개월) - 가까운 사람들이 변화를 알아차리고 인정하기 시작한다.

• **3단계** 사회적 신뢰(1~3년) - 업계나 커뮤니티에서 '꾸준한 사람'으로 인식된다.

• **4단계** 브랜드 자산화(3년 이상) - 꾸준함 자체가 그 사람의 대표적 특징이 되고, 기회가 자연스럽게 찾아온다.

이름값을 가진 사람들 모두가 걸어온 길이 바로 이런 과정이었다. 처음엔 작은 시작이었지만, 꾸준함이 쌓여서 결국 각자의 분야에서 상징이 되었다.

이름값 경제학의 여덟 번째 공식
'꾸준함=최고의 증거=가장 단단한 이름값'

이 공식에서 주목할 점은 꾸준함의 독특한 위치다. 다른 증거들은 시간이 지나면 색이 바래지거나 대체될 수 있지만, 꾸준함은 시간이 지날수록 더 강해진다. 한 번의 성과는 잊히지만, 꾸준함은 사람들의 기억에 각인된다. 꾸준함이야말로 이름값 경제학에서 가장 값비싼 통화다.

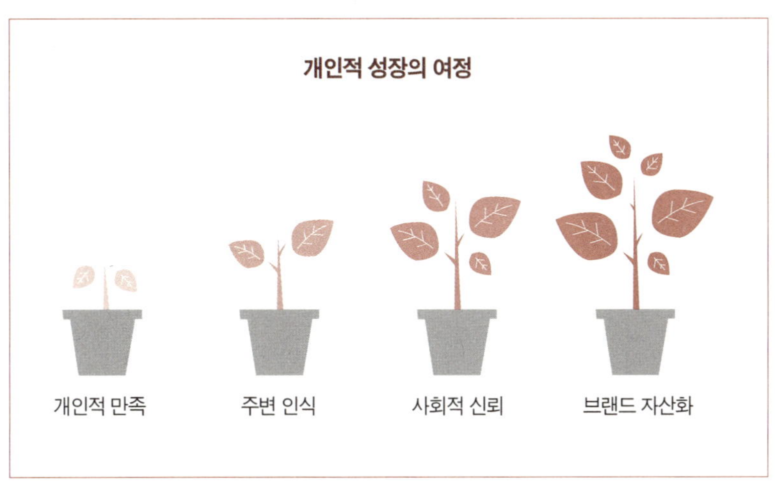

꾸준함을 방해하는 현대적 장애물들

- 정보 과부하: 너무 많은 정보와 선택지가 집중력을 분산시킨다. 따라서 선택과 집중이 더욱 중요해졌다.
- 즉각적 피드백 중독: SNS의 '좋아요'와 댓글에 의존하다 보면, 반응이 없을 때 동기가 떨어진다. 내재적 동기를 키우는 것이 중요하다.
- 완벽주의적 콘텐츠 문화: 모든 콘텐츠가 완벽해야 한다는 압박이 꾸준함을 방해한다. 'Done is better than perfect'라는 마음가짐이 필요하다.

꾸준함의 미래 가치

AI와 자동화가 발달할수록, 인간의 일관성과 신뢰성은 더욱 희소하고 가치 있는 자원이 될 것이다. 기계는 완벽할 수 있지만, 인간적 꾸준함의 따뜻함과 예측 가능성은 대체할 수 없다. 따라서 지금 꾸준함에 투자하는 것은 미래에 대한 가장 확실한 보험이다. 이 장을 마무리하며, 스스로에게 정직하게 물어보자.

- 나는 지금 무엇을 꾸준히 하고 있는가?
- 내 이름과 연결된 '일관된 패턴'은 무엇인가?
- 나는 큰 성공을 기다리며 지치고 있는가, 아니면 작은 꾸준함을 증거로 쌓고 있는가?

큰 기회를 기다리는 것보다 작은 꾸준함을 쌓는 것이 더 확실한 전략이다. 꾸준함이 쌓이면, 결국 이름값이 된다. 그리고 그 이름값은 어떤 화려한 말보다 더 오래 살아남는다.

시작하라. 작게, 그러나 꾸준히. 그것이 이름값을 만드는 가장 확실한 방법이다.

이름값 경제학의 핵심 공식

1. 이름은 화폐다.
2. 증거가 이름값을 만든다.
3. 이름값은 유명세가 아니라 증거가 남긴 신뢰다.
4. 작은 증거가 모여 큰 이름값을 만든다.
5. 검색되는 이름이 곧 자산이다.
6. 이름값은 실력 자체보다 보이는 실력에 좌우된다.
7. 타인의 입이 곧 나의 증거다.
8. 꾸준함은 가장 값비싼 통화다.

실패도 증거가 된다

실패가 만든 전설들

2007년, 스티브 잡스가 첫 번째 아이폰을 발표하는 순간이었다. 그런데 발표 도중 아이폰이 먹통이 되어버렸다. 전 세계가 지켜보는 가운데 벌어진 치명적인 실패였다. 하지만 잡스는 당황하지 않았다. "기술이란 원래 그런 것"이라며 웃어넘겼고, 이 순간은 오히려 그의 진정성을 보여주는 전설이 되었다.

이것이 바로 실패의 역설이다. 우리는 완벽한 성공만이 이름값을 만든다고 믿지만, 현실에서는 실패가 오히려 더 강력한 증거가 되는 경우가 많다.

실패가 없는 이름은 허상이다

"천재는 1%의 영감과 99%의 노력으로 만들어진다." 토머스 에디슨의 유명한 말이다. 하지만 그가 진짜 말하고 싶었던 것은 따로 있었다. "나는 실패한 것이 아니다. 전구가 켜지지 않는 방법 1,000가지를 발견한 것뿐이다."

에디슨의 실험실 노트를 보면 놀라운 사실을 발견할 수 있다. 그는 자신의 실패를 모두 기록했다. 왜 실패했는지, 어떤 부분이 문제였는지, 다음에는 무엇을 시도할 것인지까지 세세하게 남겼다. 실패를 증거로 만드는 첫 번째 법칙이 바로 여기에 있다.

가장 인기 있는 TED 강연들을 분석해보면 흥미로운 패턴을 발견할 수 있다. 조회 수 상위 100개 강연 중 70% 이상이 실패나 좌절 경험을 포함하고 있다.

- 에이미 커디의 "자세가 당신을 만든다": 교통사고로 인한 뇌손상과 재활 과정
- 브레네 브라운의 "취약성의 힘": 연구 데이터와 개인적 신념의 충돌로 인한 혼란
- 켄 로빈슨의 "학교가 창의성을 죽이는가": 전통 교육 시스템에서의 부적응 경험

이들의 강연이 수억 회 재생되는 이유는 완벽한 성공담이 아니라, 인간적인 실패와 극복 과정에 있다.

실패가 없는 이름은 없다

사람들은 성공만이 이름값을 만든다고 생각한다. 하지만 현실은 다르다. 위대한 이름값 뒤에는 수많은 실패의 흔적이 있다.

BTS는 2013년 데뷔 당시 '무명 기획사의 무명 아이돌'이었다. 데뷔

앨범 판매량은 고작 24,000장. 음악방송 1위는커녕 순위권에도 들지 못했다. 온라인에서는 '망돌(망한 아이돌)'이라는 악플이 쏟아졌다. 하지만 그들은 포기하지 않았다. 작은 공연장부터 다시 시작했고, 팬들과의 소통을 놓지 않았다. 2017년 빌보드 차트에 진입하기까지 4년. 그 4년간의 실패와 좌절이 오늘날 전 세계적 성공의 토대가 되었다.

손흥민에게도 그런 시절이 있었다. 2015년 토트넘 이적 초기, 손흥민은 혹독한 시련을 겪었다. 언어 장벽으로 동료들과 소통이 어려웠고, 프리미어리그의 거친 수비에 적응하지 못해 부상이 잦았다. 영국 언론들은 "3,000만 파운드짜리 실패작"이라고 혹평했다.

하지만 그는 새벽 6시부터 개인 훈련을 시작했고, 영어 과외를 받으며 소통 문제를 해결했다. 2년 뒤 그는 프리미어리그 최고의 선수 중 하나가 되었고, 2022년에는 득점왕까지 차지했다.

이들의 이야기에서 발견되는 공통점이 있다. 실패를 숨기지 않았다는 것이다. 오히려 실패 경험을 당당히 드러내며, 그것을 극복한 과정을 사람들과 공유했다.

실패가 신뢰를 높인다

1966년, 하버드 대학교의 사회심리학자 엘리엇 애런슨Elliot Aronson은 흥미로운 실험을 진행했다. 참가자들에게 퀴즈쇼 녹음을 들려주었는데, 두 가지 버전이 있었다.

- **A버전** 천재적인 참가자가 모든 문제를 완벽하게 맞히는 녹음

- **B버전** 같은 참가자가 모든 문제를 맞히지만, 마지막에 커피를 쏟는 실수를 하는 녹음

결과는 놀라웠다. 참가자들은 B버전의 사람을 더 매력적이고 신뢰할 만하다고 평가했다. 이를 취약성 효과Pratfall Effect라고 부른다. 사람들은 완벽한 사람보다 실패했지만 다시 일어선 사람을 더 호감 있게 본다. 실패는 인간적인 진정성을 드러내고, 그 회복 과정은 오히려 신뢰를 강화하는 증거가 된다.

실패가 돈이 되는 시대

현대 비즈니스에서도 이 원리가 적용된다. 실리콘밸리에서는 '실패 이력서Failure Resume'가 유행이다. 성공만 나열한 이력서보다, 실패와 그 극복 과정을 담은 이력서가 더 주목받는다.

- 스타트업 창업자의 실패 기록은 '도전 경험이 있다'는 신호다.
- 취업 준비생의 낙방 경험은 '포기하지 않고 다시 시도했다'는 근거다.
- 프리랜서의 프로젝트 삐걱거림도 '위기 대응 경험이 있다'는 증거가 된다.

실패 없는 브랜딩의 위험

많은 사람들이 실패를 숨기려 한다. 이력서에 빠뜨리고, SNS에서 삭제한다. 하지만 실패가 없는 기록은 오히려 신뢰를 잃게 한다.

- 완벽한 포트폴리오는 '가짜가 아닐까?' 하는 의심을 부른다.

- 실패를 감춘 브랜드는 위기가 왔을 때 더 크게 무너진다.

- 반대로 실패를 인정하고 극복한 이야기는 강력한 설득력이 된다.

즉, 실패를 감추면 이름값은 공허해지고, 실패를 드러내면 이름값은 오히려 단단해진다.

실패를 증거로 만드는 4단계 전략

1단계: 실패를 기록하라

"여기서 이렇게 도전했지만 결과는 이랬다." 이런 실패 과정을 공유하는 것만으로도 신뢰가 생긴다.

페이스북(현 메타)의 초기 모토는 "빠르게 움직여서 기존 틀을 깨뜨려라Move Fast and Break Things."였다. 이는 실패를 두려워하지 말라는 의미였다. 마크 저커버그는 직원들에게 실패 사례를 공유하도록 장려했고, 이를 통해 전체 조직이 학습했다.

페이스북 내부에는 '실패 보고서Failure Reports' 제도가 있다. 프로젝트가 실패하면 다음 항목들을 반드시 작성해야 한다.

- 무엇을 시도했는가

- 왜 실패했는가

- 무엇을 배웠는가

- 다음에는 어떻게 할 것인가

이 기록들은 회사 전체가 공유하며, 같은 실수를 반복하지 않는 자산이 된다.

2단계: 실패에서 배운 점을 남겨라

"이 경험에서 배운 교훈은 ○○였다." 배움을 남기는 순간, 실패는 성장이 된다.

다이슨 청소기 창업자 제임스 다이슨은 완벽한 청소기를 만들기 위해 5,126개의 시제품을 만들었다. 처음 5,125개는 모두 실패작이었다. 하지만 그는 매번 실패할 때마다 개선점을 찾았다. "이 디자인은 흡입력이 부족하다.", "저 소재는 내구성이 떨어진다.", "이 각도는 사용하기 불편하다." 등등. 하나씩 문제점을 해결해가며 최종 제품에 도달했다. 다이슨은 이후 인터뷰에서 "나는 5,126번 성공한 것이 아니라, 5,126가지 방법을 배운 것"이라고 말했다.

3단계: 실패를 극복한 기록을 강조하라

"이후 다시 시도했고 결국 성공했다." 실패는 성공의 전제 조건임을 보여주는 증거다.

넷플릭스는 원래 DVD 우편 배송 서비스로 시작했다. 2000년, 창업자 리드 헤이스팅스는 블록버스터(당시 비디오 대여 1위 업체)에게 넷플릭스를 5,000만 달러에 팔겠다고 제안했지만 블록버스터는 거절했다. 이는 큰 좌절이었지만, 헤이스팅스는 포기하지 않았다. 대신 스트리밍 서비스로 사업 모델을 전환했다. 2007년 스트리밍 서비스를 시작했고,

2010년에는 블록버스터가 파산했다.

현재 넷플릭스의 기업가치는 약 240조 원이다. 초기의 거절과 좌절이 오히려 더 큰 성공의 발판이 된 것이다.

4단계: 타인의 언어로 남겨라

동료, 고객, 상사가 "실패했지만 포기하지 않았다."라고 말해주는 것. 즉, 실패조차 타인의 입을 통해 신뢰의 증거가 된다.

세계 최고의 투자자 워런 버핏도 수많은 실패를 겪었다. 1960년대 버크서 해서웨이 인수는 대표적인 실패 사례다. 섬유업체였던 이 회사는 계속 손실을 냈고, 결국 섬유 사업은 접어야 했다. 하지만 버핏은 이 실패를 숨기지 않았다. 매년 주주들에게 보내는 서한에서 자신의 실수를 솔직히 인정했다. "나의 어리석은 판단으로 인해 주주 여러분에게 손실을 입혔다."라고 사과했다. 이런 솔직함은 오히려 투자자들의 신뢰를 높였다. 실수를 인정하는 사람이야말로 같은 실수를 반복하지 않을 것이라고 판단한 것이다.

유명인의 이름값도 실패를 품고 있다

스티브 잡스가 자신이 만든 애플에서 쫓겨난 경험은 치명적 실패였다. 하지만 넥스트NeXT와 픽사Pixar에서 다시 도전하며, 결국 '위기를 기회로 바꾸는 리더'라는 이름값을 얻었다.

마이클 조던은 고등학교 시절 농구팀 선발에서 탈락한 경험을 숨기지 않았다. 오히려 "나는 실패를 받아들였다. 실패는 내가 성공하는 방법을 가르쳐줬다."라고 말했다.

J.K. 롤링의 경우 출판사 12곳에서 원고가 거절당했다. 하지만 그 실패들이 쌓여『해리포터』라는 세계적 베스트셀러가 탄생했다. 이들의 실패는 사라진 게 아니라, 이름값을 더욱 단단하게 만든 증거로 남았다.

이름값 경제학의 아홉 번째 공식

'실패도 증거가 된다.'

실패를 숨기지 말라. 실패는 이름값을 갉아먹는 것이 아니라, 오히려 이름값을 증명하는 또 하나의 화폐다. 실패는 끝이 아니라 기록이다. 그 기록은 언젠가 당신의 이름을 더 강력하게 만드는 화폐가 될 것이다. 말이 아니라, 작고 꾸준하며 심지어 실패까지 담긴 '증거'가 진짜 이름값을 만든다.

> **이름값 경제학의 핵심 공식**
>
> 1. 이름은 화폐다.
> 2. 증거가 이름값을 만든다.
> 3. 이름값은 유명세가 아니라 증거가 남긴 신뢰다.
> 4. 작은 증거가 모여 큰 이름값을 만든다.
> 5. 검색되는 이름이 곧 자산이다.
> 6. 이름값은 실력 자체보다 보이는 실력에 좌우된다.
> 7. 타인의 입이 곧 나의 증거다.
> 8. 꾸준함은 가장 값비싼 통화다.
> 9. 실패도 증거가 된다.

증거가 이름값을 만든다(증거 편)

현대 사회에서 실패는 다음과 같은 화폐 가치를 갖는다.

1. 신뢰 화폐Trust Currency: 실패를 투명하게 공개하고 극복한 사람은 더 큰 신뢰를 얻는다. 이는 곧 더 큰 기회와 연결된다.
2. 학습 화폐Learning Currency: 실패 경험은 다른 사람들에게 귀중한 교육 자료가 된다. 이를 통해 강연료, 컨설팅 수익, 책 판매 등 직접적인 경제적 가치를 만들 수 있다.
3. 차별화 화폐Differentiation Currency: 비슷한 성공 스토리는 많지만, 독특한 실패와 극복 스토리는 유일하다. 이는 개인 브랜드의 강력한 차별화 요소가 된다.

실패가 만든 당신의 이름

2025년 현재, 우리는 실패 르네상스 시대를 살고 있다. 완벽함보다는 진정성이, 성공 스토리보다는 실패와 극복의 서사가 더 큰 감동을 준다.

- 나는 최근 어떤 실패를 경험했는가?
- 그 실패를 숨기고 있는가, 아니면 증거로 활용하고 있는가?
- 내 이름값은 실패를 품은 진짜 증거인가, 아니면 성공만 포장한 가짜 증거인가?

아마존 창업자 제프 베조스는 이렇게 말했다. "만약 당신이 가끔 큰 실패를 하지 않는다면, 충분히 혁신적이지 않다는 뜻이다."

　실패는 더 이상 숨겨야 할 치부가 아니다. 오히려 당신만의 독특한 자산이다. 남들과 똑같은 성공 스토리는 기억되지 않지만, 당신만의 실패와 극복 스토리는 오래도록 사람들의 기억에 남는다.

　당신의 실패를 증거로 만들어라. 그 증거들이 모여 당신만의 독특하고 강력한 이름값을 만들 것이다. 실패를 두려워하지 말고, 실패를 숨기지도 말라. 대신 실패를 기록하고, 분석하고, 공유하라. 그리고 그 실패를 딛고 일어서는 모습을 보여주라. 당신의 다음 실패가 당신의 다음 성공을 만들 것이다.

증거는 연결될 때 강력해진다

하나의 이야기로 설계하는 이름값의 힘

어린 시절 레고 블록을 가지고 놀던 기억이 있는가? 하나의 블록은 그저 작은 플라스틱 조각에 불과하다. 하지만 그 블록들이 연결되어 성, 자동차, 로봇이 될 때 비로소 의미가 생긴다. 이름값도 마찬가지다. 하나의 성과, 하나의 경험, 하나의 증거는 그 자체로는 작은 조각일 뿐이다. 하지만 이 조각들이 하나의 일관된 메시지로 연결될 때, 그것은 강력한 브랜드가 된다.

스티브 잡스의 애플 프레젠테이션을 떠올려보자. 그는 제품 하나하나를 소개하는 것이 아니라, 모든 제품이 'Think Different'라는 하나의 철학으로 연결되어 있음을 보여줬다. 아이팟, 아이폰, 아이패드… 각각은 다른 제품이지만 '삶을 바꾸는 혁신'이라는 하나의 이야기 안에서 완벽하게 연결되었다. 하나의 증거는 강력하지만, 연결된 증거는 움직이는 설득이다.

흩어진 조각에서 설계된 구조로

현대인들의 가장 큰 브랜딩 실수는 증거의 파편화다. 좋은 경험과 성과들을 가지고 있지만, 그것들이 제각각 흩어져 있어 하나의 이미지를 만들어내지 못한다.

일반적인 증거 나열의 예시

- 대학교 학점 3.8
- 토익 900점
- 공모전 수상 경력 3회
- 동아리 회장 경험
- 해외 인턴십 3개월
- 봉사활동 100시간

이런 식으로 나열된 증거들은 개별적으로는 훌륭하지만 전체적인 스토리가 없다. 보는 사람 입장에서는 '이 사람이 뭘 하고 싶은 사람인지, 어떤 가치를 추구하는 사람인지' 알 수 없다. 같은 경험이라도 하나의 메시지로 연결하면 완전히 다른 인상을 만든다.

연결된 증거의 예시

- 토익 900점 → 글로벌 소통 능력 확보

- 해외 인턴십 → 다문화 환경 적응력 증명
- 공모전 수상 → 창의적 문제 해결 능력 입증
- 동아리 회장 → 팀을 이끄는 리더십 발휘
- 봉사활동 → 사회적 가치 추구 실천

같은 경험들이지만 '글로벌 문제 해결자'라는 하나의 정체성으로 연결되면서 훨씬 강력한 브랜드 메시지가 된다.

조연심의 연결된 증거 설계법

필자는 대한민국 퍼스널 브랜딩의 선구자로, 17년째 이 분야에서 활동하며 수백 명의 사람들이 자신만의 브랜드를 찾을 수 있도록 도왔다. 나의 성공 비결을 꼽자면, 각기 다른 활동들을 하나의 일관된 메시지로 연결한 데 있다.

이 모든 활동들이 "사람들이 자신만의 브랜드를 만들어 성장하도록 돕는다."라는 하나의 미션으로 연결되어 있다. 그래서 사람들은 '조연심'이라는 이름을 들으면 자동으로 '퍼스널 브랜딩'을 떠올리게 된다. 이렇게 각각의 증거는 따로가 아닌, 하나의 흐름으로 연결되어 있다. 그 흐름이 바로 '조연심다움'이라는 이름값을 만든다.

연결된 증거가 주는 3가지 힘

1. 브랜드 인지의 명확성

현대 사회에서 가장 큰 문제는 관심의 분산이다. 사람들은 하루에

수천 개의 정보를 접하지만, 그중 기억에 남는 것은 극히 일부다. 특히 개인의 이름과 정체성을 기억하는 것은 더욱 어렵다.

해결법은 하나의 맥락으로 기억시키는 것이다. 연결된 증거를 가진 사람은 "이 사람은 이런 스타일이야."라는 명확한 인상을 심어준다. 백종원을 떠올려보자. 그의 다양한 활동들이 어떻게 연결되어 있는가?

- TV 프로그램 (백종원의 골목식당, 백종원의 3대천왕)
- 유튜브 채널 (백종원의 요리비책)
- 프랜차이즈 사업 (홍콩반점, 새마을식당)
- 요리책 출간
- 요리 강연

이 모든 것들이 '서민들이 쉽게 따라 할 수 있는 요리'라는 하나의 메시지로 연결되어 있다. 그래서 사람들은 백종원을 보면 자동으로 '친근한 요리 전문가'를 떠올린다.

2. 신뢰의 누적과 입체성

하나의 증거만 있는 사람에 대한 신뢰는 평면적이다. 하지만 여러 각도에서 검증된 증거들이 있는 사람에 대한 신뢰는 입체적이다. 증거는 '흩어진 조각'이 아니라 '설계된 구조'다

- 블로그 글 하나는 단지 기록이다.

조연심의 증거 연결 구조

증거 유형	구체적 활동	연결 포인트	브랜드 메시지
출간 활동	『퍼스널브랜딩에도 공식이 있다』등 다수	전문성의 체계화	'브랜딩을 학문으로 정립한 사람'
교육 활동	하루하나브랜딩 100일 챌린지 브랜드미챌린지21	실천의 일상화	'매일 실천하는 사람'
강연 활동	기업, 대학 강연 300회 이상	경험의 전수	'검증된 전문가'
고객 후기	95% 만족도, 생생한 변화 사례	신뢰의 사회적 증거	'실제 변화를 만드는 사람'
미디어 활동	STN '조연심의 브랜드 인사이드'	대중적 소통	'브랜딩 전도사'

- 강연 하나는 단지 이벤트다.
- 추천서 하나는 단지 후기다.

그러나 이 모든 것이 '하나의 메시지'를 중심으로 연결되었을 때, 그 사람답다는 느낌을 만든다. 그 느낌은 이름값이 갖는 가장 강력한 설득 구조다.

신뢰 구축의 다층 구조

- 전문성 신뢰: "이 분야를 정말 잘 아는구나."
- 실행력 신뢰: "말만 하는 게 아니라 실제로 하는구나."
- 지속성 신뢰: "일회성이 아니라 꾸준히 하는구나."
- 진정성 신뢰: "진심으로 이 일을 하는구나."

예시: 의사 유튜버 '닥터프렌즈'

- 전문성: 의과대학 졸업, 전문의 자격증

- 실행력: 매주 정기 업로드, 200만 구독자 달성

- 지속성: 3년 이상 꾸준한 채널 운영

- 진정성: 광고 없는 순수 의학 정보 제공, 수익금 기부

이런 다층적 증거들이 연결되어 '신뢰할 수 있는 의학 정보 제공자'라는 강력한 브랜드를 만들었다.

3. 기회 유입의 다양성

하나의 증거만 있는 사람은 기회도 그 한 채널을 통해서만 온다. 하지만 연결된 증거를 가진 사람은 복수의 채널을 통해 다양한 기회가 유입된다.

멀티 채널 기회 유입 구조

- 블로그 글 → 강연 의뢰

- 유튜브 영상 → 콘텐츠 제작 의뢰

- 책 출간 → 컨설팅 문의

- SNS 활동 → 협업 제안

- 고객 후기 → 추천 연결

예시: 남인숙 작가의 멀티 플랫폼 전략

남인숙 작가는 다음과 같은 연결된 증거들을 구축했다.

- 글쓰기:『남인숙의 어른수업』베스트셀러
- 강연: 글쓰기 강의 전국 투어
- 온라인: 네이버 팬카페 15,600명, 유튜브 '어른성장학교' 22만 팔로워
- 교육: 글쓰기 온라인 클래스 운영

이 모든 활동들이 "글쓰기로 삶을 변화시킨다."라는 메시지로 연결되면서 다음과 같은 기회가 동시다발적으로 유입되고 있다.

- 출판사에서 신간 의뢰
- 기업에서 강연 요청
- 온라인 플랫폼에서 클래스 제안
- 개인 컨설팅 문의

증거 연결의 함정과 주의사항

함정 1: 억지스러운 연결

문제 상황: 전혀 관련 없는 활동들을 억지로 연결하려는 시도

실패 사례: 한 IT 개발자가 '종합 전문가'를 목표로 다음과 같이 활동했다.

- 프로그래밍 블로그

- 요리 유튜브 채널

- 투자 강의

- 운동 인증 SNS

결과적으로 "이 사람이 뭘 하는 사람인지 알 수 없다."라는 반응만 얻었다.

해결 방안

- 핵심 전문 분야 먼저 확립

- 연관성 있는 분야로만 확장

- 하나의 메시지로 연결 가능한 범위 내에서 활동

함정 2: 일관성 없는 메시지

문제 상황: 플랫폼마다 다른 정체성을 보여주는 경우

실패 사례

- 링크드인: 진지한 비즈니스 전문가

- 인스타그램: 일상 브이로그

- 유튜브: 게임 스트리머

- 블로그: 철학적 에세이

각각은 좋은 콘텐츠일 수 있지만, 연결점이 없어 브랜드 혼란을 야기한다.

해결 방안

- 플랫폼별 특성은 살리되 핵심 메시지는 일관성 유지
- 모든 플랫폼에서 동일한 시그니처 메시지 사용
- 정기적으로 전체 콘텐츠의 일관성 점검

함정 3: 양적 확장에만 집중

문제 상황: 연결의 깊이보다 증거의 개수에만 몰두

많은 사람들이 '더 많은 플랫폼에, 더 많은 콘텐츠를'이라는 생각에 빠진다. 하지만 양보다 질, 넓이보다 깊이가 중요하다.

올바른 접근법

- 핵심 플랫폼 3개 이하로 집중
- 깊이 있는 콘텐츠 제작 우선
- 연결성과 일관성 검증 후 확장

성공하는 증거 연결의 7가지 원칙

1. 진정성Authenticity: 억지로 만든 연결은 언젠가 드러난다. 진짜 자신의 가치와 철학에서 출발하라.
2. 일관성Consistency: 모든 플랫폼, 모든 콘텐츠에서 동일한 메시지를

유지하라.

3. 지속성Persistence: 단기간의 화제성보다 장기간의 꾸준함이 더 강력한 증거가 된다.

4. 차별성Differentiation: 남들과 다른 독특한 연결 포인트를 찾아라.

5. 상호성Reciprocity: 일방적 발신이 아닌, 상호작용하는 증거를 만들어라.

6. 확장성Scalability: 작게 시작해서 점진적으로 확대할 수 있는 구조를 설계하라.

7. 측정성Measurability: 효과를 측정하고 개선할 수 있는 지표를 설정하라.

이름값 경제학의 열 번째 공식

'당신의 이름값은 연결된 증거의 합이다.'

2025년 현재, 우리는 정보 과잉의 시대를 살고 있다. 매일 수억 개의 콘텐츠가 쏟아지고, 수천 명의 전문가가 자신을 어필한다. 이런 상황에서 단발성 증거로는 사람들의 기억에 남기 어렵다. 하지만 연결된 증거는 다르다. 흩어진 점들이 선으로 이어지고, 선들이 모여 면을 만들고, 면들이 쌓여 입체적인 브랜드를 만든다. 그 브랜드는 단순한 개인을 넘어 하나의 세계관이 된다.

스티브 잡스의 모든 제품이 'Think Different'라는 하나의 철학으로 연결되었듯이, 조연심의 모든 활동이 '퍼스널 브랜딩'이라는 하나의 미션으로 이어졌듯이, 당신의 모든 증거들도 하나의 일관된 메시지로 연결될 수 있다.

중요한 것은 완벽함이 아니라 일관성이다. 엄청난 성과가 아니라도 괜찮다. 작은 증거라도 좋다. 그것들이 하나의 방향을 향해 일관되게 연결되면, 그 힘은 상상을 초월한다.

당신만의 증거 생태계를 만들어라. 그 생태계 안에서 각각의 증거들이 서로를 강화하고, 전체가 개별의 합보다 훨씬 큰 가치를 만들어내도록 설계하라.

하나의 증거는 단서지만, 여러 증거가 연결되면 설득이 되고, 그 설득이 쌓이면 이름값이 된다. 당신의 삶을 증거로 만들고 싶다면, 그 증거들이 하나의 메시지로 이어지도록 지금부터 연결하라. 당신이 가진

이름값 경제학의 핵심 공식

1. 이름은 화폐다.
2. 증거가 이름값을 만든다.
3. 이름값은 유명세가 아니라 증거가 남긴 신뢰다.
4. 작은 증거가 모여 큰 이름값을 만든다.
5. 검색되는 이름이 곧 자산이다.
6. 이름값은 실력 자체보다 보이는 실력에 좌우된다.
7. 타인의 입이 곧 나의 증거다.
8. 꾸준함은 가장 값비싼 통화다.
9. 실패도 증거가 된다.
10. 증거는 연결될 때 강력해진다.

증거들을 하나씩 꺼내어 연결 포인트를 찾아보라. 어떤 이야기로 엮을 수 있는지, 어떤 메시지로 통일할 수 있는지 고민해보라. 증거는 연결될 때 비로소 힘이 된다. 그 연결이 만든 이야기가 당신의 진짜 이름값이다.

# 증거가 이름값을 만든다(증거 편) 3줄 요약본

1장 말이 아니라 증거가 이름값을 만든다

- 세상은 말이 아니라 행동과 기록을 본다.
- 증거가 쌓일 때 비로소 이름값이 형성된다.
- 퍼스널 브랜딩의 본질은 자기소개가 아니라 증거 축적이다.

2장 이름값을 증명하는 다섯 가지 증거

- 성과, 평판, 스토리, 네트워크, 일관성이 이름값의 핵심 근거다.
- 증거는 개인의 주장이 아니라 사회가 확인할 수 있는 사실이다.
- 이름값은 순간이 아니라 반복된 증거의 총합이다.

3장 그 많던 전문가들은 다 어디로 갔을까?

- 유명세는 관심일 뿐, 이름값은 신뢰로 쌓인다.
- 증거 없는 유명세는 금세 사라진다.
- 이름값은 화려한 말이 아니라 꾸준한 증거로만 지속된다.

4장 작은 증거가 큰 이름값을 만든다 - 스노우볼 효과

- 작은 성취와 기록이 쌓여 큰 신뢰로 확장된다.
- 반복은 눈덩이처럼 신뢰를 키운다.
- 이름값은 작은 증거에서 출발한다.

5장 검색되는 이름이 자산이다 - 디지털 시대 이름값

- 존재의 증거는 검색창에 있다.
- 검색 결과는 곧 첫인상이며, 기회와 직결된다.
- 검색 관리 = 이름값 관리다.

6장 보이는 힘이 운명을 바꾼다

- 세상은 숨어 있는 실력이 아니라, 보이는 실력을 믿는다.

- 실력과 명성의 전략적 결합이 운명을 바꾼다.

- 이름은 '보이는 증거'로 설계될 때 힘을 가진다.

7장 타인의 입이 나의 증거다 - 추천·리뷰·평판의 힘

- 제3자의 추천과 리뷰는 가장 강력한 증거다.

- 타인의 입은 스스로의 주장보다 훨씬 신뢰를 준다.

- 평판은 이름값을 대신 증명하는 힘이다.

8장 꾸준함이 최고의 증거다

- 단발적 성과보다 반복된 기록이 더 큰 신뢰를 만든다.

- 꾸준함은 이름값을 단단하게 강화한다.

- 이름값은 '오래 버틴 증거' 위에서 완성된다.

9장 실패도 증거가 된다

- 실패는 숨기면 흠이지만, 기록하면 증거가 된다.

- 회복과 성장 과정이 신뢰를 만든다.

- 실패조차 이름값을 더 강하게 만드는 자산이다.

10장 증거는 연결될 때 강력해진다

- 하나의 일관된 메시지가 브랜드다움을 만든다.

- 연결은 양보다 질, 넓이보다 깊이가 중요하다.

- 중요한 것은 완벽함이 아니라 일관성이다.

"이름값은 말이 아니라, 성과와 평판, 검색과 꾸준함 같은 증거의 총합으로만 완성된다."

3부

가치-행동-
평판의 연결

이름값은 설계될 수 있다
– 의도적 브랜딩의 시작

성과와 이름값은 완전히 다른 개념

많은 사람들이 이렇게 말한다. "좋은 성과만 내면 언젠가 이름값은 따라오겠지." 하지만 이는 착각이다. 성과만으로는 이름값이 자동으로 생기지 않는다.

성과는 '내가 실제로 한 일'이다. 프로젝트를 성공시키고, 매출을 올리고, 문제를 해결한 것들. 이는 분명 중요하다. 하지만 이름값은 '세상이 나를 어떻게 보는가'의 문제다. 내가 아무리 잘해도, 세상이 그것을 모르거나 기억하지 못하면 이름값은 생기지 않는다.

더 정확히 말하면, 성과는 이름값의 필요조건이지 충분조건이 아니다. 성과 없이는 이름값을 만들 수 없지만, 성과만으로는 이름값이 저절로 만들어지지 않는다.

그럼 어떻게 해야 할까? 답은 간단하다. 이름값을 의도적으로 설계

하는 것이다. 이름값은 의도적 설계와 전략적 증거 쌓기를 통해 만들
어진다.

이름값은 '이미지'가 아니라 '구조'다

"브랜딩? 그거 로고 만들고 명함 예쁘게 디자인하는 거 아니야?"

많은 사람들이 브랜딩을 이렇게 생각한다. 멋진 슬로건 하나 만들
고, 세련된 이미지를 연출하면 브랜딩이 완성된다고 믿는다. 개인 브
랜딩 강의에서도 '나를 한 줄로 소개하는 법', '매력적인 프로필 사진 찍
는 법' 같은 것들을 가르친다. 하지만 이는 브랜딩의 겉모습일 뿐이다.
진짜 브랜딩, 진짜 이름값은 구조에서 나온다.

- 어떤 가치를 대표할 것인가?
- 어떤 행동이 반복될 것인가?
- 어떤 증거를 남길 것인가?
- 어떤 채널에서 노출될 것인가?

이 네 가지를 구조적으로 설계할 때, 이름값은 비로소 시장 속에서
자산처럼 작동한다.

역사가 증명한 이름값 설계의 힘

이름값이 의도적으로 설계된다는 것을 가장 극명하게 보여주는 사
례들을 살펴보자.

스티브 잡스의 키노트 전략

스티브 잡스는 단순히 좋은 제품을 만드는 사람이 아니었다. 그는 자신을 '혁신의 상징'으로 만들기 위해 모든 것을 설계했다.

애플의 제품 발표회, 일명 '키노트'를 보자. 잡스는 매번 검은색 터틀넥과 청바지를 입고 무대에 올라 "One more thing"이라는 멘트로 깜짝 발표를 했다. 이는 우연이 아니었다. 철저히 계산된 연출이었다. 복장부터 무대 디자인, 발표 순서, 심지어 말하는 톤까지 모든 것이 '혁신적인 리더'라는 이미지를 강화하도록 설계되었다. 그 결과 사람들은 애플 제품을 살 때 '혁신적인 기술'을 사는 것이 아니라 '잡스가 만든 혁신'을 산다고 생각하게 되었다.

잡스가 세상을 떠난 후에 애플이 어려움을 겪는 이유 중 하나가 바로 여기에 있다. 제품의 혁신성보다 '잡스라는 이름값'이 더 강력했기 때문이다.

BTS의 진정성 브랜딩

BTS는 데뷔 초기부터 '청춘의 대변자'라는 명확한 포지셔닝을 설정했다. 그리고 이를 증명하기 위한 모든 행동을 일관되게 해왔다.

가사를 보자. 〈No More Dream〉, 〈N.O〉, 〈상남자〉 같은 초기 곡들은 모두 사회의 획일적 기준에 맞서는 청춘의 이야기를 담고 있었다. 이후 〈화양연화〉 시리즈에서는 청춘의 아름다움과 고통을, 〈LOVE YOURSELF〉 시리즈에서는 자기사랑의 중요성을 노래했다.

팬과의 소통 방식도 마찬가지였다. 공식적인 인터뷰나 방송뿐만 아니라 브이앱V LIVE, 트위터, 위버스를 통해 일상적이고 진솔한 모습을 지속적으로 공유했다. 화려한 스타의 모습보다는 진짜 청춘들의 고민과 꿈을 공유하는 '형', '친구'의 모습을 보여준 것이다.

심지어 유엔 연설에서도 이들은 일관된 메시지를 전달했다. "나 자신을 사랑하는 것부터 시작하라."라는 메시지는 그들이 7년간 쌓아온 '진정성 있는 청춘 대변자'라는 이름값의 연장선이었다.

그 결과 BTS는 단순한 K-POP 그룹을 넘어서 전 세계 젊은이들의 '희망과 위로의 상징'이 되었다. 음악적 실력만으로는 설명할 수 없는 영향력이다. 이처럼 이름값은 우연이 아니라 의도된 설계의 결과다.

이름값 설계의 핵심 질문들

지금까지의 사례들을 보면 공통점이 있다. 성공한 사람들은 모두 다음 세 가지 질문에 대한 명확한 답을 가지고 있었다는 것이다.

질문 1: 내 이름이 무엇과 연결되길 원하는가?

이는 가장 기본적이면서도 가장 중요한 질문이다. 사람들이 내 이름을 들었을 때 가장 먼저 떠올랐으면 하는 것이 무엇인가? 성실함? 창의성? 전문성? 따뜻함? 리더십? 문제해결 능력?

여기서 중요한 것은 하나를 선택하는 것이다.

모든 것을 다 가지려고 하면 결국 아무것도 얻을 수 없다. 사람의 기억은 한정적이다. 한 사람에 대해 기억할 수 있는 특징은 1~2개 정도가 전부다.

스티브 잡스는 '혁신'을 선택했다. 워런 버핏은 '신뢰'를 선택했다. 오 프라 윈프리는 '공감'을 선택했다. 이들이 위대한 이유는 뛰어난 능력 때문만이 아니라, 하나의 가치에 일관되게 집중했기 때문이다.

본인의 성격, 능력, 상황을 고려해서 가장 현실적으로 달성 가능하 면서도 차별화할 수 있는 가치를 선택하라. 그리고 그 가치를 증명할 수 있는 구체적인 계획을 세워라.

질문 2: 그 가치를 증명할 행동과 증거는 무엇인가?

가치를 선택했다면 이제 그것을 증명해야 한다. 말로만 "나는 성실 한 사람입니다."라고 해서는 아무도 믿지 않는다. 행동으로 보여주고, 그 행동의 결과를 증거로 남겨야 한다.

'전문성'을 선택한 경우

- **행동** 해당 분야의 최신 트렌드를 꾸준히 공부하고, 실무에 적용해보고, 결과를 분석한다.
- **증거** 공부한 내용을 블로그에 정리하고, 적용 사례를 포트폴리오로 만들고, 동 료나 고객의 추천서를 받는다.

'신뢰'를 선택한 경우

- **행동** 약속을 정확히 지키고, 문제가 생기면 미리 알리고, 실수했을 때는 솔직 하게 인정한다.
- **증거** 프로젝트 완료율 100%, 고객 만족도 평가, 장기 고객과의 거래 지속 기

간 등을 기록한다.

중요한 것은 이런 행동들이 한 번으로 끝나면 안 된다는 것이다. 지속적으로, 일관되게 반복되어야 한다. 그래야 사람들이 "이 사람은 항상 이래."라고 인식하게 된다.

또한 이런 증거들은 다른 사람들이 쉽게 확인할 수 있는 형태로 남겨야 한다. 내 머릿속에만 있는 성과는 증거가 될 수 없다. 검색했을 때 나오고, 공유했을 때 확인할 수 있고, 추천할 때 근거로 제시할 수 있는 형태여야 한다.

질문 3: 세상은 어디서 내 이름을 만나게 될 것인가?

아무리 좋은 가치와 증거를 만들어도 사람들이 그것을 볼 수 없으면 의미가 없다. 내 이름값이 노출되는 채널을 전략적으로 설계해야 한다.

온라인 채널

- **검색 엔진** 내 이름을 검색했을 때 나오는 결과들을 관리해야 한다. 블로그, 포트폴리오 사이트, 소셜미디어 프로필 등이 상위에 노출되도록 하라.
- **소셜미디어** 링크드인, 인스타그램, 브런치 등에서 일관된 메시지를 전달해야 한다. 각 플랫폼의 특성에 맞게 콘텐츠를 조정하되, 핵심 가치는 동일해야 한다.
- **업계 플랫폼** 해당 분야의 전문 커뮤니티나 플랫폼에서 활동해야 한다. 개발자라면 깃허브, 디자이너라면 비핸스, 작가라면 브런치 같은 곳에서 꾸준히 활동하라.

오프라인 채널

- **업계 모임** 세미나, 컨퍼런스, 네트워킹 이벤트에 참석해서 직접 사람들을 만나라. 온라인으로만 알려진 것보다 실제로 만난 사람들의 기억이 더 오래 남는다.

- **추천인 네트워크** 나를 추천해줄 수 있는 사람들과의 관계를 관리해야 한다. 이전 동료, 고객, 선후배들이 필요할 때 나를 추천할 수 있도록 꾸준히 연락을 유지하라.

- **소속 조직** 회사, 동아리, 모임 등에서 내 전문성을 발휘할 기회를 만들어라. 사내 발표, 교육 진행, 프로젝트 리딩 등을 통해 조직 내에서의 이름값을 쌓아라.

한 프리랜서 개발자의 경우, 다음과 같은 채널 전략을 구사했다.

- **깃허브** 매주 하나씩 오픈소스 프로젝트에 기여하고, 자신만의 라이브러리를 개발해서 공개했다.

- **기술 블로그** 프로젝트 진행 과정에서 만난 문제와 해결 과정을 상세히 기록했다.

- **개발자 커뮤니티** 온라인 커뮤니티에서 질문에 답변하고, 오프라인 모임에서 발표를 했다.

- **링크드인** 개발 트렌드와 인사이트를 정기적으로 공유했다.

6개월 후 '실무 중심의 백엔드 개발자'라는 이름값이 생겼다. 이론적인 지식보다는 실제 프로젝트에서 부딪힌 문제들을 해결하는 능력으로 인정받게 된 것이다. 결과적으로 프로젝트 의뢰가 끊이지 않았고, 단가도 2배 이상 올릴 수 있었다.

이름값 설계의 실행 원칙

이론을 알았다면 이제 실행이다. 하지만 많은 사람들이 계획은 세우지만 실행에서 포기한다. 이름값 설계를 성공적으로 실행하기 위한 핵심 원칙들을 정리해보자.

원칙 1: 작게 시작하되 꾸준히 하라

이름값은 하루아침에 만들어지지 않는다. 작은 행동들이 쌓여서 만들어지는 것이다. 거창한 계획을 세우기보다는 매일 할 수 있는 작은 일부터 시작하라.

블로그를 시작한다면 처음부터 일주일에 3편씩 쓰겠다고 하지 말고, 한 달에 1편부터 시작하라. 네트워킹을 한다면 한 달에 10명을 만나겠다고 하지 말고, 분기마다 1명씩 만나겠다고 하라.

중요한 것은 지속성이다. 6개월 동안 꾸준히 한 달에 1편씩 6편을 쓴 사람이 첫 달에 10편을 쓰고 그만둔 사람보다 훨씬 큰 이름값을 만든다.

원칙 2: 완벽보다는 일관성을 추구하라

많은 사람들이 완벽한 결과물을 만들려다가 시작도 못한다. 블로그 포스팅을 하려는데 "이 정도 수준으로는 창피해서 올릴 수 없어."라고 하며 계속 미룬다. 하지만 이름값에서 중요한 것은 완벽함이 아니라 일관성이다. 80점짜리 포스팅을 6개월 동안 꾸준히 올린 사람이 100점짜리 포스팅을 가끔 올리는 사람보다 더 인정받는다.

사람들은 개별 포스팅의 퀄리티보다 "이 사람은 이 분야에 대해 꾸준히 생각하고 공부하는구나."라는 인상을 더 중요하게 생각한다.

원칙 3: 피드백을 적극적으로 구하라

혼자서 이름값을 만들려고 하면 방향을 잃기 쉽다. 내가 의도한 이미지와 다른 사람들이 받는 인상이 다를 수 있기 때문이다. 정기적으로 주변 사람들에게 피드백을 구해보라. '나에 대해 어떤 인상을 가지고 있는지', '내 강점이 무엇이라고 생각하는지', '어떤 분야의 전문가로 보이는지' 등을 물어보라. 특히 고객이나 동료들의 피드백이 중요하다. 그들이 나를 어떻게 인식하고 있는지가 실제 이름값이기 때문이다.

원칙 4: 실패도 이름값의 일부로 만들어라

이름값을 만드는 과정에서 실패는 불가피하다. 프로젝트가 실패하기도 하고, 예상과 다른 결과가 나오기도 하고, 비판을 받기도 한다. 이때 실패를 숨기려고 하지 말라. 오히려 실패에서 무엇을 배웠는지, 다음번에는 어떻게 개선할 것인지를 공유하라. '실패를 통해 성장하는 사람'이라는 이미지는 그 자체로 강력한 이름값이 될 수 있다. 실리콘밸리에서 '실패 이력'이 오히려 플러스 요인이 되는 것처럼, 실패를 솔직하게 인정하고 배움으로 전환하는 능력은 신뢰감을 높인다.

지금까지 우리는 이름값의 다양한 측면들을 살펴봤다. 이름값이 어떻게 작동하는지, 어떻게 측정하는지, 어떻게 증거를 만드는지 등을 배웠다. 이제 한 걸음 더 나아가자.

이름값은 의도적으로 설계될 수 있다. 이름값은 우연히 생기는 것이 아니다. 단순히 열심히 일한다고 해서 저절로 만들어지는 것도 아니다. 이름값은 명확한 전략과 지속적인 실행을 통해 의도적으로 설계되는 자산이다. 이 인식이 중요한 이유는 다음과 같다.

첫째, 이름값 형성을 우연에 맡기지 않을 수 있다. 많은 사람들이 '언젠가는 알아줄 거야.'라고 생각하며 수동적으로 기다린다. 하지만 이름값을 설계한다는 것은 능동적으로 내 가치를 시장에 알리는 것이다.

둘째, 경쟁에서 차별화할 수 있다. 같은 실력을 가진 사람들 사이에서도 이름값을 체계적으로 관리하는 사람이 더 많은 기회를 얻는다.

셋째, 장기적으로 안정적인 경쟁력을 확보할 수 있다. 기술이나 지식은 시간이 지나면 낡아지지만, 이름값은 시간이 지날수록 더 강력해진다.

당신의 이름값 설계를 시작하라

이 모든 이야기의 목적은 하나다. 당신이 자신만의 이름값을 의도적으로 설계하기 시작하는 것이다. 지금 이 순간, 다음 세 가지 질문에 대한 답을 적어보라.

질문 1: 나는 어떤 이름값을 원하는가?

질문 2: 그 이름값을 증명할 첫 번째 행동은 무엇인가?

질문 3: 어디서 나를 알릴 것인가?

이 세 질문에 대한 답이 나왔다면, 당신의 이름값 설계는 이미 시작된 것이다.

기억하라. 이름값은 우연히 생기지 않는다. 설계되는 것이다. 세상에는 두 종류의 사람이 있다. 자신의 이름값을 의도적으로 설계하는 사람과 우연에 맡기는 사람. 당신은 어떤 사람이 되겠는가?

이제 선택할 시간이다. 계속 기다릴 것인가, 아니면 오늘부터 설계를 시작할 것인가? 당신의 이름값은 당신이 만드는 것이다. 지금 바로 시작하라.

이름값 공식
- '(정체성+기능+신뢰+매력)×언어'

"BTS가 BTS했다"는 말의 진짜 의미

2021년 그래미 어워드 무대에서 BTS가 〈Dynamite〉를 부르고 있었다. 전 세계가 지켜보는 가운데, 멤버들은 완벽한 퍼포먼스를 선보였다. 무대가 끝나자 전 세계 팬들이 SNS에 같은 반응을 올렸다. "BTS가 BTS했다." 이 한 줄은 단순한 칭찬이 아니었다. 이는 이름이 만든 기대가 증거로 다시 증명되었다는 뜻이었다.

BTS라는 이름은 더 이상 일곱 명의 한국 청년들을 가리키는 단순한 호칭이 아니다. 그 이름에는 수많은 기대와 약속이 담겨 있다. 완벽한 퍼포먼스, 진정성 있는 메시지, 팬들과의 소통, 끊임없는 도전 정신. 이 모든 것이 'BTS'라는 세 글자에 압축되어 있다.

그리고 매번 그들이 무대에 올라 그 기대에 부응할 때마다, 사람들은 "역시 BTS다."라고 말한다. 이것이 바로 이름값의 완성된 형태다.

“OOO가 OOO했다”라는 말을 들을 수 있는 사람. 이것이 우리가 궁극적으로 도달해야 할 이름값의 목표다.

이름값을 구성하는 다섯 가지 요소

사람들은 종종 말한다. “저 사람은 원래 스타였어.”, “그 사람은 타고난 거야.” 하지만 이름값은 결코 우연의 산물이 아니다. 이름값 하는 이름에도 일정한 공식이 존재한다.

이름값^{Name Value}=(정체성+기능+신뢰+매력)×언어

이 공식이 이름값 경제학의 최종 완성형이다. 이 공식은 형식적인 이론이 아니라, 실제로 자신의 이름을 점검하고 성장 전략을 세울 수 있는 브랜딩 툴이다.

이제 각 요소가 무엇을 의미하는지 자세히 살펴보자.

1. 정체성^{Identity}: 나는 누구인가?

정체성은 이름값의 핵심이다. ‘나는 무엇을 대표하는 사람인가?’에 대한 명확한 답이 있어야 한다. 정체성이 명확한 사람들을 보자. 스티브 잡스는 ‘혁신’을 대표했다. 워런 버핏은 ‘가치 투자’를 대표한다. 오프라 윈프리는 ‘공감과 치유’를 대표한다. 이들의 이름을 들으면 즉시 떠오르는 이미지가 있다.

하지만 대부분의 사람들은 정체성이 불분명하다. “나는 착한 사람이에요.", "열심히 하는 사람이에요."처럼 모호한 표현을 쓴다. 이런 정체성으로는 이름값을 만들 수 없다.

정체성을 정의할 때는 다음 기준을 따라야 한다.

첫째, 구체적이어야 한다.

'좋은 사람'이 아니라 '고객의 문제를 끝까지 해결하는 사람', '열심히 하는 사람'이 아니라 '데이터로 검증하는 마케터'처럼 구체적으로 표현해야 한다.

둘째, 차별화되어야 한다.

누구나 가질 수 있는 정체성은 의미가 없다. 나만의 독특한 관점이나 접근 방식이 담겨 있어야 한다.

셋째, 일관되어야 한다.

상황에 따라 다른 정체성을 내세우면 혼란만 가중된다. 하나의 정체성을 선택했으면 그것으로 일관되게 밀고 나가야 한다.

2. 기능Functionality: 무엇을 할 수 있는가?

정체성만으로는 부족하다. 그 정체성을 뒷받침할 구체적인 능력과 성과가 있어야 한다. 기능은 측정 가능한 결과로 증명되어야 한다. "저는 창의적입니다."라고 말하는 것보다 "지난 1년간 5개의 새로운 마케팅 캠페인을 기획했고, 평균 30%의 성과 향상을 달성했습니다."라고 말하는 것이 훨씬 강력하다. 다음은 기능을 강화하는 방법들이다.

첫째, 포트폴리오를 체계적으로 관리하라.

완성한 프로젝트, 달성한 성과, 해결한 문제들을 정리해 두어야 한다. 언제든 필요할 때 꺼내 보여줄 수 있어야 한다.

둘째, Before & After를 기록하라.

내가 개입하기 전의 상황과 후의 변화를 명확히 기록해 두어야 한다. 이것이 내 기능의 직접적인 증거가 된다.

셋째, 수치로 표현하라.

"많이 개선되었습니다."보다는 "30% 향상되었습니다."가 훨씬 인상적이다. 가능한 한 모든 성과를 수치로 표현하라.

넷째, 지속적으로 업데이트하라.

기능은 한 번 증명하고 끝나는 것이 아니다. 계속해서 새로운 성과를 만들고 기록해야 한다.

3. 신뢰Trustworthiness: 믿을 만한 사람인가?

아무리 능력이 뛰어나도 신뢰할 수 없는 사람과는 일하고 싶지 않다. 신뢰는 이름값의 기반이 되는 요소다. 그런 신뢰는 일관성에서 나온다. 약속한 것을 지키고, 정해진 시간을 맞추고, 실수했을 때는 솔직하게 인정하는 행동들이 쌓여서 신뢰가 만들어진다.

신뢰를 쌓는 구체적인 방법들을 알아보자.

첫째, 작은 약속부터 철저히 지켜라.

만나기로 한 시간, 제출하기로 한 마감일, 연락하겠다고 한 약속까지 작은 것부터 완벽하게 지켜야 한다.

둘째, 투명하게 소통하라.

진행 상황을 정기적으로 공유하고, 문제가 생기면 미리 알리고, 어러운 점이 있으면 솔직하게 상의하라.

셋째, 일관된 품질을 유지하라.

컨디션이나 기분에 따라 결과물의 질이 달라지면 안 된다. 언제나 일정한 수준 이상의 품질을 보장해야 한다.

넷째, 장기적 관점을 가져라.

단기적 이익보다 장기적 관계를 중시하는 모습을 보여줘야 한다. 눈앞의 작은 이익 때문에 큰 신뢰를 잃는 우를 범하지 말라.

4. 매력Attractiveness: 왜 당신을 선택해야 하는가?

정체성, 기능, 신뢰까지 갖춘 사람들은 많다. 그중에서 왜 당신을 선택해야 하는가? 여기서 매력이 중요해진다. 매력은 다른 사람들과 구별되는 독특한 요소다. 성격일 수도 있고, 접근 방식일 수도 있고, 특별한 경험일 수도 있다.

다음은 매력의 다양한 형태들이다.

첫째, 개성 있는 문제 해결 방식.

같은 문제라도 남들과 다른 각도로 접근하는 능력. 창의적이고 독창적인 해결책을 제시하는 것이다.

둘째, 특별한 경험과 배경.

남들이 가지지 못한 독특한 경험이나 배경. 이것이 차별화된 관점을 만들어낸다.

셋째, 탁월한 커뮤니케이션 능력.

복잡한 내용을 쉽게 설명하거나, 사람들을 설득하거나, 분위기를 좋게 만드는 능력이다.

넷째, 진정성과 열정.

자신이 하는 일에 대한 진짜 열정과 진정성. 이는 가짜로 만들 수 없는 매력이다.

다섯째, 독특한 스타일.

일하는 방식, 소통하는 방식, 문제를 바라보는 관점 등에서 나타나는 개인만의 스타일이다.

5. 언어Language: 어떻게 표현할 것인가?

앞의 네 가지 요소가 아무리 뛰어나도 이를 효과적으로 표현하지 못하면 이름값은 만들어지지 않는다. 언어는 곱하기 요소로, 다른 모든 요소들을 증폭시키는 역할을 한다.

언어에는 여러 형태가 있다.

첫째, 말하기.

프레젠테이션, 면접, 일상 대화에서 자신을 표현하는 능력이다.

둘째, 글쓰기.

이메일, 보고서, 블로그, SNS를 통해 생각을 전달하는 능력이다.

셋째, 시각적 표현.

포트폴리오, 프레젠테이션 자료, 개인 브랜딩 요소들이다.

넷째, 행동으로 보여주기.

말로 하지 않아도 행동으로 메시지를 전달하는 능력이다.

언어 능력은 어떻게 키울 수 있을까?

첫째, 스토리텔링을 배워라.

단순한 사실 나열이 아니라 흥미진진한 이야기로 만드는 능력이 필요하다.

둘째, 상대방에 맞춰 조정하라.

같은 내용이라도 듣는 사람에 따라 다르게 표현할 수 있어야 한다.

셋째, 일관된 메시지를 유지하라.

여러 채널에서 일관된 톤앤매너를 유지해야 한다.

넷째, 피드백을 받고 개선하라.

다른 사람들이 내 표현을 어떻게 받아들이는지 확인하고 지속적으로 개선해야 한다.

이름값(Name Value)=(정체성+기능+신뢰+매력)×언어(표현력)
(Identity+Functionality+Trust+Attractiveness)×Language

- 정체성(Identity): 나는 누구이며, 무엇을 대표하는가?
- 기능(Functionality): 어떤 역량과 성과로 증명하는가?
- 신뢰(Trustworthiness): 얼마나 일관되고 꾸준한가?
- 매력(Attractiveness): 무엇이 나를 돋보이게 하는가?
- 언어(Language & Expression): 이것을 세상에 어떻게 전달하는가?

이름값 공식의 실제 사례

BTS

- 정체성: '방탄소년단', 청춘과 희망의 메시지

- 기능: 음악·공연·성과 (빌보드, 그래미 노미네이트)

- 신뢰: 10년 가까운 꾸준한 활동

- 매력: 멤버들의 개성과 진정성

- 언어: 노래 가사, SNS, 팬과의 소통

김연아

- 정체성: 피겨 여왕

- 기능: 세계대회 우승, 올림픽 금메달

- 신뢰: 성실한 훈련과 일관된 경기력

- 매력: 우아한 퍼포먼스와 인간적 겸손

- 언어: 무대 위 표현력, 인터뷰의 진정성

→ 이름값은 '피겨=김연아'라는 공식으로 완성됨

일반인에게 적용 — 나만의 공식 세우기

- 취업 준비생: 정체성을 '나는 ○○한 직무 전문가'로 정의하라.

- 프리랜서: 기능을 '완료한 프로젝트, 작업물'로 증거화하라.

- 직장인: 신뢰를 '지속적 성과, 책임 이행'으로 쌓아라.

- 자영업자: 매력을 '차별화된 서비스·고객 경험'에서 보여줘라.

- 모두에게 필요한 것: 언어로 드러내라. 기록·스토리·발표가 없다면 이름값은

  세상에 닿지 않는다.

'그런 유명한 사람들 얘기는 나와 상관없어.'라고 생각하는 사람들이

있다. 하지만 이 공식은 평범한 사람들에게 더욱 유용하다. 경쟁이 덜 치열하기 때문에 상대적으로 쉽게 이름값을 만들 수 있기 때문이다.

한 취업 준비생이 '친환경 마케팅 전문가'라는 정체성을 설정했다. 6개월 동안 친환경 기업들의 마케팅 사례를 분석하고, 직접 친환경 제품 판매 프로젝트를 진행했다. 그 과정을 블로그에 기록하고, 면접에서 구체적인 사례와 인사이트를 제시했다. 결과적으로 원하던 친환경 기업에 합격할 수 있었다.

공식 적용 시 주의할 점

1. 균형을 맞춰라

다섯 요소 중 어느 하나만 뛰어나고 나머지가 부족하면 이름값이 제대로 만들어지지 않는다. 기능은 뛰어나지만 신뢰가 부족한 사람은 단발성 프로젝트는 받을 수 있지만 장기적 관계를 만들기 어렵다. 매력은 있지만 기능이 부족한 사람은 처음에는 관심을 받지만 곧 실망을 준다. 다섯 요소를 균형 있게 발전시켜야 한다.

2. 언어의 중요성을 과소평가하지 말라

많은 사람들이 '실력만 있으면 돼.'라고 생각한다. 하지만 아무리 뛰어난 실력이 있어도 그것을 효과적으로 표현하지 못하면 이름값은 만들어지지 않는다. 언어는 곱하기 요소다. 다른 모든 요소들을 증폭시키는 역할을 한다. 언어 능력이 2배가 되면 이름값도 2배가 된다.

3. 일관성을 유지하라

다섯 요소가 모두 같은 방향을 향해야 한다. 정체성은 '성실한 전문가'인데 SNS에서는 파티 사진만 올린다면 일관성이 떨어진다. 모든 접점에서 일관된 메시지를 전달해야 한다.

4. 시간이 필요하다는 것을 인정하라

이름값은 하루아침에 만들어지지 않는다. 최소 6개월, 보통 1~2년, 어쩌면 평생이 걸린다고 생각해야 한다. 조급해하지 말고 꾸준히 쌓아가는 것이 중요하다.

마지막으로 독자에게 던지는 질문이다.

• 내 이름의 정체성은 지금 무엇으로 정의되는가?

• 내가 가진 기능적 증거는 무엇이며, 어떻게 보이고 있는가?

• 나는 일관성과 신뢰를 행동으로 증명했는가?

• 나만의 매력은 무엇이며, 그것이 드러나고 있는가?

• 마지막으로, 나는 내 이름값을 세상에 표현하는 언어를 가지고 있는가?

이름값 자가진단표(Self-Assessment for Name Value)

공식: 이름값(Name Value)=(정체성+기능+신뢰+매력)×언어(표현력)

아래 각 항목을 1점(매우 부족)~10점(탁월) 사이에서 체크하세요. 최종 점수를
계산하면, 현재 나의 이름값 수준을 진단할 수 있습니다.

① **정체성(Identity)** 나는 누구인지, 무엇을 대표하는 사람인지 명확히 정의할 수
있다.

    □ 1점: 내 정체성을 설명하기 어렵다.

    □ 5점: 직무·분야 정도는 말할 수 있다.

    □ 10점: 나를 한 문장으로 선명하게 정의할 수 있다.

점수: _______ / 10

② **기능(Functionality)** 내 이름으로 증명할 수 있는 성과, 전문성, 포트폴리오가
있다.

    □ 1점: 보여줄 만한 성과가 거의 없다.

    □ 5점: 작은 성과(프로젝트, 경험)는 있다.

    □ 10점: 누구나 인정할 수 있는 성과·실적을 보유하고 있다.

점수: _______ / 10

③ **신뢰(Trustworthiness)** 일관된 행동과 결과로 신뢰를 쌓아왔다.

    □ 1점: 신뢰를 얻을 만한 기록이 부족하다.

    □ 5점: 기본적인 책임과 신뢰를 지킨 경험은 있다.

    □ 10점: 사람들에게 '믿을 수 있는 이름'으로 평가받는다.

점수: _______ / 10

④ **매력(Attractiveness)** 내 이름에는 호감과 끌림, 차별성이 있다.

□ 1점: 특별한 매력을 보여주지 못한다.

□ 5점: 일부 상황에서 긍정적 매력을 드러낸다.

□ 10점: 나의 인간적 매력과 차별성이 뚜렷하게 인식된다.

점수: _______ / 10

⑤ **언어(표현력)(Language & Expression)** 내 정체성과 성과, 신뢰와 매력을 세상에 효과적으로 전달할 수 있다.

□ 1점: 글·말·스토리텔링이 약해 전달이 잘 안 된다.

□ 5점: 상황에 따라 기본적으로 표현할 수 있다.

□ 10점: 글쓰기·말하기·스토리텔링 모두 탁월하다.

점수: _______ / 10

최종 계산식: 이름값 점수=(정체성+기능+신뢰+매력)×언어(표현력)

예시:

7(정체성)+6(기능)+8(신뢰)+7(매력)=28

언어(표현력) 8

이름값 점수=28×8=224점

점수 해석

- 300점 이상: 이미 확고한 이름값을 구축했다. 업계·사회에서 영향력이 크다.
- 200~299점: 이름값의 기반이 있다. 한두 영역을 강화하면 큰 도약이 가능하다.
- 100~199점: 기본기는 있으나, 증거와 표현력이 더 필요하다. 집중 보완 영역을 찾자.
- 100점 미만: 이름값이 아직 형성되지 않았다. 정체성 정의와 작은 증거 쌓기부터 시작하라.

이름값은
어떻게 기억되는가

그 사람다움의 정체

"그 사람답다."라는 말을 자주 쓴다. 이 짧은 표현 속에 이름값의 모든 비밀이 숨어 있다. 우리가 누군가를 "그 사람답다."라고 말할 때, 사실 세 가지 정보를 동시에 처리하고 있다. 그 이름을 들었을 때 자동으로 떠오르는 이미지, 실제로 보이는 활동과 결과물, 그리고 검색했을 때 나타나는 모든 기록들. 이 세 요소의 합이 바로 그 사람의 정체성을 구성한다.

이것은 설명이 아니라 인식이다. 논리적 분석이 아니라 직관적 판단이다. 사람들은 복잡한 설명을 듣고 누군가를 이해하지 않는다. 이름 하나로 모든 것을 압축해서 기억한다. 당신의 이름도 지금 이 순간 누군가의 머릿속에서 이런 방식으로 기억되고 있다.

살아있는 증거의 힘

'조연심'이라는 이름을 검색해보면 흥미로운 현상을 발견할 수 있다. 수많은 강연 영상, 인터뷰, 칼럼, 책, 기사, 후기들이 쏟아져 나온다. 하지만 더 놀라운 것은 이 모든 자료들이 일관된 하나의 이미지를 만들어낸다는 점이다. '퍼스널 브랜딩 1세대', '지식소통가', '성실한 기록가'라는 정체성이 자연스럽게 따라온다.

이것은 우연이 아니다. 17년 넘게 축적된 증거들이 만들어낸 결과다. 필자가 세 영역에서 모두 일관된 증거를 쌓았기 때문이다. 책과 강연, 프로젝트로 보이는 활동을 지속했고, 매일 기록하고 증거를 남기는 습관으로 검색되는 이름을 만들었다. 그래서 '조연심'이란 이름을 들으면 누구나 브랜딩 전문가라는 정체성을 자동으로 떠올린다. 이것이 바로 이름값이 작동하는 방식이다. 세 영역이 서로 강화하면서 하나의 강력한 브랜드를 완성하는 것이다.

실전에서 작동하는 공식

앞에서 제시한 이름값 공식을 기억하는가? **'이름값=(정체성+기능+신뢰+매력)×언어'** 이제 이 추상적 공식을 실전에서 어떻게 적용할지 알아보자. 핵심은 세 가지 질문이다.

첫 번째 질문: "당신의 이름을 들었을 때, 사람들은 무엇을 떠올리는가?"

이것은 공식에서 정체성과 매력에 해당한다. 사람들의 머릿속에 자동으로 형성되는 이미지 말이다. '신뢰할 수 있는 사람', '전문가', '재미 있는 사람' 등 즉각적으로 연상되는 키워드들이 여기에 속한다.

두 번째 질문: "당신의 이름은 어떤 활동과 결과물로 보이는가?"

이것은 기능에 해당한다. 실제로 눈에 보이는 모든 것들이다. 만든 작품, 참여한 프로젝트, 성취한 결과, 일상의 행동들 뿐만 아니라 당신의 외모appearance까지도 포함된다. 추상적 이미지가 아니라 구체적 증거들이다.

세 번째 질문: "당신의 이름을 검색했을 때 무엇이 증거로 남아 있는가?"

이것은 신뢰와 언어에 해당한다. 디지털 공간에 축적된 모든 기록들이다. 기사, 리뷰, SNS 포스팅, 검색 결과, 다른 사람들의 언급까지 포함한다.

이 세 가지 질문은 단순한 홍보 전략이 아니다. 지속적으로 이름값을 만들기 위한 자기 점검 시스템이다.

많은 사람들이 이름값을 마케팅 차원에서만 접근한다. SNS에 뭔가를 올리고, 네트워킹 이벤트에 참석하고, 온라인 프로필을 예쁘게 꾸미는 것에만 집중한다. 이런 것들도 분명 의미가 있다. 하지만 진짜 이름값은 훨씬 더 깊은 차원에서 만들어진다.

디지털 시대의 브랜딩은 자산화 과정이다. 당신이 만드는 모든 콘텐

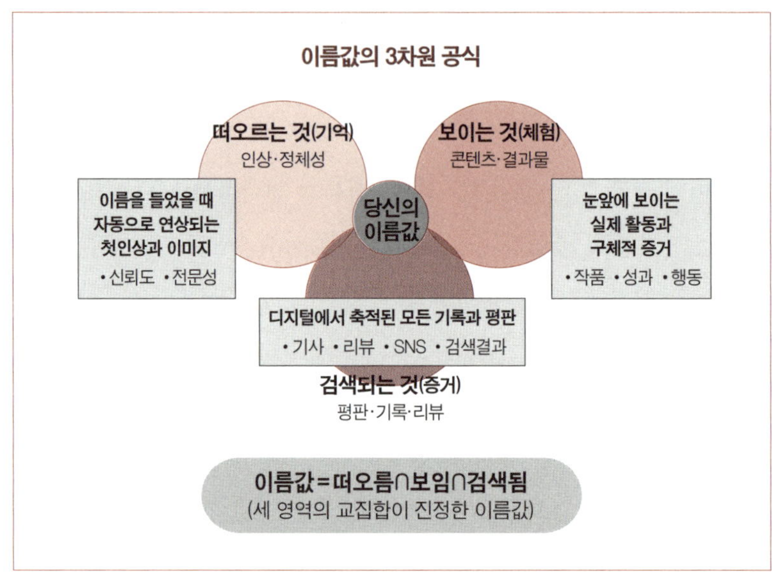

즉, 참여하는 모든 활동, 남기는 모든 기록이 자산이 된다. 그 자산들이 시간이 지나면서 복리처럼 쌓여서 거대한 이름값을 만든다.

중요한 것은 일관성이다. 떠오르는 이미지와 보이는 활동과 검색되는 기록이 서로 다른 이야기를 하면 안 된다. 세 영역이 모두 같은 방향을 향할 때 진정한 힘이 생긴다.

증거가 만드는 시장 가치

결국 이름값은 말이 아니라 증거의 합이다. 아무리 자신을 잘 포장해도, 아무리 멋진 슬로건을 만들어도, 증거가 없으면 의미가 없다.

떠오르는 이미지, 보이는 활동, 검색되는 기록. 이 세 가지가 곧 당신의 시장 가치를 구성한다. 채용 담당자가 당신을 평가할 때도, 투자자가 당신을 판단할 때도, 고객이 당신을 선택할 때도 바로 이 세 영역을 종합적으로 본다.

필자는 이런 말을 한 적이 있다. "나는 말보다 디지털 기록을 믿습니다. 기록은 사라지지 않고, 검색되고 축적되며, 결국 이름값을 증명하게 됩니다." 이 말 속에 이름값 경제학의 핵심이 담겨 있다. 순간의 인상이 아니라 지속적인 증거, 일회성 이벤트가 아니라 누적된 기록, 말로 하는 약속이 아니라 행동으로 보여주는 실천의 총합이 곧 당신의 이름값이다.

지금, 당신의 세 영역을 점검하라.

- 당신의 이름을 들었을 때 사람들이 가장 먼저 떠올리는 것은 무엇인가?
- 당신이 지금까지 만든 가시적인 결과물은 무엇인가?
- 당신의 이름을 검색했을 때 나타나는 정보들이 당신에게 도움이 되는가?

이 세 질문에 대한 답이 바로 당신의 이름값 현주소다. 그리고 더 나은 답을 만들어가는 과정이 바로 이름값을 키우는 여정이다.

이름값 빙산 이론
– 보이는 증거 vs 보이지 않는 기반

화려한 겉모습 뒤에 숨겨진 진실

2019년, 한 유명 인플루언서가 하루아침에 몰락했다. 수십만 팔로워를 거느리고 있던 그는 매일 성공담을 올리고, 화려한 라이프스타일을 자랑했다. 브랜드 협찬도 줄을 이었고, 강연 요청도 쇄도했다. 겉으로 보기에는 완벽한 이름값을 가진 것 같았다. 하지만 작은 구설수 하나가 터지자 모든 것이 무너졌다. 팔로워들은 등을 돌렸고, 브랜드들은 협찬을 중단했으며, 강연 일정은 모두 취소되었다. 불과 몇 주 만에 그는 완전히 잊혔다.

반면, 같은 시기에 비슷한 구설수에 휘말린 다른 인플루언서는 오히려 더 큰 신뢰를 얻었다. 그는 솔직하게 실수를 인정하고, 진정성 있는 사과를 했으며, 이후 더욱 일관된 모습을 보여줬다. 결과적으로 그의 팬들은 더욱 견고해졌고, 이름값은 오히려 상승했다.

이 두 사례의 차이는 무엇일까? 첫 번째 인플루언서는 보이는 이름값만 있었다. 화려한 콘텐츠, 많은 팔로워, 멋진 프로필…. 하지만 그 아래에는 아무것도 없었다. 두 번째 인플루언서는 보이지 않는 이름값이 탄탄했다. 진정성, 일관된 철학, 확고한 가치관이 그를 지탱했다.

"사람들은 당신의 콘텐츠를 보고 감탄하지만, 그 아래 깔린 정체성과 철학이 없다면 그 감탄은 오래가지 않는다."

우리는 퍼스널 브랜딩을 이야기할 때, 보이는 결과물에만 집중하는 경향이 있다. 책, 콘텐츠, 강연, 상품, SNS 프로필… 모두 '보이는 이름값'이다. 하지만 이름값은 단지 결과가 아니다. 그것은 얼마나 깊은 기반 위에 세워졌는가를 보여주는 증거다. 이것이 바로 이름값 빙산 이론의 핵심이다.

빙산의 구조로 본 이름값

빙산을 생각해보자. 바다 위로 드러난 부분은 전체의 10%에 불과하다. 나머지 90%는 수면 아래 숨어 있지만, 바로 그 90%가 빙산의 진짜 힘이다. 수면 위의 10%는 단지 그 힘의 결과일 뿐이다.

이름값도 마찬가지다. 사람들이 보는 것은 빙산의 일각에 불과하다. 진짜 이름값은 보이지 않는 곳에서 만들어진다. 퍼스널 브랜딩은 빙산 Iceberg처럼 구성되어 있다. 수면 위로 드러나는 보이는 증거는 일부일 뿐, 그 아래 보이지 않는 기반이 훨씬 더 중요하다.

1. 수면 위(10%): 보이는 이름값(결과/외형/증거) - 사람들이 직접 보고 경험할 수 있는 모든 것들이다.

콘텐츠와 결과물

- 블로그 포스팅, 유튜브 영상, 책, 기사
- 강연, 인터뷰, 방송 출연
- 프로젝트 결과물, 포트폴리오
- 수상 이력, 인증서, 자격증

온라인 프레즌스

- SNS 계정과 팔로워 수
- 웹사이트, 개인 브랜딩
- 검색 결과와 언론 노출
- 온라인 리뷰와 평가

경력과 성과

- 직장, 직책, 연봉
- 매출, 고객 수, 프로젝트 규모
- 네트워크, 인맥
- 사회적 지위와 인정

이런 것들이 사람들이 보는 '이름값의 증거'다. 하지만 이것만으로는 진정한 이름값이 만들어지지 않는다.

2. 수면 아래(90%): 보이지 않는 이름값 - 진짜 이름값은 보이지 않는 곳에서 만들어진다.

- **철학과 신념** 왜 이 일을 하는가? 무엇을 믿고 있는가? 어떤 세상을 만들고 싶은가? 이런 근본적인 질문에 대한 명확한 답이 있어야 한다.
- **태도와 일관성** 어려운 상황에서 어떤 모습을 보이는가? 비판받을 때 어떻게 반응하는가? 실패했을 때 어떻게 대처하는가? 이런 순간들이 진짜 이름값을 만든다.
- **습관과 루틴** 매일 어떻게 살아가는가? 어떤 습관을 가지고 있는가? 어떻게 자기 관리를 하는가? 이런 일상적인 패턴이 장기적으로 큰 차이를 만든다.
- **전문성과 역량** 표면적인 지식이 아니라 깊이 있는 전문성. 단순한 기술이 아니라 문제를 해결하는 능력. 이런 실질적인 역량이 이름값의 기반이 된다.
- **사고력과 통찰력** 문제를 어떤 각도로 바라보는가? 복잡한 상황을 어떻게 단순화하는가? 새로운 기회를 어떻게 발견하는가? 이런 사고 능력이 차별화된 이름값을 만든다.

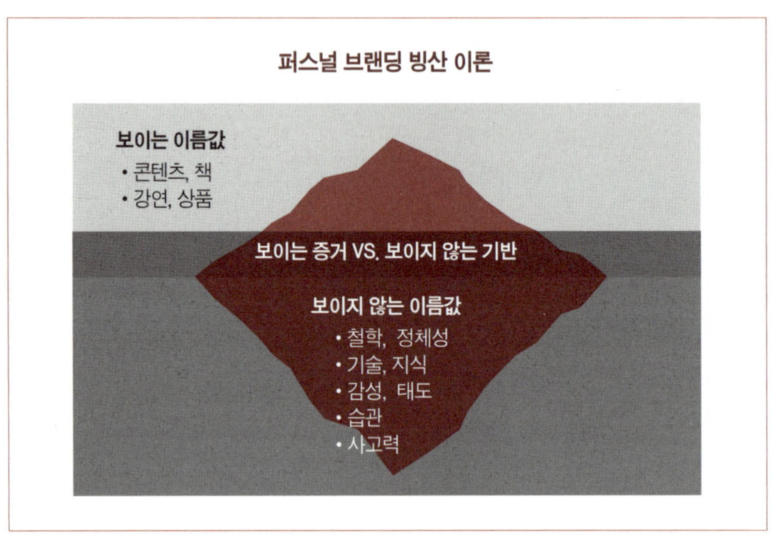

왜 수면 아래가 더 중요한가?

많은 사람들이 보이는 부분에만 집중한다. 팔로워 늘리기, 콘텐츠 많이 만들기, 화려한 프로필 꾸미기…. 하지만 이런 접근법은 근본적인 한계가 있다.

첫째, 지속 가능성의 문제다.

보이는 이름값만으로는 오래갈 수 없다. 유행이 바뀌고, 경쟁자가 나타나고, 작은 실수라도 생기면 쉽게 무너진다. 하지만 보이지 않는 기반이 탄탄하면 다르다. 일시적인 어려움이 와도 견뎌낼 수 있고, 오히려 그런 경험을 통해 더 강해진다.

둘째, 진정성의 문제가 있다.

사람들은 가짜를 알아본다. 겉모습만 화려하고 내실이 없으면 언젠가 들통이 난다. 특히 SNS 시대에는 더욱 그렇다. 진정성 없는 콘텐츠는 금세 식상해진다.

셋째, 차별화의 문제도 있다.

보이는 것들은 쉽게 모방된다. 같은 형태의 콘텐츠, 비슷한 스타일의 프로필, 유사한 메시지…. 하지만 철학과 가치관, 독특한 사고방식은 모방할 수 없다.

넷째, 깊이의 문제도 있다.

표면적인 이름값은 표면적인 관계만 만든다. 진짜 팬, 진짜 고객, 진짜 동료를 만들려면 깊이가 있어야 한다.

수면 아래를 먼저 구축한 사람들

손정의: 300년 비전의 힘

소프트뱅크 손정의 회장은 창업 초기부터 '300년간 지속될 회사'라는 비전을 제시했다. 사람들은 처음에 그를 미친 사람 취급했다. 하지만 그는 흔들리지 않았다.

그의 모든 경영 결정은 이 300년 비전에서 나온다. 단기적 이익보다 장기적 가치를 추구하고, 위험하지만 미래 지향적인 투자를 계속해왔다. AI, 로봇, 바이오 등 미래 기술에 대한 과감한 투자도 이 철학에서 나온 것이다. 실패도 많았지만 흔들리지 않았다. 왜냐하면 그에게는 명확한 철학과 비전이라는 '보이지 않는 기반'이 있었기 때문이다. 결과적으로 그는 단순한 사업가를 넘어서 '미래를 보는 혁신가'라는 이름값을 얻었다.

유재석: 겸손과 배려의 철학

유재석이 '국민 MC'가 될 수 있었던 이유는 단순히 재미있기 때문이 아니다. 그에게는 확고한 철학이 있다. '후배들을 빛나게 해주는 것', '실수하는 사람을 감싸주는 것', '분위기를 좋게 만드는 것' 이런 가치들이 그의 모든 행동을 관통한다.

방송에서 후배 개그맨이 실수해도 자연스럽게 넘어가게 도와주고, 새로운 멤버가 들어오면 편안하게 적응할 수 있도록 배려한다. 이런 모습은 연출이 아니라 그의 진짜 모습이다. 그래서 함께 일하는 사람들이 모두 그를 신뢰하고, 시청자들도 그의 진정성을 느낀다. 20년 넘게 최고의 자리를 유지할 수 있는 이유다.

일론 머스크: 인류의 미래에 대한 집착

일론 머스크의 모든 사업은 하나의 철학에서 나온다. "인류의 지속 가능한 미래를 만들겠다."라는 것이다. 테슬라는 환경 문제 해결을 위한 것이고, 스페이스X는 행성 간 이주를 위한 것이며, 뉴럴링크는 AI 시대에 인간이 도태되지 않기 위한 것이다. 겉으로는 완전히 다른 사업들이지만 하나의 철학으로 연결되어 있다.

그래서 그의 행동은 예측 가능하다. 어떤 새로운 도전을 할지, 어떤 결정을 내릴지 어느 정도 짐작할 수 있다. 왜냐하면 명확한 철학이 있기 때문이다. 이런 일관성이 그에게 '미래의 아이콘'이라는 강력한 이름값을 만들어줬다.

수면 아래의 보이지 않는 기반을 만드는 방법

1단계: 철학 정립하기

가장 먼저 해야 할 일은 자신만의 철학을 정립하는 것이다.

- 나는 왜 이 일을 하는가?
- 내가 세상에 남기고 싶은 변화는 무엇인가?
- 내가 가장 중요하게 생각하는 가치는 무엇인가?
- 10년 후 나는 어떤 사람이 되고 싶은가?

이 질문들에 대한 답을 찾아보라. 그리고 그 답을 한 문장으로 정리해보라. 이것이 당신의 개인 철학이 된다. 예시를 보면 철학이 보다 명확해진다.

- "데이터로 세상을 더 합리적으로 만들겠다."
- "모든 사람이 자신의 잠재력을 발견할 수 있도록 돕겠다."
- "기술로 소상공인들의 삶을 개선하겠다."

2단계: 정체성 명확화하기

철학이 정해졌다면 이제 정체성을 명확히 해야 한다.

- 나는 어떤 사람으로 기억되고 싶은가?
- 내 이름을 들었을 때 사람들이 무엇을 떠올렸으면 하는가?

- 나만의 독특한 강점은 무엇인가?
- 내가 대표하고 싶은 키워드는 무엇인가?

예시

- '항상 신뢰할 수 있는 분석가'
- '따뜻한 마음으로 가르치는 멘토'
- '실무 중심의 마케팅 전문가'

3단계: 가치관 체계화하기

일상적인 행동과 결정의 기준이 되는 가치관을 체계화해야 한다.

- 어떤 상황에서도 포기할 수 없는 원칙은 무엇인가?
- 돈과 명예보다 중요한 것은 무엇인가?
- 어떤 방식으로는 절대 성공하고 싶지 않은가?
- 내가 존경하는 사람들의 공통점은 무엇인가?

이 가치관들이 일관되게 행동으로 나타날 때 진정성이 만들어진다.

4단계: 루틴 설계하기

철학과 정체성, 가치관을 뒷받침할 일상적인 루틴을 만들어야 한다.

학습 루틴

- 매일 얼마나, 무엇을, 어떻게 공부할 것인가?

- 새로운 정보를 어떻게 수집하고 정리할 것인가?

- 배운 것을 어떻게 실무에 적용할 것인가?

기록 루틴

- 경험과 인사이트를 어떻게 기록할 것인가?

- 성과와 실패를 어떻게 분석할 것인가?

- 피드백을 어떻게 수집하고 활용할 것인가?

관계 루틴

- 네트워킹을 어떻게 체계적으로 관리할 것인가?

- 멘토나 동료들과 어떻게 꾸준히 소통할 것인가?

- 후배나 동료들을 어떻게 도울 것인가?

5단계: 일관성 유지하기

가장 중요한 것은 일관성이다. 좋은 철학과 가치관을 가지고 있어도 일관되게 실행하지 않으면 의미가 없다.

일관성 체크 포인트

☐ 내 SNS 게시물들이 일관된 메시지를 전달하고 있는가?

☐ 오프라인에서의 행동과 온라인에서의 모습이 일치하는가?

☐ 어려운 상황에서도 내 가치관을 지키고 있는가?

☐ 성공했을 때와 실패했을 때의 태도가 일관되는가?

수면 아래와 수면 위의 연결고리

보이지 않는 기반을 구축했다고 끝이 아니다. 이것을 보이는 결과물로 연결해야 한다.

철학을 콘텐츠로

당신의 철학과 가치관을 구체적인 콘텐츠로 표현해야 한다. 블로그, 영상, 강연 등을 통해 당신의 생각을 세상에 알려라. 하지만 직접적으로 "내 철학은 이렇습니다."라고 말하지는 말라. 구체적인 사례와 경험을 통해 자연스럽게 드러나도록 해야 한다.

가치관을 행동으로

일상적인 행동들이 당신의 가치관을 보여줘야 한다. 작은 약속 지키기, 후배 챙기기, 고객 응대하기 등 모든 순간이 이름값을 만드는 기회다.

전문성을 결과로

보이지 않는 곳에서 쌓은 전문성을 구체적인 결과물로 증명해야 한다. 프로젝트 성과, 문제 해결 사례, 혁신적인 아이디어 등으로 말이다.

빙산 이론의 함정들

빙산 이론을 잘못 이해하면 다음과 같은 함정에 빠질 수 있다.

함정 1: 보이는 것을 무시하기

'내실만 중요하고 겉모습은 중요하지 않다'고 생각하는 것은 위험하다. 아무리 내실이 탄탄해도 그것을 효과적으로 보여주지 못하면 인정받기 어렵다. 중요한 것은 균형이다. 내실을 바탕으로 한 진정성 있는 겉모습을 만들어야 한다.

함정 2: 완벽주의

'수면 아래가 완벽해져야 수면 위로 나올 수 있다'고 생각하는 것도 문제다. 완벽한 준비는 없다. 80% 준비가 되었다면 시작해야 한다. 실행하면서 계속 개선해 나가는 것이 현실적이다.

함정 3: 시간 무시하기

빙산 이론을 이해했다고 해서 하루아침에 결과가 나오는 것은 아니다. 보이지 않는 기반을 구축하는 데는 시간이 필요하다. 최소 6개월, 보통 1~2년은 걸린다고 생각하고 꾸준히 해야 한다. 어쩌면 평생이 걸리는 장기 프로젝트일지도 모른다.

보이지 않는 것을 먼저 설계하라

많은 사람들이 겉모습에만 집중하다가 실패한다. 팔로워 수, 좋아요 수, 화려한 프로필…. 이런 것들은 진짜 이름값이 아니라 단지 증거일 뿐이다. 진짜 이름값은 수면 아래에서 만들어진다. 확고한 철학, 명확한 정체성, 일관된 가치관, 탄탄한 전문성…. 이런 보이지 않는 기반이 있어야 오래가는 이름값을 만들 수 있다.

보이는 것Seen은 이름값의 '증거'가 되고, 보이지 않는 것Unseen은 그 증거를 뒷받침하는 '에너지'다. 퍼스널 브랜딩과 비즈니스 모두, '보이지 않는 것'을 먼저 설계해야 '보이는 것'이 지속 가능해진다. 이름값은 보이는 증거로 증명되지만, 그 힘은 보이지 않는 기반에서 나온다.

빙산의 아래를 먼저 구축하라. 그래야 어떤 파도가 와도 무너지지 않는 브랜드, 시간이 지날수록 신뢰가 깊어지는 이름이 된다.

당신의 빙산은 얼마나 깊은가? 지금부터라도 수면 아래를 탄탄히 쌓아가기 바란다. 그것이 진정 지속 가능한 이름값을 만드는 유일한 길이다.

이름값 빙산 이론 — 보이는 증거 vs 보이지 않는 기반

1) 수면 위 — 보이는 이름값(결과/외형/증거)

- 콘텐츠(블로그, 영상, 책, 카드뉴스 등)
- 강연, 인터뷰, 방송 출연
- 출간 도서, 유튜브 채널, SNS 계정
- 커리어, 포트폴리오, 수상 이력
- 서비스/상품화된 결과물

이것이 이름값의 '증거'로 작용하며, 사람들에게 신뢰를 준다.

2) 수면 아래 — 보이지 않는 이름값 (내면/기반/본질)

- 철학: 나는 왜 이 일을 하는가?
- 정체성: 나는 누구인가?
- 감성: 어떤 감정과 분위기를 전달하고 있는가?
- 태도: 위기 상황에서 어떤 자세를 보이는가?

- 습관: 기록, 학습, 루틴이 지속되는가?
- 사고력: 문제를 어떤 프레임으로 바라보는가?
- 기술: 전문성, 역량, 실행력
- 지식: 축적된 인사이트와 맥락 이해

이 기반이 없으면, 아무리 증거를 많이 쌓아도 쉽게 무너진다.

퍼스널 브랜드 설계는 '수면 아래'부터 시작되어야 한다.

아래의 질문은 당신의 이름값 기반을 설계하는 데 중요한 도구다.

- 나는 왜 이 분야에서 내 이름을 증명하고 싶은가? (철학)
- 내가 어떤 사람으로 인식되기를 원하는가? (정체성)
- 내가 가장 잘하는 일은 무엇인가? (기술)
- 내 삶에서 놓치고 싶지 않은 가치는 무엇인가? (감성)
- 사람들이 내 이름을 말할 때 어떤 느낌을 갖길 바라는가? (태도)
- 위기나 실패 앞에서 나는 어떤 스토리를 쌓아가는가? (일관성)
- 나의 이름은 어떤 키워드와 연결되는가? (언어적 자산)

이름값과 기대치의 법칙

높은 기대가 만든 몰락과 성공

2016년, 한국 영화계에 큰 충격이 있었다. 전작으로 큰 성공을 거둔 한 유명 감독의 신작이 개봉과 동시에 혹평을 받으며 참담한 실패를 기록한 것이다. 전작의 성공으로 기대치가 하늘을 찔렀지만, 정작 새 작품은 그 기대에 전혀 부응하지 못했다. "역시 한 번의 성공은 우연이었나 보다.", "이름값 못한다.", "기대했던 내가 바보였다." 등등 관객들의 실망은 단순한 평점 하락을 넘어서 그 감독의 이름값 자체에 대한 의문으로 이어졌다. 한 번의 실패가 이전의 모든 성공을 의심받게 만든 것이다.

반대의 경우도 있다. 2019년 봉준호 감독의 〈기생충〉이 그 예다. 물론 봉준호는 이미 검증된 감독이었지만, 전 세계적인 성공에 대한 기대는 높지 않았다. 하지만 결과는 모든 기대를 뛰어넘었다. 칸 영화제

황금종려상, 아카데미 4관왕이라는 상상도 못했던 성과를 이뤘다. "역시 봉준호다.", "기대 이상이었다.", "한국 영화의 자존심이다."와 같은 평가처럼 기대를 뛰어넘은 성과는 그의 이름값을 전 세계적 수준으로 끌어올렸다.

이 두 사례의 차이는 무엇일까? 바로 기대치와 결과 사이의 관계다. **'이름값=사회적 기대치의 총합'** 이름값은 곧 기대치다. 그리고 그 기대치를 어떻게 관리하느냐에 따라 이름값의 운명이 결정된다. 이름값에는 언제나 기대치가 따라붙는다.

- 가수에게는 노래 실력과 무대 매너에 대한 기대
- 배우에게는 몰입감 있는 연기에 대한 기대
- 스포츠 선수에게는 경기력과 팀 기여도에 대한 기대
- 작가에게는 독자에게 줄 통찰과 감동에 대한 기대

이는 유명인만의 이야기가 아니다. 직장에서도 직급마다 기대치가 다르고, 친구 관계에서도 "이 친구는 믿을 만하다."라는 기대가 존재한다. 이런 기대치들이 모여서 각자의 이름값을 만든다. 그리고 새로운 상황이 생겼을 때, 사람들은 이 기대치를 바탕으로 선택을 한다.

중요한 프로젝트의 리더를 정해야 할 때, 믿을 만한 친구에게 고민을 털어놓을 때, 전문적인 조언이 필요할 때… 모든 순간에 기대치가 선택의 기준이 된다. 결국 이름값은 사회가 그 사람에게 부여한 기대치의 총합이다.

피그말리온 효과: 기대가 현실을 만든다

1968년, 심리학자 로버트 로젠탈과 레노어 제이콥슨이 흥미로운 실험을 했다. 초등학교에서 무작위로 선발한 학생들을 교사에게 "지적 능력이 뛰어나 곧 성적이 크게 향상될 것"이라고 소개했다. 8개월 후 결과는 놀라웠다. 실제로는 무작위로 선발된 학생들이었지만, 교사의 기대를 받은 학생들의 성적이 다른 학생들보다 훨씬 많이 향상되었다. 이것이 바로 심리학의 '피그말리온 효과Pygmalion Effect'다. 이 연구는 사람들이 자신에게 기대하는 수준에 따라 실제 성과가 달라진다고 밝혔다. 이름값은 바로 이런 기대 효과와 맞닿아 있다.

- 높은 이름값을 가진 사람은 더 큰 무대를 기대받는다.
- 낮은 이름값을 가진 사람은 기회조차 기대받지 못한다.
- 기대는 곧 기회, 기회는 곧 성과, 성과는 다시 이름값을 강화한다.

이름값과 기대치는 서로 선순환 구조를 만든다. 실제로 같은 능력을 가진 두 사람이라도 이름값에 따라 완전히 다른 결과를 얻는 경우가 많다. 이름값이 높은 사람은 더 큰 프로젝트를 맡고, 더 좋은 팀과 일하며, 더 많은 리소스를 지원받는다. 당연히 성과도 더 좋을 수밖에 없다.

반대로 이름값이 낮은 사람은 아무리 능력이 있어도 기회조차 얻기 어렵다. 작은 프로젝트부터 시작해야 하고, 제한된 리소스로 일해야 하며, 성과를 내도 주목받지 못한다.

이것이 이름값 경제학의 핵심이다. 능력만으로는 부족하다. 그 능력에 대한 사회적 기대치가 있어야 진짜 기회가 온다.

기대에 못 미치면 이름값은 추락한다

하지만 기대는 양날의 검이다.

- 한 번의 부진이 "역시 기대 이하였어."라는 평가로 이어진다.
- 유명세만 있고 성과가 없는 사람은 "이름값 못 한다."라는 말을 듣는다.
- 직장에서도 직급에 걸맞은 역량을 보여주지 못하면 신뢰가 빠르게 무너진다.

이름값은 기대치를 충족시킬 때만 유지되고, 이를 반복적으로 초과할 때만 성장한다. 높은 기대치는 더 큰 기회를 가져다주지만, 동시에 더 큰 부담도 안겨준다.

가장 위험한 것은 어정쩡한 기대치다. 높지도 낮지도 않은 애매한 위치에 있으면 기회도 제한적이고, 실패했을 때의 변명도 어렵다. "잘 할 줄 알았는데 별로네.", "기대했던 것보다 못하네.", "그냥 평범하네." 이런 평가를 받으면 이름값은 서서히 하락한다. 차라리 기대치가 아예 없는 상태에서 깜짝 성과를 내는 것이 더 유리할 수 있다.

평범한 사람들의 기대치 관리 방법

전략 1: 낮은 기대치에서 시작하기

처음부터 높은 기대치를 만들려고 하지 말라. 오히려 낮은 기대치에서 시작해서 조금씩 뛰어넘는 것이 더 효과적이다.

신입사원의 경우는 "모든 걸 다 잘하겠습니다."라고 말하지 말고, "성실하게 배우겠습니다."라고 말하라. 그리고 실제로 기대 이상의 성실함을 보여줘라. 프리랜서의 경우에는 "최고 품질을 보장합니다."라고 말하지 말고, "약속한 기한은 반드시 지키겠습니다."라고 말하라. 그리고 기한뿐만 아니라 품질까지 기대 이상으로 제공하라.

전략 2: 구체적인 기대치 설정하기

막연한 기대치보다는 구체적인 기대치를 만드는 것이 관리하기 쉽다. "저는 열심히 하는 사람입니다.", "최선을 다하겠습니다.", "좋은 결과를 만들겠습니다."는 잘못된 기대치 설정의 예다. 반면 "매주 화요일마다 진행 상황을 보고하겠습니다.", "3일 안에 초안을 완성하겠습니다.", "월 10% 성장률을 달성하겠습니다."와 같은 구체적인 기대치는 달성 여부를 명확히 판단할 수 있고, 달성했을 때의 만족도도 높다.

전략 3: 단계적 기대치 상승

한 번에 높은 기대치를 만들려고 하지 말고, 단계별로 조금씩 높여가라.

1단계: 기본기 충실 → "이 사람은 믿을 만하다."
2단계: 품질 향상 → "이 사람은 실력이 있다."
3단계: 혁신 제시 → "이 사람은 특별하다."
4단계: 지속적 발전 → "이 사람은 계속 성장한다."
각 단계마다 충분한 시간을 두고 기대치를 안정화한 후에 다음 단계로 넘어가야 한다.

전략 4: 기대치 다각화

하나의 영역에서만 기대치를 만들면 위험하다. 그 영역에서 실패했을 때 모든 이름값이 무너질 수 있기 때문이다.

개발자의 경우라면 기술적 역량(코딩 실력), 소통 능력(팀워크), 문제 해결 능력(트러블슈팅), 학습 능력(신기술 습득) 등 여러 영역에서 고른 기대치를 만들어두면, 한 영역에서 실패해도 다른 영역이 받쳐준다.

전략 5: 기대치 리셋 타이밍 잡기

때로는 기대치를 의도적으로 리셋해야 할 때가 있다. 너무 높아진 기대치를 적정 수준으로 조정하는 것이다. 리셋이 필요한 상황은 다음과 같다.

- 연속된 성공으로 기대치가 과도하게 높아졌을 때
- 새로운 역할이나 환경으로 이동했을 때
- 개인적인 변화(결혼, 출산 등)가 있을 때
- 시장 환경이 크게 변했을 때

리셋은 실패를 통해 강제로 당하는 것보다, 선제적으로 하는 것이 낫다.

기대치 초과 달성의 구체적 방법들

기대치를 관리하는 것도 중요하지만, 실제로 그 기대치를 뛰어넘어야 이름값이 성장한다. 어떻게 하면 지속적으로 기대치를 초과 달성할 수 있을까?

방법 1: 예상보다 빨리 해주기

같은 결과물이라도 예상보다 빨리 제공하면 만족도가 크게 높아진다. "3일 걸린다고 했는데 2일 만에 해주네?", "다음 주라고 했는데 벌써 완성했어?" 시간은 가장 관리하기 쉬운 기대치 요소다. 조금만 여유를 두고 약속하면 충분히 달성 가능하다.

방법 2: 약속한 것+α 제공하기

요청받은 것보다 조금 더 제공하는 것이다. 마케팅 담당자의 경우에 캠페인 결과 보고서를 요청받았다면, 보고서+다음 캠페인 아이디어까지 함께 제시하라. 디자이너의 경우에 로고 디자인을 요청받았다면, 로고+응용 사례(명함, 간판 등)까지 함께 제안하라.

방법 3: 과정도 함께 공유하기

결과만 좋은 것이 아니라 과정도 투명하게 보여주는 것이다. "어떻게 이런 결과가 나왔는지 궁금해.", "과정이 체계적이네.", "배울 점이 많다." 과정을 공유하면 결과에 대한 신뢰도가 높아지고, 전문성도 인정받을 수 있다.

방법 4: 실패도 배움으로 전환하기

모든 시도가 성공할 수는 없다. 하지만 실패도 가치 있게 만들 수 있다. "실패했지만 이런 인사이트를 얻었습니다.", "다음에는 이렇게 개선하겠습니다.", "실패 경험을 공유해서 팀 전체가 배울 수 있도록 하겠습니다." 실패를 숨기거나 변명하는 대신, 배움과 개선의 기회로 만들면 오히려 신뢰도가 높아진다.

방법 5: 지속적인 자기 계발

기대치를 뛰어넘으려면 지속적으로 성장해야 한다. 현재 수준에 안주하면 곧 기대치에 못 미치게 된다. 학습을 체계화하는 것이 중요하다.

- 매일 30분씩 전문 분야 공부하기
- 월 1회 새로운 기술이나 방법론 시도하기
- 분기별로 전문가나 멘토에게 피드백 받기
- 반기별로 새로운 도전 과제 설정하기

기대치 관리에서 흔히 범하는 실수

실수 1: 과도한 약속

처음에 좋은 인상을 주려고 과도한 약속을 하는 경우가 있다. "이것도 할 수 있고, 저것도 할 수 있다."라고 말하다가 결국 제대로 하지 못하는 것이다. 이는 단기적으로는 기회를 얻을 수 있지만, 장기적으로는 신뢰를 잃는 지름길이다.

실수 2: 일관성 부족

어떤 때는 기대치를 뛰어넘고, 어떤 때는 못 미치는 것을 반복하는 경우다. 이러면 사람들이 무엇을 기대해야 할지 모르게 된다. "이 사람은 언제는 잘하고 언제는 못해.", "기복이 심해서 믿기 어려워." 일관성 없는 성과는 이름값을 오히려 해친다.

실수 3: 기대치 방치

한 번 만들어진 기대치를 관리하지 않고 방치하는 경우다. 시간이 지나면서 상황이 바뀌는데도 기대치는 그대로 두면 문제가 생긴다. 예를 들어, 신입사원 때 만들어진 '성실한 사람'이라는 기대치를 5년 차가 되어도 그대로 유지한다면? 사람들은 '아직도 그 수준이야?'라고 생각할 것이다.

실수 4: 타인과의 무의미한 비교

"A는 저렇게 하는데 왜 너는 못해?"라는 식의 비교는 독이 된다. 각자의 상황과 조건이 다른데 단순 비교하면 공정하지 않다. 자신만의 고유한 기대치를 만들고 관리하는 것이 중요하다.

이름값 공식

이름값=기대치×(충족+초과 달성)

• 기대치가 없으면 이름값도 없다.

- 기대치만 있고 충족하지 못하면 이름값은 추락한다.
- 기대치를 지속적으로 초과 달성할 때, 이름값은 폭발적으로 성장한다.

기대치와 성과의 균형이 중요하다. 기대치만 높고 성과가 없으면 실망만 커진다. 반대로 성과만 있고 기대치가 없으면 주목받지 못한다.

이 장을 마무리하며 가장 중요한 질문들을 던져보자.

- 내 이름에 지금 어떤 기대치가 붙어 있는가?
- 나는 그 기대를 충족시키고 있는가, 아니면 외면하고 있는가?
- 나는 어떻게 해야 그 기대치를 초과 달성해 이름값을 키울 수 있을까?

이 세 질문에 명확한 답을 할 수 있다면, 당신은 이미 이름값과 기대치의 법칙을 이해하고 있는 것이다.

기억하라. 이름값은 과거의 성과가 아니라 미래에 대한 기대다. 사람들이 당신에게 무엇을 기대하는지가 곧 당신의 이름값이다. 그리고 그 기대를 어떻게 관리하고 뛰어넘느냐가 당신의 미래를 결정한다. 높은 기대치는 부담이지만 동시에 기회다. 그 기대치를 지속적으로 초과 달성할 때, 당신의 이름값은 기하급수적으로 성장한다.

지금부터라도 당신만의 기대치 관리 전략을 세워보라. 작은 약속부터 철저히 지키고, 조금씩 기대치를 높여가며, 지속적으로 초과 달성하는 습관을 만들어라. 언젠가 사람들이 당신에 대해 이렇게 말하는 날이 올 것이다.

"역시 ○○○가 ○○○했다."

그때가 바로 당신의 이름값이 완성되는 순간이다.

내 이름에 가치를 심어라

이름은 호칭일 뿐, 가치가 이름값을 만든다

2020년 초, 코로나19가 한국을 강타했을 때의 일이다. 전국의 마스크가 동나고, 사람들은 약국 앞에서 긴 줄을 서야 했다. 그런 상황에서 한 동네 약국 사장의 이름이 입에서 입으로 전해지기 시작했다.

"○○약국 김 사장님 말이야, 마스크를 정가에 팔고 있어."

"아, 그 양심적인 분?"

"맞아, 그분은 원래 그래. 절대 바가지 안 씌워."

김 사장이라는 흔한 이름 앞에 '양심적인'이라는 가치가 붙었다. 그 순간부터 그의 이름은 단순한 호칭을 넘어서 신뢰의 상징이 되었다. 마스크 대란이 끝난 후에도 사람들은 그 약국을 찾았다. '양심적인 김 사장'이라는 이름값 때문이었다.

반대의 사례도 있었다. 같은 시기, 마스크 가격을 10배로 올린 다른 약국 사장도 있었다. 그의 이름 앞에는 '바가지 씌우는'이라는 가치가 붙었다. 코로나가 끝난 후 그 약국은 문을 닫아야 했다. 같은 '사장'이라는 호칭이지만, 어떤 가치와 연결되느냐에 따라 완전히 다른 운명을 맞이한 것이다.

"홍길동입니다." 이 말에는 아무런 힘이 없다. 단순한 자기소개일 뿐이다. 하지만 만약 사람들이 홍길동이라는 이름을 들었을 때 즉시 '성실함', '창의성', '신뢰' 같은 특정 가치를 떠올린다면? 그때부터 그 이름은 화폐가 된다. 이름에 힘이 생기는 것은 특정 가치와 결합될 때다. 그리고 그 가치가 바로 이름값의 핵심이다.

가치=이름값의 최소 단위

브랜딩의 아버지라 불리는 데이비드 아커David Aaker는 이렇게 말했다. "브랜드는 결국 소비자가 떠올리는 하나의 단어다."

'가치와 이름'을 연결한 사례

- 나이키=Just Do It (도전)

- 코카콜라=Happiness (행복)

- 테슬라=혁신과 미래

이처럼 성공한 브랜드들은 모두 제품이나 서비스를 넘어서 특정 가치를 판다. 그리고 그 가치가 브랜드의 핵심 자산이 된다.

개인도 마찬가지다. 내가 가진 기술이나 경험을 파는 것이 아니라,

그 뒤에 담긴 가치를 파는 것이다. 브랜드가 특정 가치와 연결되듯, 개인의 이름도 특정 가치와 연결될 수 있다. 그리고 그 가치가 바로 이름값의 화폐 단위가 된다.

이름은 누구나 같지만, 이름값은 어떤 가치와 연결되느냐에 따라 달라진다. 사람들은 복잡한 것을 기억하지 못한다. 한 사람에 대해 기억할 수 있는 특징은 기껏해야 1~2개다. 그렇기 때문에 하나의 명확한 가치와 연결되는 것이 중요하다. 여러 가지를 다 잘하려고 하면 결국 아무것도 기억되지 않는다. "이 사람은 성실하고, 창의적이고, 친절하고, 전문적이고…." 이런 식으로는 이름값이 만들어지지 않는다.

내 이름에 심을 가치를 선택하는 법

지금까지의 사례들을 보면 공통점이 있다. 모두 명확한 하나의 가치를 선택했다는 것이다. 그렇다면 어떻게 내 이름에 심을 가치를 선택해야 할까?

선택 기준 1: 내가 잘하는 것+시장이 원하는 것

가치는 혼자만의 만족으로는 의미가 없다. 다른 사람들이 필요로 하고 인정해주는 가치여야 한다.

잘못된 가치 선택

"나는 완벽주의자다." (다른 사람들에게는 부담)

"나는 자유로운 영혼이다." (비즈니스에는 도움 안 됨)

"나는 개성이 강하다." (협업에는 방해)

올바른 가치 선택

"나는 신뢰할 수 있다." (누구나 원하는 가치)

"나는 문제를 해결한다." (조직에서 환영하는 가치)

"나는 성장을 돕는다." (개인과 조직 모두에게 유익)

자신이 좋아하는 것과 잘하는 것, 그리고 시장이 원하는 것의 교집합에서 가치를 찾아야 한다.

선택 기준 2: 한 단어로 정의 가능한 것

복잡한 설명이 필요한 가치는 기억되지 않는다. 누구나 한 번에 이해할 수 있는 단순한 단어여야 한다. 한 문장이 아니라 한 단어로 표현할 수 있어야 한다.

좋은 가치 키워드들

성실, 신뢰, 창의성, 따뜻함, 전문성

꼼꼼함, 신속함, 정확함, 친절함, 혁신

해결력, 소통력, 리더십, 멘토링, 분석력

피해야 할 복잡한 표현들

'다양한 관점에서 접근하는 통합적 사고를 가진 사람'

‘창의적이면서도 체계적인 업무 처리 능력을 가진 사람’

‘고객 중심적 마인드와 전문성을 겸비한 사람’

선택 기준 3: 행동으로 증명 가능한 것

추상적인 가치는 의미가 없다. 구체적인 행동으로 증명할 수 있는 가치여야 한다.

증명하기 어려운 가치들

"나는 천재다." (객관적 증명 어려움)

"나는 운이 좋다." (재현 불가능)

"나는 센스가 있다." (주관적 판단)

증명하기 쉬운 가치들

"나는 약속을 지킨다." (시간, 마감, 품질로 증명)

"나는 꼼꼼하다." (체크리스트, 오류율로 증명)

"나는 성장을 돕는다." (멘티의 성과로 증명)

매일의 작은 행동들이 쌓여서 가치를 증명할 수 있어야 한다.

심리학이 증명하는 '행동의 힘'

하버드대 심리학자 제롬 브루너Jerome Bruner는 연구에서 이렇게 밝혔다. "사람들은 말보다 행동을 22배 더 강하게 기억한다." 즉, 내가 아무리 말로 설명해도 사람들은 실제 행동에서 나를 판단한다.

"성실하다."라는 자기소개보다, 마감 기한을 지킨 기록이 증거다.
"창의적이다."라는 주장보다, 새로운 아이디어 제안 사례가 증거다.
"따뜻하다."라는 말보다, 남을 도왔다는 구체적 후기가 증거다.

사람들은 자기소개보다 행동 기록을 더 신뢰한다. 내가 어떤 가치를 가진 사람인지 알고 싶다면, 그 답은 내가 반복해온 행동 속에 있다. 이처럼 이름값을 설계할 때는 반드시 가치 → 행동 → 증거의 고리를 만들어야 한다.

이름값을 만드는 '가치-행동 매트릭스'

선택한 가치를 실제 이름값으로 만들려면 체계적인 접근이 필요하다. 다음 매트릭스를 활용해보자.

이름에 심고 싶은 가치	반복할 행동	남는 증거
성실	마감 지키기, 기록 남기기	포트폴리오, 후기
창의성	새로운 방식 제안	프로젝트 결과물
따뜻함	작은 친절, 도움	타인의 추천, 리뷰
신뢰	꾸준함, 약속 지키기	검색 기록, 타인 언급

이처럼 가치 → 행동 → 증거의 연결고리가 명확해야 이름값이 단단해진다. 이름값은 거창한 성공에서 만들어지지 않는다. 작은 행동이

증거로 쌓이며, 그것이 곧 이름값이 된다. 다만 행동으로만 끝나면 안 된다. 그 행동이 기록되고 공유될 때 이름값이 된다.

- 블로그나 SNS에 기록 남기기
- 고객 후기, 동료 추천서 확보
- 협업 프로젝트 결과 공개

"행동은 증거로 남아야 하고, 증거는 사람들에게 보여야 한다." 이 원칙을 잊지 말아야 한다.

위험한 가치 선택의 실수

실수 1: 너무 많은 가치 욕심내기

"나는 성실하고 창의적이고 친절하고 전문적인 사람입니다." 이런 식으로 여러 가치를 동시에 추구하면 결국 아무것도 기억되지 않는다. 사람의 기억 용량은 한정적이다. 하나의 명확한 가치에 집중하라.

실수 2: 가치와 행동의 불일치

"나는 소통을 중시합니다."라고 말하면서 이메일 답장은 일주일씩 미루는 사람. 가치와 행동이 일치하지 않으면 오히려 역효과가 난다.

실수 3: 단기간 성과 기대하기

가치 연결은 최소 6개월, 보통 1~2년이 걸리는 장기적 프로젝트다.

한 달 해 보고 "효과가 없네."라고 포기하면 안 된다.

실수 4: 타인의 가치 모방하기

성공한 다른 사람의 가치를 그대로 따라 하려고 하는 것은 위험하다. 내 성격, 능력, 상황에 맞는 고유한 가치를 찾아야 한다.

실수 5: 가치의 과도한 강조

선택한 가치를 지나치게 강조하다가 오히려 부담스럽게 느껴지는 경우가 있다. 자연스럽게, 일상적으로 보여주는 것이 효과적이다.

이름+가치=이름값

이름만으로는 통하지 않는다. 가치 없는 이름은 공허하다. 가치를 심은 이름만이 시장에서 신뢰와 기회라는 화폐로 교환된다. 가치와 연결된 이름은 자산이다. 한 번 특정 가치와 연결되면, 그 이름 자체가 그 가치를 보장하는 브랜드가 된다. 가치는 선택할 수 있다. 우연히 생기는 것이 아니라 의도적으로 만들어지는 것이다. 어떤 가치와 연결될지는 스스로 선택할 수 있다. 가치는 행동으로 증명된다. 말로만 주장하는 가치는 의미가 없다. 일관된 행동을 통해 반복적으로 증명될 때만 진짜 가치가 된다.

이 공식의 핵심은 선택과 집중이다. 여러 가지를 다 잘하려고 하지 말고, 하나의 가치에 집중해서 그 분야의 대표 인물이 되는 것이다.

- 당신의 이름은 지금 어떤 가치와 연결되어 있는가?

- 그 가치는 당신이 의도적으로 선택한 것인가?

- 당신은 그 가치를 지속적으로 증명하고 있는가?

- 그 가치가 실제 기회로 연결되고 있는가?

이 네 질문에 모두 명확하게 "그렇다."라고 답할 수 있다면, 당신은 이미 성공적인 가치 연결을 이뤄낸 것이다. 만약 그렇지 않다면, 지금이 바로 시작할 때다.

당신의 이름에 어떤 가치를 심을 것인가? 이 선택이 당신의 미래를 결정한다. 더 이상 우연에 맡기지 말고, 의도적으로 설계하라.

세상에는 두 종류의 사람이 있다. 자신의 이름에 가치를 심은 사람과 그렇지 않은 사람. 당신은 어떤 사람이 되겠는가?

지금 당장 선택하고, 오늘부터 실행하라. 1년 후, 사람들이 당신의 이름을 들었을 때 즉시 떠올리는 그 가치가 바로 당신의 진짜 자산이 될 것이다. 기억하라. 이름은 단순한 호칭이지만, 가치와 결합된 이름은 평생의 자산이다.

증거를 기록으로 남겨라
- Documentation의 힘

사라진 10년과 남겨진 1년

두 명의 개발자가 있었다. 둘 다 10년 경력에 비슷한 실력을 가지고 있었다. 하지만 이직 면접에서의 결과는 완전히 달랐다.

첫 번째 개발자 A는 면접에서 이렇게 말했다. "저는 10년 동안 다양한 프로젝트를 진행했습니다. 대용량 데이터 처리 시스템도 만들어봤고, 모바일 앱도 개발했습니다. 팀 리딩 경험도 있고요." 면접관이 구체적인 질문을 했다. "어떤 기술을 사용했고, 어떤 문제를 해결했나요?" 그러자 A는 머뭇거렸다. "음… 그게… 워낙 오래된 일이라서 정확히 기억이 안 나네요."

두 번째 개발자 B의 대답은 달랐다. "제가 작성한 기술 블로그를 보여드릴게요. 이 프로젝트에서는 Redis를 활용해서 응답 시간을 80% 단축시켰습니다. 여기 성능 테스트 결과가 있고요. 이 문제를 해결하기 위해 시도했던 5가지 방법과 각각의 결과도 정리되어 있습니다." B는 노트북을 열어 자신의 블로그를 보여줬다. 1년 전부터 꾸준히 작성한 개발 기록들이 체계적으로 정리되어 있었다.

결과는 어떻게 됐을까? B가 합격했다. A는 10년의 경험을 가지고 있었지만 증명할 수 없었다. B는 1년의 기록에도 불구하고, 그것을 명확하게 보여줄 수 있었다. 기록되지 않은 10년의 경험보다 기록된 1년의 성장이 더 강력했다. 이것이 바로 Documentation의 힘이다.

기억은 사라지지만 기록은 남는다. 행동은 증거가 될 수 있지만, 기록되지 않으면 금세 사라진다. 누군가를 도왔던 일, 마감을 지켰던 경험, 새로운 아이디어를 냈던 순간…. 이런 행동들이 시간이 지나면 기억 속에서 희미해진다. 증거는 기록될 때 비로소 자산이 된다.

문명을 만든 기록의 힘

인류의 문명은 기록 위에 세워졌다.

- 이집트 파라오의 이름이 오늘날까지 남아 있는 이유는 피라미드 벽에 새긴 기록 덕분이다.
- 소크라테스, 플라톤, 아리스토텔레스와 같은 고대 그리스 철학자들의 사상이 2천 년 넘게 전해지는 것도 기록 덕분이다.
- 레오나르도 다빈치가 '천재 중의 천재'로 불리는 이유 중 하나는 그가 남긴 방대한 기록 때문이다. 만약 다빈치가 이런 기록들을 남기지 않았다면? 아마 우리는 그를 단순히 '모나리자를 그린 화가' 정도로만 기억했을 것이다.

개인의 이름값도 마찬가지다. 행동은 순간이지만, 기록은 시간을 넘어 남는다.

기록이 신뢰를 만든다

하버드 비즈니스 리뷰의 2019년 연구에서 밝혀진 사실은 다음과 같다. "사람들은 말로만 주장하는 사람보다, 기록을 남긴 사람을 4배 더 신뢰한다."

"열심히 공부했다."라는 말보다, 하루 1시간씩 쓴 학습 일지가 증거다.
"꾸준히 운동한다."라는 말보다, 매일 적어둔 러닝 기록이 신뢰를 만든다.
"성공적인 프로젝트를 했다."라는 말보다, 프로젝트 보고서가 증거가 된다.

기록은 단순한 흔적이 아니라, 신뢰의 문서화된 증거다. 그렇다면 기록은 어떤 이유로 신뢰와 연결되는 걸까?

이유 1: 구체성의 힘

말로만 하는 주장은 추상적이고 모호하다. 하지만 기록된 내용은 구체적이고 명확하다.

- **말로만 하는 경우**: "저는 열심히 공부했습니다."
- **기록이 있는 경우**: "매일 오전 6~8시, 저녁 9~11시에 공부했으며, 총 4시간씩 6개월간 진행했습니다. 이 기간 동안 읽은 책 목록과 요약 노트가 여기 있습니다."

어느 쪽이 더 설득력 있는가?

이유 2: 일관성의 증명

기록은 시간에 걸친 일관성을 보여준다. 하루 이틀의 노력이 아니라 지속적인 노력을 증명할 수 있다.

- **일회성 주장**: "저는 꾸준한 사람입니다."
- **기록을 통한 증명**: "지난 1년간 매일 작성한 업무 일지입니다. 하루도 빠짐없이 기록했습니다."

이유 3: 투명성의 효과

기록은 숨길 것이 없다는 투명성을 보여준다. 좋은 결과뿐만 아니라 어려움과 실패까지 기록한 사람은 더욱 신뢰받는다.

이유 4: 검증 가능성

말로 하는 주장은 검증하기 어렵다. 하지만 기록은 누구나 확인하고 검토할 수 있다. 이러한 검증 가능성이 신뢰를 높인다.

최고의 이름값을 만든 유명인들의 기록 전략

워런 버핏: 주주 서한의 마스터

워런 버핏은 1965년부터 매년 버크셔 해서웨이 주주들에게 서한을 쓰고 있다. 60년 가까이 이어진 이 기록 덕분에 그는 가장 투명한 투자자'라는 이름값을 얻었다. 그의 서한은 단순한 사업 보고서가 아니다. 투자 철학, 의사결정 과정, 실수에 대한 반성, 미래 전망까지 모든 것이 솔직하게 담겨 있다. 이 기록들 덕분에 전 세계 투자자들이 그를 신뢰한다.

특히 실패한 투자에 대해서도 구체적으로 기록한다는 점이 인상적이다. "이 투자에서 ○억 달러를 손실했고, 그 이유는 이러이러하다."라고 명확히 적는다. 이런 투명성이 오히려 신뢰를 높인다.

BTS: 성장 과정의 기록화

BTS의 성공 비결 중 하나는 그들의 성장 과정을 빠짐없이 기록으로 남긴 것이다.

- BANGTAN BOMB: 연습 과정, 무대 뒤 모습을 영상으로 기록
- 다큐멘터리: 앨범 제작 과정, 멤버들의 고민과 성장을 기록
- 브이로그: 개인적인 일상과 생각을 기록
- 소셜미디어: 실시간으로 팬들과 소통하며 순간순간을 기록

이런 기록들 덕분에 팬들은 BTS의 진정성을 믿는다. "이 그룹은 진짜다."라는 신뢰가 만들어진 것이다.

평범한 사람들에게 기록이 중요한 이유

"그런 건 유명한 사람들이나 할 수 있는 얘기 아니야?"

전혀 그렇지 않다. 오히려 평범한 사람들에게 기록이 더 중요하다. 이미 유명한 사람들과 달리, 우리는 기록을 통해 처음부터 이름값을 만들어가야 하기 때문이다.

일례로 한 면접 준비생은 자신의 학습 기록을 블로그에 기록했다. 면접에서 면접관이 물었다. "어떻게 공부했나요?" 그는 노트북을 열어서 자신의 학습 기록을 보여줬다. 6개월간의 성장 과정이 한눈에 보였다. 처음에는 기초적인 내용도 이해하지 못했지만, 점점 발전해 가는 모습이 명확히 드러났다. 면접관의 반응은 놀라웠다. "이렇게 체계적으로 학습 과정을 기록한 지원자는 처음이에요. 이 정도 자기관리 능력이면 입사 후에도 믿고 일을 맡길 수 있겠네요." 결과는 합격이었다. 단순히 "열심히 공부했습니다."라는 말보다 기록된 증거가 훨씬 강력했다.

한 프리랜스 디자이너는 모든 프로젝트의 과정을 상세히 기록했다. 이런 기록들을 포트폴리오로 만들어서 새로운 클라이언트에게 보여줬다. 단순히 완성된 결과물만 보여주는 것이 아니라, 어떤 과정을 거쳐서 그 결과에 도달했는지까지 보여준 것이다. 클라이언트들의 반응은 매우 긍정적이었다. "이분은 체계적으로 일하는구나.", "프로젝트 과정이 투명해서 믿을 만하다.", "이 정도면 중간에 문제가 생겨도 잘 해결할 수 있을 것 같다."

결과적으로 그는 단가를 2배로 올릴 수 있었고, 프로젝트 의뢰가 끊이지 않았다.

업무 성과를 체계적으로 기록한 직장인도 있다. 한 마케팅 담당자는 자신이 진행한 모든 캠페인을 상세히 기록했다. 연말 인사 평가 때 그는 이 기록들을 정리해서 보고서로 만들었다. 1년간 진행한 12개 캠페인의 성과와 성장 과정이 한눈에 보였다. 상사의 반응은 놀라웠다. "이렇게 체계적으로 성과를 관리하는 직원은 처음이에요. 이 정도면 팀장 역할도 충분히 할 수 있겠네요." 결과적으로 그는 승진 대상자 1순위가 되었다.

기록만으로는 충분하지 않다

세상에는 기록이 넘쳐난다. 포트폴리오, 자격증, 성적표, 업무 일지…. 하지만 단순한 기록만으로는 사람들의 기억에 오래 남지 않는다. 사람들은 데이터를 기억하지 않는다. 사람들은 스토리를 기억한다.

스탠퍼드 대학의 칩 히스Chip Heath 교수는 실험에서, 데이터를 나열한 발표보다 스토리로 풀어낸 발표가 22배 더 기억에 남았다고 밝혔다. 즉, 같은 증거라도 스토리로 엮일 때 강력한 설득력을 얻는다.

"저는 성실합니다."보다 "비 오는 날에도 하루도 빠지지 않고 새벽 기상 인증을 100일간 올렸습니다."라는 스토리가 더 강하다. "저는 창의적입니다."보다 "사용자 불편을 듣고 기존 제품을 개조해 특허를 냈습니다."라는 이야기가 더 설득력 있다.

증거는 기록일 뿐이다. 그 기록이 맥락 속에서 엮일 때, 사람들은 비로소 그 증거를 의미 있게 받아들인다.

• 가치: 내가 보여주고 싶은 핵심 메시지

- 행동: 그 가치를 실천한 구체적 행위

- 증거: 남겨진 기록(사진, 글, 성과물)

- 스토리: 그 증거를 맥락 있게 엮은 내러티브

같은 증거라도 스토리로 편집하면, 그 사람의 이름값을 강화하는 기억 자산이 된다.

기록은 정적이다. 스토리는 동적이다. 스토리는 사람들에게 회자되고, 공유되며, 검색되며, 재해석된다. 즉, 스토리는 증거를 살아 있는 자산으로 바꾼다. 스토리를 가진 이름은 퍼지고, 스토리 없는 이름은 잊힌다.

디지털 시대의 기록 전략

과거에는 기록이라고 하면 종이에 펜으로 쓰는 것이 전부였다. 하지만 디지털 시대에는 기록의 형태와 파급력이 완전히 달라졌다. 오늘날 기록은 단순한 종이 메모가 아니라 디지털 자산이다.

- 블로그에 쌓인 글 → 검색에 노출된다.

- SNS에 남긴 작업 기록 → 다른 사람들의 공유로 확산된다.

- 영상 기록 → 나를 모르는 사람에게도 이름값을 증명한다.

기록을 남긴다는 건 곧 검색 가능한 증거를 만든다는 뜻이다.

이 장을 마무리하며 가장 중요한 질문들을 던져보자.

- 나는 최근 어떤 행동을 기록으로 남겼는가?

- 내 이름을 검색했을 때, 어떤 기록이 증거로 보이는가?

- 내 이름값을 증명할 수 있는 기록은 무엇인가?

- 1년 후, 5년 후를 위해 지금 무엇을 기록하고 있는가?

- 내 기록 중 스토리로 엮을 수 있는 것은 무엇인가?

- 사람들에게 말했을 때 단순히 스펙이 아니라, 기억에 남을 이야기가 되는 증거
  는 무엇인가?

- 지금 내 이름값은 단순한 데이터인가, 아니면 기억되는 스토리인가?

이름은 기억에서 잊히지만, 기록은 남는다. 그리고 남은 기록이 당신의 이름값을 만든다. 증거는 기록될 뿐 아니라, 스토리로 편집될 때 비로소 이름값으로 남는다.

기억하라. 기록되지 않은 것은 사라지고, 기록된 것은 영원히 남는다. 당신의 행동이 단순한 순간으로 끝나지 않고 평생의 자산이 되게 하려면, 지금부터라도 체계적으로 기록하기 시작하라. 작은 것부터 시작해도 좋다. 오늘 한 일 한 줄, 배운 것 한 가지, 만난 사람 한 명이라도 기록으로 남겨보라. 그 작은 기록들이 쌓이고 쌓여서, 언젠가는 당신의 이름값을 증명하는 강력한 증거가 될 것이다. 지금 시작하라. 미래의 당신이 감사할 것이다.

증거를 보여줘라
- Visibility의 힘

숨겨진 천재와 알려진 평재

2019년, 실리콘밸리에서 흥미로운 실험이 있었다. 한 스타트업에서 동일한 실력을 가진 두 명의 개발자를 채용했다. 둘 다 명문대 컴퓨터 공학과 출신에 비슷한 경력을 가지고 있었다.

개발자 A는 조용한 성격으로 묵묵히 일만 했다. 뛰어난 코드를 작성하고, 복잡한 문제들을 해결했지만, 그 과정을 거의 공유하지 않았다. 회사 내부 시스템에만 기록을 남기고, 외부 활동은 전혀 하지 않았다.

개발자 B는 같은 수준의 일을 하면서도 그 과정을 적극적으로 공유했다. 기술 블로그에 문제 해결 과정을 정리해서 올리고, 깃허브에 오픈소스 프로젝트를 공개하며, 개발자 컨퍼런스에서 발표도 했다.

1년 후 결과는 극명하게 갈렸다. 개발자 A는 여전히 같은 자리에서 같은 일을 하고 있었다. 실력이 뛰어남에도 불구하고 승진이나 새로운 기회와는 거리가 멀었다. 회사 내부에서는 인정받았지만, 그 범위를 벗어나지 못했다.

개발자 B는 완전히 다른 길을 걸었다. 그의 블로그가 업계에서 주목받기 시작했고, 컨퍼런스 발표 영상이 수만 명에게 시청되었다. 결국 구글, 애플 등 여러 빅테크 기업으로부터 스카우트 제안을 받았다. 연봉은 2배 이상 상승했다.

둘의 실력 차이는 미미했다. 하지만 결과는 하늘과 땅 차이였다. 무엇이 이런 차이를 만들었을까? 바로 가시성Visibility이었다. A의 뛰어난 실력은 회사 내부에만 숨겨져 있었다. B의 비슷한 실력은 전 세계에 노출되어 있었다. 숨겨진 천재보다 보이는 평재가 더 큰 기회를 얻은 것이다.

증거는 숨겨져 있으면 힘을 잃는다

아무리 좋은 행동을 하고, 기록을 남기고, 스토리로 엮어도, 그것이 드러나지 않으면 존재하지 않는 것과 같다. 즉, 보이지 않으면 없다고 여긴다. 심리학에는 '가시성 편향Visibility Bias'이라는 개념이 있다. 사람들이 눈에 보이는 정보만을 기준으로 판단하는 경향을 말한다.

이는 진화적으로 형성된 인간의 본능이다. 원시시대에는 눈에 보이는 위험이나 기회에 빠르게 반응하는 것이 생존에 필수적이었다. 그 본능이 현대에도 그대로 이어져서, 우리는 여전히 보이는 것에 더 큰 가중치를 둔다.

보이지 않으면 존재하지 않는다

비즈니스에서의 가시성 편향

- 같은 제품이라도 더 잘 보이는 곳에 진열된 것이 더 많이 팔린다.
- 같은 내용이라도 더 자주 노출되는 광고가 더 효과적이다.
- 같은 실력이라도 더 많이 드러나는 사람이 더 높이 평가받는다.

조직에서의 가시성 편향

- 조용히 일 잘하는 사람보다 적극적으로 어필하는 사람이 승진한다.
- 보고서를 잘 쓰는 사람이 실무를 잘하는 사람보다 인정받는다.
- 회의에서 발언을 많이 하는 사람이 더 능력 있는 것으로 보인다.

이것이 공정한가? 그렇지 않을 수도 있다. 하지만 이것이 현실이다. 그리고 이 현실을 이해하고 활용하는 사람이 더 큰 성공을 거둔다. 아무리 좋은 증거라도 숨겨져 있으면 힘을 잃는다.

보이는 순간 화폐가 된다

이름값은 시장에서 거래되는 화폐다. 화폐는 지갑 속에만 있으면 가치가 없다. 시장에 나와 쓰일 때 비로소 힘을 발휘한다. 증거도 같다.

- 이력서 속에만 갇힌 기록은 종이 한 장일 뿐이다.
- 노트 속에만 남은 배움은 자기만족일 뿐이다.

- 개인 하드에만 저장된 작업물은 무명의 흔적일 뿐이다.

보이는 순간의 변화

같은 증거라도 보이는 순간 완전히 다른 가치를 갖는다.

프로젝트 결과물이 포트폴리오 사이트에 공개되는 순간

- 검색을 통해 누구나 확인할 수 있게 된다.

- 다른 사람들의 평가와 피드백을 받을 수 있다.

- 새로운 프로젝트 의뢰나 채용 기회로 연결될 수 있다.

깊은 통찰이 블로그 포스팅으로 발행되는 순간

- 비슷한 고민을 가진 사람들에게 도움이 된다.

- 댓글과 공유를 통해 네트워크가 확장된다.

- 전문가로서의 이미지를 구축할 수 있다.

회사 성과가 컨퍼런스 발표로 공유되는 순간

- 업계 전문가들에게 인정받을 수 있다.

- 다른 회사들의 관심과 스카우트 제안을 받을 수 있다.

- 해당 분야의 전문가로 이름을 알릴 수 있다.

증거는 보일 때 비로소 화폐로 전환된다.

유명인의 '가시성 전략'

BTS

음악만 만든 것이 아니라, 뮤직비디오, SNS, 다큐멘터리 등 다양한 채널을 통해 증거를 보여주었다. 그 결과 전 세계 어디서든 검색되는 이름값을 얻게 되었다.

일론 머스크

단순히 로켓을 쏘는 게 아니라, 발사 장면을 전 세계 생중계했다. '비전의 기업가'라는 이름값은 보이는 증거에서 나온다.

김연아

올림픽 무대에서 보여준 연기 하나가 평생의 이름값을 결정했다. 보이는 순간, 그녀의 연습 기록이 세계적인 증거로 전환되었다.

일반인의 증거 가시화 방법

"그런 건 유명인들이나 할 수 있는 얘기 아니야?"

전혀 그렇지 않다. 오히려 평범한 사람들에게 가시성 전략이 더 중요하다. 이미 유명한 사람들과 달리, 우리는 처음부터 자신의 존재를 알려야 하기 때문이다.

취업 준비생

→ 블로그나 깃허브에 프로젝트 기록을 올려라.

면접관은 "성실하다."라는 말보다, 검색되는 기록을 신뢰한다.

프리랜서

→ 작업 과정을 SNS에 공개하라.

결과물만 보여주는 것보다, 과정을 보여주는 것이 더 강력한 증거다.

자영업자

→ 가게 운영기를 지역 커뮤니티나 리뷰에 공유하라.

손님은 음식만이 아니라, 가게 이야기를 보고 찾아온다.

직장인

→ 사내 프로젝트 발표, 업계 컨퍼런스 발표를 통해 기록을 드러내
  라.

보여주는 순간, 전문성은 이름값으로 전환된다.

보여주는 방식이 브랜딩이다

오늘날에는 자신을 드러낼 수 있는 채널이 무수히 많다. 각 채널의
특성을 이해하고 전략적으로 활용해야 한다.

온라인 채널별 특성과 활용법

블로그(네이버, 티스토리, 브런치)

- 특성: 긴 글, 깊이 있는 내용, 검색 최적화

- 적합한 콘텐츠: 전문 지식, 경험담, 분석 글

- 전략: SEO 최적화로 검색 노출 증대

SNS(인스타그램, 페이스북, 트위터)

- 특성: 짧은 내용, 시각적 요소, 실시간성

- 적합한 콘텐츠: 일상적 과정, 간단한 팁, 비하인드 스토리

- 전략: 해시태그와 스토리텔링 활용

링크드인

- 특성: 비즈니스 네트워킹, 전문성 어필

- 적합한 콘텐츠: 업무 성과, 인사이트, 업계 분석

- 전략: 동료들과의 네트워킹과 추천

YouTube

- 특성: 영상 콘텐츠, 과정 시연, 높은 몰입도

- 적합한 콘텐츠: 튜토리얼, 과정 기록, 인터뷰

- 전략: 썸네일과 제목 최적화

깃허브 (개발자)

특성: 코드 공유, 협업, 기술적 전문성

적합한 콘텐츠: 프로젝트 코드, 오픈소스 기여

전략: 꾸준한 커밋과 문서화

오프라인 가시성 전략

디지털 시대에도 오프라인 가시성은 여전히 중요하다.

발표와 강연

- 업계 컨퍼런스, 세미나, 워크숍 참여
- 사내 발표, 팀 미팅에서의 적극적 참여
- 대학이나 교육기관에서의 특강

네트워킹 이벤트

- 업계 모임, 동호회 활동
- 전문가 그룹, 스터디 모임 참여
- 멘토링 활동, 후배 지도

미디어 노출

- 업계 매체 인터뷰
- 팟캐스트 출연
- 신문, 잡지 기고

수상과 인증

- 업계 어워드 수상
- 전문 자격증 취득
- 공모전 참여와 입상

증거는 같은데, 어떻게 보여주느냐에 따라 브랜딩의 톤앤매너가 달라진다. 보여주지 않으면 추측이 만들어진다

보여주지 않으면 남이 만든다

여기서 중요한 점을 놓치면 안 된다. 우리가 적극적으로 보여주지 않으면, 세상은 보이지 않는 공백을 추측으로 채운다는 것이다. 그리고 그 추측은 대개 부정적으로 흘러간다.

- 포트폴리오가 없는 프리랜서=실력이 부족한 사람?
- 온라인 흔적이 없는 전문가=시대에 뒤처진 사람?
- 기록을 드러내지 않는 회사=무언가 감추는 곳?

보여주지 않으면, 이름값을 만들 기회를 잃는다.

추측을 관리하는 전략

이런 부정적 추측을 막으려면 선제적으로 정보를 제공해야 한다.

첫째, 최소한의 정보라도 제공해라.

완벽한 포트폴리오를 만들 시간이 없다면, 간단한 프로필이라도 만들어두자. "현재 포트폴리오 업데이트 중입니다."라는 메시지만 있어도 완전히 다른 인상을 준다.

둘째, 이유를 설명해라.

왜 특정 활동을 하지 않는지 명확한 이유를 제시하자.

"보안상의 이유로 자세한 내용은 공개할 수 없지만, 이런 유형의 프로젝트를 진행했습니다."처럼 말이다.

셋째, 대안적 증거 제시해라.

한 가지 방식으로 보여줄 수 없다면 다른 방식을 찾아보자. 온라인 활동이 어렵다면 오프라인 추천서나 인증서를 활용할 수 있다. 보여주는 방식이 브랜딩을 결정한다. 같은 증거라도 어떻게 보여주느냐에 따라 완전히 다른 브랜드 이미지가 만들어진다.

가시성 관리 시 주의사항

첫째, 과도한 노출은 위험하다.

TMIToo Much Information, 개인적인 내용까지 과도하게 공개하면 오히려 역효과가 날 수 있다. 전문성과 관련 없는 지나친 사생활 노출은 피해야 한다.

둘째, 일관성이 부족하면 안 된다.

여러 플랫폼에서 다른 모습을 보이면 신뢰도가 떨어진다. 플랫폼마다 톤은 다를 수 있지만 핵심 가치와 메시지는 일관되어야 한다.

셋째, 품질 관리를 소홀히 하면 안 된다.

자주 올리는 것도 중요하지만 품질을 희생해서는 안 된다. 조급하게 저품질 콘텐츠를 양산하면 브랜드 이미지가 훼손된다.

넷째, 자연스러운 노출이 필요하다.

너무 계산적으로 보이면 진정성이 의심받는다. 전략적이되 자연스럽게 자신을 드러내는 기술이 필요하다.

다섯째, 장기적 관점으로 대하라.

단기적 주목을 위해 자극적인 콘텐츠를 만들면 장기적으로는 브랜드 가치가 하락할 수 있다. 지속 가능한 가시성 전략을 수립해야 한다.

증거는 보일 때 화폐로 전환된다

숨겨진 증거는 무용지물이다. 가시성 없는 기록은 사라진다. 세상에 드러나야만 이름값이 생기고, 그 이름값이 새로운 기회를 불러온다.

마지막으로 여러분에게 묻는다.

- 나는 지금 어떤 증거를 세상에 보여주고 있는가?
- 내 이름을 검색했을 때, 어떤 증거가 노출되는가?
- 보여주지 않아 묻혀버린 내 증거는 없는가?

이 질문에 명확한 답을 할 수 있다면, 당신은 이미 가시성의 중요성을 이해하고 있는 것이다. 만약 그렇지 않다면, 지금이 바로 시작할 때다.

기억하라. 숨겨진 보석보다 보이는 자갈이 더 큰 가치를 인정받는다. 아무리 뛰어난 능력과 성과를 가지고 있어도, 그것을 세상에 보여주지 않으면 존재하지 않는 것과 같다.

지금부터라도 당신의 증거를 전략적으로 드러내기 시작하라. 작은 성과부터, 간단한 포스팅부터, 한 줄의 소개글부터 시작해도 좋다. 그 작은 가시성이 쌓이고 쌓여서, 언젠가는 당신을 세상이 주목하는 사람으로 만들 것이다.

증거는 보일 때 비로소 화폐가 된다. 당신의 증거를 지갑 속에만 숨겨두지 말고, 시장에 내놓아라. 그때 비로소 진정한 이름값이 시작된다.

평판이 기회를 부른다

1등급과 4등급 사이의 진실

2022년, 한 중견기업 인사팀장의 선택은 많은 것을 시사한다. 두 명의 지원자가 있었다. 첫 번째 지원자 A는 서울대 출신에 학점 4.3, 토익 990점, 각종 인턴십 경험까지 갖춘 완벽한 스펙의 소유자였다. 자기소개서도 화려했고, 면접에서도 논리적으로 잘 답변했다. 두 번째 지원자 B는 지방대 출신에 학점 3.5, 토익 850점으로 상대적으로 평범한 스펙이었다.

그런데 면접 전날, 인사팀장은 우연히 B에 대한 이야기를 들었다. B가 인턴으로 일했던 회사의 팀장이 같은 대학 동기였는데, 술자리에서 이런 말을 했다.

"그 친구 정말 대단해. 인턴 기간 동안 아무도 시키지 않았는데 회사 업무 프로세스를 분석해서 개선안을 제시했어. 그것도 하나가 아니라 세 개나. 실제로 적용해봤는데 업무 효율이 20% 향상됐어. 우리 회사에서 정직원으로 뽑으려고 했는데, 더 큰 회사에 도전하겠다고 하더라고. 정말 아쉬웠어."

면접 당일, 인사팀장의 마음은 이미 기울어져 있었다. A의 완벽한 답변보다 B에 대한 동료의 생생한 증언이 더 강력했다. 결과는 B의 합격이었다. 스펙으로는 1등급이었던 A가 4등급이었던 B보다 월등했지만, 평판에 의해 시장에서는 B가 더 높은 가치로 평가받았다. 이것이 바로 평판의 힘이다.

보이지 않는 이력서의 존재

우리는 모두 이력서를 가지고 있다. A4 용지 몇 장에 학력, 경력, 자격증을 정리한 그 문서 말이다. 하지만 사실 더 중요한 이력서가 따로 있다. 그것이 바로 평판이다. 평판은 내가 직접 쓰지 않아도 세상에 존재하는 숨은 이력서다.

사람들이 나에 대해 말하는 이야기, 그것이 구직 과정, 비즈니스 협상, 프로젝트 기회에 직접적인 영향을 준다. "그 사람은 약속을 잘 지켜."는 신뢰 자산이 되고, "그 사람은 불성실해."는 마이너스 자산이 된다. 결국 평판은 내가 만든 증거들이 세상에 어떻게 해석되었는가의 결과다.

하버드 비즈니스 스쿨의 2017년 연구에 따르면, 사람들은 자기소개보다 타인의 평가를 두 배 이상 신뢰한다. 내가 "나는 성실합니다."라고 말하는 것보다, 동료 한 사람이 "그 친구는 정말 성실해."라고 말할 때 신뢰도는 훨씬 강력해진다.

타인의 언어가 갖는 힘

왜 타인의 평가가 더 신뢰받을까?

첫째, 객관적이라고 추정하기 때문이다.

사람들은 자기 자신에 대해서는 과대평가할 수 있지만, 타인은 상대적으로 객관적일 것이라고 생각한다.

둘째, 사회적 검증의 원리가 작동한다.

여러 사람이 비슷하게 평가한다면 그것이 사실일 가능성이 높다고 판단한다.

셋째, 이해관계의 차이를 인정한다.

자기소개는 자신에게 유리하게 할 이유가 있지만, 타인의 평가는 상대적으로 중립적이라고 여긴다.

넷째, 경험의 구체성을 믿는다.

타인의 평가는 실제 경험에 기반한다고 생각하기 때문에 더 현실적이고 신뢰할 만하다고 본다.

평판 형성의 5단계 과정

평판이 어떻게 만들어지는지 그 과정을 살펴보자.

1단계는 증거 생성이다. 내가 하는 행동들이 구체적인 증거가 된다.

2단계는 타인의 경험이다. 다른 사람들이 그 증거를 직접 목격하거나 경험한다.

3단계는 해석과 언어화다. 사람들이 그 증거를 자신만의 언어로 해석한다.

4단계는 평판 형성이다. 여러 사람들의 비슷한 해석이 모여서 일관된 평판을 만든다.

5단계는 기회 창출이다. 그 평판이 새로운 기회로 연결된다.

평판은 증거가 타인의 입을 통해 재탄생한 2차 자산이다. 원재료는 내가 만든 증거지만, 최종 상품은 다른 사람들이 만들어준다. 그리고 이 최종 상품이 시장에서 실제로 거래되는 화폐가 된다.

실리콘밸리의 교훈

2018년 실리콘밸리에서 일어난 실제 사례가 이를 잘 보여준다. 두 명의 스타트업 창업자가 똑같은 아이디어로 투자를 받으려고 했다.

첫 번째 창업자 A는 스탠퍼드 MBA 출신에 구글에서 5년간 일한 화려한 경력을 가지고 있었다. 그의 아이디어는 기술적 완성도도 높았고, 시장 분석도 치밀했다. 객관적으로 보면 성공 가능성이 높은 프로젝트였다.

두 번째 창업자 B는 상대적으로 평범한 이력이었다. 지방대 출신에 중소기업 경력이 전부였다. 기술적 수준도 A에 비해 떨어졌다. 하지만 B는 이전 직장에서 "절대 포기하지 않는 사람"으로 유명했다. 불가능해 보이는 프로젝트도 끝까지 해내는 것으로 소문났다. 동료들 사이에서는 "B와 함께하면 안심이 된다."라는 평판이 확고했다.

투자 설명회 당일, 투자자 중 한 명이 우연히 B의 전 동료와 아는 사이였다. 식사 자리에서 나온 한마디가 모든 것을 바꿨다. "B요? 그 친구는 정말 믿을 만해요. 한번 시작하면 끝까지 해내는 스타일이거든요. 같이 일하면서 한 번도 실망한 적이 없어요."

결과는 B가 투자를 받았다. A는 이해할 수 없었다. "내가 더 뛰어난데 왜?" 하지만 투자자들의 논리는 달랐다. "기술은 배울 수 있지만 신뢰는 만들기 어렵다. 이미 검증된 신뢰성을 가진 사람에게 투자하겠다."

기회가 움직이는 진짜 경로

많은 사람들이 기회는 능력 있는 사람에게 찾아온다고 믿는다. 하지만 실제로는 다르다. 능력 있는 사람도 평판이 없다면 기회가 찾아오지 않는다. 반대로 능력이 조금 부족해도 좋은 평판이 있으면 기회는 먼저 찾아온다.

세상은 나를 직접 경험해보지 않은 사람들로 가득하다. 그들에게 내가 어떤 사람인지 알려주는 것은 바로 평판이다. 기회는 능력을 찾아오는 것이 아니라 평판을 따라온다.

기회가 움직이는 과정을 살펴보자.

1단계에서 어딘가에 새로운 프로젝트, 채용, 협업의 필요가 생긴다.

2단계에서 담당자는 "누가 적합할까?"를 고민한다. 하지만 모든 사람의 능력을 직접 검증할 수는 없다.

3단계에서 "아는 사람 중에 괜찮은 사람 없어?"라고 주변에 물어본다. 여기서 나오는 답이 평판이다.

4단계에서 "그러면 누구누구 어때? 저 사람 믿을 만해."라는 추천이 나온다.

5단계에서 추천받은 사람에게 기회가 주어진다.

6단계에서 실제로 일해보면서 평판이 맞는지 확인한다.

이 과정에서 가장 중요한 것은 3단계다. 아무리 능력이 뛰어나도 이 단계에서 언급되지 않으면 기회를 얻을 수 없다.

숫자로 증명되는 평판의 힘

스탠퍼드 사회학과의 2015년 연구는 놀라운 결과를 보여줬다. 평판이 좋은 사람은 동일한 능력을 가진 사람보다 3배 더 많은 기회를 얻는다는 것이다.

구체적인 수치를 보면 더욱 명확하다. 동일한 능력을 가진 두 사람이 있을 때, 평판이 좋은 사람은 연간 평균 3.2개의 새로운 기회를 얻는 반면, 평판이 보통인 사람은 연간 평균 1.1개의 새로운 기회를 얻는다. 네트워크 속에서 평판은 추천과 연결의 매개체가 되기 때문이다. "그 사람 괜찮아. 같이해 봐."는 협업 기회로, "그 가게 믿을 만해."는 새로운 손님으로, "그 친구 성실해."는 취업 제안으로 이어진다.

디지털 시대의 평판 혁명

과거에는 평판이 좁은 범위에서만 형성되고 전파되었다. 하지만 디지털 시대에는 완전히 달라졌다. 온라인 평판은 네 가지 특징을 갖는다.

첫째, 영구성으로 인터넷에 한 번 올라간 평가는 거의 영구적으로 남는다. 둘째, 검색 가능성으로 누구나 쉽게 검색해서 확인할 수 있다. 셋째, 확산성으로 좋은 평판도, 나쁜 평판도 순식간에 퍼진다. 넷째, 투명성으로 과거보다 훨씬 많은 정보가 공개된다.

이에 따른 관리 전략도 달라져야 한다. 구글 검색 최적화로 내 이름을 검색했을 때 긍정적인 내용이 상위에 노출되도록 관리해야 한다. 리뷰 관리로 각종 플랫폼의 리뷰와 평가를 지속적으로 모니터링하고 관리해야 한다. 소셜미디어 일관성으로 여러 소셜미디어에서 일관된 이미지를 유지해야 한다. 위기 대응 시스템으로 부정적인 내용이 퍼졌을 때 빠르게 대응할 수 있는 시스템을 갖춰야 한다.

평판의 경제적 가치

평판은 단순한 이미지가 아니라 실제 경제적 가치를 창출한다.

첫째, 프리미엄 가격이 가능하다. 좋은 평판을 가진 사람은 더 높은 가격을 받을 수 있다. 둘째, 우선적으로 기회가 온다. 새로운 기회가 생겼을 때 가장 먼저 고려된다. 셋째, 네트워크가 추천해준다. 다른 사람들이 자발적으로 추천해준다. 넷째, 거래 위험이 감소한다. 거래 상대방의 위험 인식이 낮아져서 더 쉽게 계약이 성사된다.

평판과 네트워크는 서로를 증폭시키는 관계다. 평판이 좋을수록 네트워크가 확장되고, 네트워크가 넓을수록 평판이 빠르게 퍼진다. 시간이 지날수록 이 두 요소가 서로 강화하면서 기회가 기하급수적으로 증가한다. 좋은 기회를 통해 더 좋은 성과를 내고, 이것이 다시 더 좋은 평판을 만드는 선순환 구조가 형성된다.

지금 당신이 답해야 할 질문들

이 장을 마무리하며 가장 중요한 질문들을 던진다. 지금 당신의 이름은 다른 사람들의 입에서 어떻게 회자되고 있는가? 당신의 평판은 당신이 의도한 가치와 일치하는가? 부정적인 평판이 있다면, 어떤 증거로 다시 바꿀 수 있을까?

그리고 기회와 관련해서도 물어보자. 지금 당신의 평판은 어떤 기회를 불러올 수 있는가? 누군가 당신의 이름을 추천할 때, 어떤 기회가 따라올까? 당신이 원하는 기회를 부르는 평판은 무엇인가?

작은 증거부터 시작하라

평판은 내가 만드는 것이 아니라 다른 사람들이 만들어주는 것이다. 하지만 재료는 내가 제공한다. 어떤 재료를 제공하느냐에 따라 완전히 다른 평판이 만들어진다.

지금부터라도 의도적으로, 전략적으로, 일관되게 좋은 재료들을 제공하기 시작하라. 작은 친절, 작은 성실함, 작은 전문성이라도 꾸준히 보여주면 된다. 그 작은 증거들이 쌓이고 쌓여서, 언젠가는 사람들이 당신의 이름만 들어도 긍정적인 평가를 하게 될 것이다.

증거는 곧 평판이 되고, 평판이 기회를 부르며, 기회가 이름값을 완성한다. 당신의 이름이 어떤 평판으로 기억되기를 원하는가? 그 답이 바로 당신이 지금부터 만들어야 할 증거의 방향이다.

기회가 이름값을 확장한다
- Expansion의 힘

일회성 기회가 평생 자산이 되는 순간

2008년, 한 중소기업 마케팅 팀장에게 예상치 못한 기회가 찾아왔다. 업계 최대 규모의 컨퍼런스에서 발표자 중 한 명이 갑자기 취소하면서 긴급 대타가 필요했던 것이다. 그는 사실 그런 큰 무대에서 발표해본 경험이 없었다. 평소에는 사내 회의에서 간단한 보고만 해 봤을 뿐이었다. 주변에서는 "거절하는 게 낫지 않을까?"라고 조언했다. 하지만 그는 이 기회를 놓치고 싶지 않았다. 2주 동안 밤낮으로 준비했다. 자료를 수십 번 검토하고, 발표 연습을 거듭했다. 심지어 가족들 앞에서 리허설까지 했다.

발표 당일. 300명의 업계 전문가들 앞에서 그는 떨리는 마음으로 무대에 올랐다. 하지만 철저한 준비 덕분에 발표는 성공적이었다. 실무 경험에 기반한 구체적인 사례와 솔직한 실패담까지 포함한 그의 발표는 청중들에게 큰 호응을 얻었다.

그 하루가 그의 인생을 바꿨다. 발표가 끝나자 수많은 명함이 쌓였다. 몇 주 후에는 다른 컨퍼런스에서 발표 요청이 들어왔다. 6개월 후에는 업계 잡지에서 칼럼 기고를 요청했다. 1년 후에는 대기업에서 마케팅 이사 자리를 제안받았다. 하나의 기회가 그를 '업계 인사'로 만든 것이다.

그 이후 10여 년간 그는 마케팅 분야에서 손꼽히는 전문가가 되었다. 여러 기업의 자문을 맡고, 정기적으로 강연을 하며, 관련 서적도 출간했다. 모든 것은 2008년 그 하나의 기회에서 시작되었다.

만약 그때 그 기회를 거절했다면? 아마 여전히 중소기업 팀장으로 평범한 삶을 살고 있을 것이다. 기회는 단순한 일회성 이벤트가 아니다. 이름값을 확장시키는 강력한 증폭 장치다.

기회는 새로운 무대를 제공한다

이름값은 단순히 개인의 명함에만 머무르지 않는다. 기회가 찾아오면, 그 무대에서 또 다른 증거를 만들 수 있고, 그 증거가 다시 이름값을 확장시킨다.

- 첫 직장의 입사 기회 → 경험이라는 증거를 남김
- 첫 프로젝트의 기회 → 성과라는 증거를 남김
- 첫 강연의 기회 → 전문성이라는 증거를 남김

기회는 곧 새로운 증거 생산의 장(場)이다.

기회가 만드는 새로운 무대

기회의 진짜 가치는 그 순간의 성과에 있지 않다. 새로운 무대를 제공한다는 것에 있다. 무대가 바뀌면 관객이 바뀐다. 평소에 우리가 활동하는 무대는 제한적이다. 같은 회사, 같은 업계, 같은 지역의 사람들과만 접촉한다. 하지만 기회는 우리를 완전히 새로운 무대로 데려간다.

- 더 넓은 범위의 관객
- 더 높은 수준의 기대
- 더 큰 영향력의 가능성
- 더 다양한 네트워크

무대가 증거를 증폭시킨다. 같은 행동이라도 어떤 무대에서 하느냐에 따라 그 파급력이 완전히 다르다. 같은 실력, 같은 내용이라도 무대가 다르면 그 증거의 가치가 기하급수적으로 달라진다.

사회학이 밝힌 기회의 네트워크 효과

1973년 시카고대 사회학자 마크 그라노베터Mark Granovetter가 발표한 '약한 연결의 힘The Strength of Weak Ties' 이론은 기회와 이름값 확장을 이해하는 핵심 열쇠다. 새로운 기회는 가까운 관계보다 약한 연결에서 더 자주 발생한다. 즉, 기회는 평판을 통해 새로운 네트워크로 확장되며, 그 무대에서의 작은 성취가 이름값을 더 넓게 퍼뜨린다.

강한 연결(Strong Ties)

- 가족, 친한 친구, 가까운 동료

- 자주 만나고 깊이 있는 관계

- 비슷한 정보와 기회 공유

- 안정적이지만 새로운 정보는 제한적

약한 연결(Weak Ties)

- 지인, 동창, 업계 관계자

- 가끔 만나는 느슨한 관계

- 서로 다른 네트워크에 속함

- 새로운 정보와 기회의 통로

그라노베터는 282명을 대상으로 "어떻게 현재 직장을 구했는가?"를 조사했다. 결과는 충격적이었다. 강한 연결을 통해서가 17%, 약한 연결을 통해서가 70%, 공개 채용이 13%였다. 즉, 새로운 기회의 70%가 약한 연결을 통해 온다는 것이다.

강한 연결 속 사람들은 대부분 나와 비슷한 정보를 가지고 있다. 하지만 약한 연결 속 사람들은 완전히 다른 네트워크에 속해 있어서 새로운 정보를 가져다준다. 그리고 내 주변 사람들이 아는 기회는 이미 경쟁이 치열하다. 하지만 약한 연결을 통해 오는 기회는 상대적으로 경쟁이 덜하다. 약한 연결을 통한 기회는 나를 완전히 새로운 네트워크로 데려다준다. 그곳에서 또 다른 약한 연결들이 생성된다.

‘약한 연결의 힘’ 이론은 기회가 이름값을 확장시키는 메커니즘을 명확히 설명한다.

- 평판이 약한 연결을 통해 전파된다.
- 새로운 네트워크에서 기회가 발생한다.
- 그 기회에서 만든 증거가 더 넓은 범위로 퍼진다.
- 확장된 네트워크에서 또 다른 기회가 생긴다.

기회는 단순한 한 번의 이벤트가 아니라, 이름값을 키우는 증폭 장치다.

마태 효과: 기회는 기회를 낳는다

사회학자 로버트 머튼Robert Merton이 명명한 ‘마태 효과Matthew Effect’는 기회와 이름값 확장의 핵심 메커니즘을 설명한다.

“가진 자는 더욱 받고, 없는 자는 그마저 빼앗긴다.”

이름값도 같다. 한 번 기회를 잡아 증거를 남기면, 그 증거가 새로운 평판을 만들고, 평판이 또 다른 기회를 불러온다. 이 선순환이 반복되면서 이름값은 점점 커진다.

디지털 시대에는 마태 효과가 더욱 빠르게, 더욱 극단적으로 나타난다. 평판이 기회를 불러오고, 그 기회가 다시 새로운 증거와 평판을 낳으며, 이름값은 점점 더 커진다.

- 나는 지금 받은 기회를 어떻게 활용하고 있는가?

- 그 기회가 내 이름값을 확장하는 증거로 남고 있는가?

- 내가 원하는 더 큰 무대로 이어질 수 있도록 준비했는가?

기회는 이름값을 확장시키는 가장 강력한 증폭 장치

같은 실력을 가진 사람이라도 기회를 어떻게 활용하느냐에 따라 이름값의 확장 속도와 범위가 완전히 달라진다. 지금부터라도 모든 기회를 확장의 관점에서 바라보기 시작하라. 작은 회의 발표부터, 동료와의 협업부터, 새로운 프로젝트 참여부터 모든 것이 확장의 기회가 될 수 있다. 그 기회들을 하나씩 확장의 발판으로 만들어가다 보면, 언젠가는 당신이 꿈꾸던 무대에 서 있는 자신을 발견하게 될 것이다.

기회가 이름값을 확장한다. 당신은 어떤 확장을 꿈꾸고 있는가? 그 꿈을 현실로 만들 첫 번째 기회는 바로 지금, 당신 앞에 놓여 있다.

1장 이름값은 설계될 수 있다 - 의도적 브랜딩의 시작

- 이름은 단순한 호칭이 아니라, 내가 대표하는 가치를 담는다.
- 가치 없는 이름은 공허하고 쉽게 잊힌다.
- 이름은 내가 선택한 가치와 연결될 때 힘을 발휘한다.

2장 이름값 공식 — (정체성+기능+신뢰+매력)×언어

- 이름값은 정체성, 기능, 신뢰, 매력의 합에 언어(표현력)를 곱한 값이다.
- 실력만으로는 부족하고, 표현력이 증폭 장치가 된다.
- 공식을 점검하면 자기 이름값의 현재 수준을 진단할 수 있다.

3장 이름값은 어떻게 기억되는가

- 이름값은 세 가지 차원의 합으로 기억된다. 이름을 들었을 때 떠오르는 이미지(정체성+매력), 실제로 보이는 활동과 결과물(기능), 검색했을 때 나타나는 모든 기록(신뢰+언어)이 종합되어 그 사람의 정체성을 구성한다.
- 필자의 사례처럼 17년간 일관된 증거를 세 영역에서 쌓으면, 자동으로 '브랜딩 전문가'라는 정체성이 떠오르게 되며, 이는 디지털 시대의 브랜딩 자산화 과정이다.
- 이름값은 말이 아니라 증거의 합이므로, 떠오르는 이미지·보이는 활동·검색되는 기록이 서로 일치하고 강화할 때 진정한 시장 가치를 갖게 되며, 이를 위해 지속적인 자기 점검과 일관성 있는 증거 축적이 필요하다.

4장 이름값 빙산 이론 - 보이는 증거 vs 보이지 않는 기반

- 이름값은 콘텐츠, 책, 강연 같은 보이는 증거(Seen)보다 철학, 태도, 정체성 같은 보이지 않는 기반(Unseen)에서 결정된다.
- 퍼스널 브랜딩이든 비즈니스든, 보이지 않는 층위가 깊을수록 브랜드의 설득력과 지

속 가능성이 높아진다.

- 진짜 이름값은 빙산처럼 설계되고, 아래부터 훈련된다.

5장 이름값과 기대치의 법칙

- 이름값에는 언제나 기대치가 붙으며, 이는 직업·직급·관계·사회적 역할마다 다르게 작동한다.
- 기대치를 충족하거나 초과 달성할 때 이름값은 강화되고, 충족하지 못하면 빠르게 무너진다.
- 결국 이름값은 기대치와 성과의 균형 속에서 성장하거나 추락한다.

6장 내 이름에 가치를 심어라

- 이름은 내가 어떤 가치를 대표하는지 설계해야 한다.
- 선택된 가치는 시장에서 이름의 방향성을 만든다.
- 가치 없는 이름은 시장에서 의미 없는 소음에 불과하다.

7장 증거를 기록으로 남겨라 - Documentation의 힘

- 증거는 흘려보내면 사라지지만, 기록하면 자산이 된다.
- 블로그, 포트폴리오, 노션, SNS는 이름값의 기록 창고다.
- 기록은 시간이 지날수록 복리처럼 가치를 키운다.

8장 증거를 보여줘라 - Visibility의 힘

- 아무리 좋은 증거도 보이지 않으면 이름값을 만들지 못한다.
- 보이는 순간, 증거는 신뢰로 전환된다.
- Visibility는 퍼스널 브랜딩의 필수 전략이다.

9장 평판이 기회를 부른다

- 좋은 평판은 곧 새로운 기회를 끌어온다.
- 취업·사업·협업 사례 모두 평판이 기회를 열어준다.

- 기회는 언제나 신뢰할 수 있는 이름으로 향한다.

10장 기회가 이름값을 확장한다 - Expansion의 힘

- 기회는 다시 더 큰 증거를 만들고 이름값을 확장한다.
- 이름값은 기회와 증거가 맞물린 선순환 구조다.
- 확장되는 이름값은 개인을 넘어 사회적 자산으로 성장한다.

"이름값은 가치 선언에서 출발해, 행동·기록·스토리·평판·기회로 이어지는 구조적 선순환 속에서 완성된다."

4부

이름값을 실천으로 만드는 법

실천 편

이름값 실천의 시작

스티브 잡스의 마지막 강연

2005년 6월, 스탠퍼드 대학교 졸업식. 스티브 잡스가 마지막 문장을 남겼다.

"Stay hungry, stay foolish."

그 순간 2만 명의 청중이 기립박수를 쳤다. 하지만 10년 후, 그들 중 몇 명이나 실제로 '배고픔과 우직함'을 실천했을까? 대부분은 감동만 받고 끝났을 것이다. 지식은 감동을 주지만, 행동만이 변화를 만든다. 이것이 바로 이름값 경제학에서 가장 중요한 분수령이다. 아는 것과 하는 것 사이의 거대한 간극을 어떻게 건널 것인가?

많은 사람들이 책을 읽고 고개를 끄덕인다. "맞아, 이름값이 중요하지.", "증거와 평판이 기회를 만든다는 게 사실이야." 그러나 문제는 실천으로 옮기지 않는 것이다. 지식은 머리에만 남으면 사라진다. 행동

으로 옮겨질 때 비로소 이름값을 만든다

또한 많은 사람들이 '이름값을 만든다'는 말을 거창하게 느낀다. 하지만 이름값은 거대한 도약이 아니라, 작은 행동의 반복에서 시작된다.

- 매일 정시 출근 → 신뢰의 증거
- 주 1회 블로그 글쓰기 → 전문성의 증거
- 친구에게 약속을 지키는 것 → 인간적 신뢰의 증거

아는 것과 하는 것 사이의 깊은 협곡

하버드 경영대학원의 연구(2016)에 따르면, 강연이나 책에서 배운 내용을 실천에 옮긴 사람은 10% 미만이었다. 즉, 90%는 아는 데서 멈추고, 10%만이 행동으로 이름값을 쌓는다. 이 차이가 이름값의 격차를 만든다.

지식과 행동 사이의 3가지 함정

1. 완벽주의 함정

- "더 공부하고 시작해야지."
- "준비가 완벽해질 때까지 기다려야지."
- 결과: 영원히 시작하지 않음

2. 정보 과부하 함정

- "이 방법도 좋고, 저 방법도 좋네."

- "어떤 걸 선택해야 할지 모르겠어."

- 결과: 선택 마비로 인한 행동 지연

3. 즉석 만족 함정

- "책 읽는 것만으로도 뿌듯해."

- "강의 듣는 것만으로도 성장한 기분이야."

- 결과: 가짜 성취감에 안주

빨리 실행하지 못하는 사람들 대다수는 지식과 행동 사이의 3가지 함정에 빠져 허우적대느라 대부분의 시간을 허비하고 있다. 그 결과 실행하는 사람과의 격차가 점점 더 벌어지게 되고, 결국엔 그 일 자체를 포기하는 상황에 빠진다.

이름값 경제학의 실행 알고리즘 4단계

1단계: 가치 선언 Value Declaration - **"내 이름이 무엇을 의미할 것인가?"**

이것은 단순한 목표 설정이 아니다. 이름값의 DNA를 결정하는 과정이다.

가치 선언문 작성법

잘못된 예시

- "성공하고 싶다." → 너무 모호함

- "돈을 많이 벌고 싶다." → 가치가 아닌 욕망

올바른 예시

- "신뢰할 수 있는 디자이너가 되겠다."

- "따뜻한 리더십을 실천하는 관리자가 되겠다."

- "창의적인 솔루션을 제공하는 개발자가 되겠다."

2단계: 행동 설계 Action Design - "가치를 어떻게 보여줄 것인가?"

가치는 추상적이다. 하지만 행동은 구체적이어야 한다.

3단계: 증거 기록 Evidence Recording - "행동을 어떻게 남길 것인가?"

행동은 순간이지만, 기록은 영원하다. 기록되지 않은 행동은 존재하지 않은 것과 같다.

예를 들어, 김 대리의 '신뢰성' 증거는 이렇게 쌓인다.

- 1월: 회의 시간 준수율 100% (캘린더 스크린샷)

- 2월: 프로젝트 납기 준수 5건 (완료 보고서)

- 3월: 팀원 피드백 '가장 믿을 만한 동료' (설문 결과)

- 4월: 상사 평가 '일정 관리 우수' (평가서)

6개월 후, 김 대리는 '믿을 수 있는 사람'으로 팀 내 평판이 확고해졌고, 중요 프로젝트 리더로 발탁되었다.

4단계: 가시화 & 확산 Visibility & Amplification - "증거를 어떻게 알릴 것인가?"

가치별 행동 설계 매트릭스

가치	일간 행동	주간 행동	월간 행동
신뢰성	시간 약속 준수	약속 리뷰 작성	약속 이행률 점검
전문성	업계 뉴스 1개 읽기	블로그 포스팅 1개	세미나 참석
창의성	아이디어 3개 노트	새로운 방법 시도	창작물 1개 완성
따뜻함	동료에게 인사하기	누군가 도와주기	감사 편지 쓰기

가장 좋은 증거도 숨겨두면 의미가 없다. 적절한 노출이 기회를 만든다. 블로그, SNS,포트폴리오 사이트와 같은 개인 채널을 70% 정도 활용하고, 네트워킹 이벤트, 업계 모임, 멘토링 관계와 같은 관계 채널을 20% 활용하며, 언론 매체, 컨퍼런스 발표, 업계 시상식과 같은 공식 채널을 10% 정도 활용하여 증거를 가시화하면 된다.

복리의 힘이 이름값에 미치는 영향

워런 버핏이 말했다. "복리는 세상에서 가장 강력한 힘이다."

이름값 복리 공식

이름값=작은 행동×(1+일관성)^시간

이것은 돈에만 적용되는 것이 아니다. 이름값에도 복리 효과가 있다. 매일 1줄 일기 쓰기나 주 1회 블로그 포스팅과 같은 작은 행동도 일관성을 유지하며 시간을 더해 반복하게 되면 결국은 습관 형성을 넘어 베스트셀러 작가가 되거나 업계 전문가로 인정 받으며 다양한 기회를 만나게 된다. 그야말로 작은 행동의 놀라운 결괏값이 아닐 수 없다. 눈 덩이 효과의 핵심은 작은 행동부터 시작된다는 것이다.

임계점(Tipping Point) 이론

말콤 글래드웰의 '티핑 포인트Tipping Point', 즉 임계점 이론에 따르면, 작은 변화가 누적되어 특정 지점을 넘으면 극적인 변화가 일어난다.

이름값의 티핑 포인트

- 0~100일: 보이지 않는 변화
- 100~300일: 서서히 드러나는 변화
- 300~500일: 타인이 인정하는 변화
- 500일 이후: 폭발적 성장

이름값의 복리 효과든 임계점 효과든 중요한 것은 놀라운 아이디어가 아니라 사소해 보이는 작은 행동의 누적에서 완성된다는 점이다. 이름값을 만들 생각이라면 이제 생각 말고 즉시 실행에 옮겨야 한다.

세계적 인물들의 작은 실천법

워런 버핏의 '투자 서한' 전략: 50년간의 작은 습관이 만든 거대한 이름값

워런 버핏은 1965년부터 매년 주주 서한을 보냈다.

- 1965년: 2페이지짜리 간단한 보고서

- 1985년: 투자 철학이 담긴 20페이지 서한
- 2005년: 전 세계가 기다리는 투자 교과서
- 2023년: '투자의 바이블'로 불리는 50만 부 배포

작은 시작: 매년 한 번, 몇 페이지 글쓰기

큰 결과: 세계에서 가장 신뢰받는 투자자

BTS의 '기록 남기기' 전략: 무명에서 세계 스타까지, 모든 순간을 기록하다

2013년 데뷔 당시부터 현재까지

- 연습실 영상: 매일 연습 과정 공개
- 무대 기록: 작은 공연부터 빠짐없이 촬영
- 일상 공유: 진솔한 모습을 팬들과 소통

결과: 글로벌 팬덤 형성, 빌보드 1위, 그래미 노미네이트

핵심: 작은 무대의 기록들이 쌓여 글로벌 무대의 증거가 되었다.

말콤 글래드웰의 '10,000시간 법칙' 실천

베스트셀러 작가가 되기까지의 보이지 않는 노력

- 매일 2시간씩 사례 조사
- 1주일에 1개씩 아이디어 정리
- 1달에 1편씩 초고 작성
- 1년에 1권씩 책 완성

20년의 결과: 전 세계 2,000만 부 판매, 5권의 연속 베스트셀러, 세계적인 사회과학 저술가

어떤가? 이름값을 남긴 전 세계의 유명인들도 시작은 '작은 실천'이었다는 것을 기억하라.

신경과학이 밝힌 습관의 힘

MIT 연구팀의 2012년 연구에 따르면, 21일이면 새로운 신경 패턴이 형성되고, 66일이면 습관의 자동화가 완성된다. 그리고 100일간 지속하면 정체성 변화가 시작된다.

즉, 100일간 일관된 행동을 하면 뇌 자체가 바뀐다. 이 이론을 바탕으로 필자는 퍼스널브랜딩 습관 형성을 위해 '브랜드미챌린지21', '하루하나브랜딩 100일 챌린지북', '300프로젝트' 등을 시행해왔다.

특히 사회 심리학의 '인지 일관성 이론'에 따라 사람들은 일관된 행동을 보이는 사람을 더 신뢰한다.

- 예측 가능성: 앞으로의 행동을 예상할 수 있음
- 안정감: 변덕스럽지 않다는 믿음
- 전문성: 한 분야에 집중한다는 인식

행동경제학의 '소유 효과'를 보면 자신이 만든 기록에 대해 사람들은 강한 애착을 갖는다는 것을 알 수 있다.

- 손실 회피: 쌓아온 기록을 잃고 싶어 하지 않음
- 일관성 욕구: 기존 이미지를 유지하려 함

- 자기 강화: 성공 경험이 더 큰 동기부여

한마디로 작은 기록이라도 실천하게 되면 결국 복리 효과나 임계치 법칙에 따라 폭발하는 때를 만나게 된다. 기록된 것에 따라 살려고 하는 인지 일관성에 따라 기록된 대로 사는 사람으로 보이게 되며 결국 그 이미지대로 살려는 일관성 욕구가 강화되어 결국 쓴 대로 사는 사람이라는 인식을 얻게 된다. 즉, 예측 가능해지기 때문에 신뢰가 형성된다는 말이다. 결국 신뢰는 작은 실천에서 비롯되고 그 결괏값이 이름에 더해져 이름값이 강력해지는 것이다.

실천을 막는 7가지 장벽과 해결책

장벽 1: "시간이 없어요."

해결책: 시간 감사 기법

- 1주일간 시간 사용 내역 기록
- 불필요한 시간 낭비 요소 파악
- 하루 15분만 이름값 활동에 투자

장벽 2: "무엇부터 시작해야 할지 모르겠어요."

해결책: 2분 법칙

- 2분 안에 할 수 있는 가장 작은 행동 찾기
- 예: 일기 한 줄 쓰기, 사진 한 장 찍기
- 작은 성공이 큰 동기부여

장벽 3: "완벽하지 않은 것을 보여주기 싫어요."

해결책: 성장 과정 공개

- 완벽한 결과보다 진솔한 과정 공유
- "오늘도 배웠습니다." 마인드셋
- 실패와 학습을 투명하게 기록

장벽 4: "다른 사람들이 뭐라고 할까요."

해결책: 타깃 오디언스 명확화

- 모든 사람이 아닌 특정 그룹에 집중
- 같은 관심사를 가진 사람들과 소통
- 비판보다 응원하는 사람들에 주목

장벽 5: "결과가 바로 보이지 않아요."

해결책: 과정 지표 설정

- 결과보다 과정에 초점
- 매일 실행했는지만 체크
- 작은 변화도 기록하고 축하

장벽 6: "계속 까먹어요."

해결책: 시스템화

- 알림 설정 (앱, 캘린더)
- 환경 조성 (도구 준비)

- 루틴 연결 (기존 습관에 붙이기)

장벽 7: "동기부여가 떨어져요."

해결책: 동기 재충전 시스템

- 성과 리뷰 (주간, 월간)
- 롤모델 사례 수집
- 공개적 약속과 책임감

이제 어떤 핑계도 통하지 않을 실행 동기가 생겼을 것이다.

이름값을 만드는 공식

아는 것×행동=이름값

이 공식에서 핵심은 **곱셈**이다.

- 지식이 100이어도 행동이 0이면 결과는 0
- 지식이 50이어도 행동이 10이면 결과는 500
- 지식이 30이어도 행동이 50이면 결과는 1500

지식만으로는 이름값이 되지 않는다. 행동이 붙을 때, 비로소 이름은 시장에서 통화가 된다.

실행력을 올리는 5가지 방법

- 완벽을 기다리지 마라. 준비된 자보다 시작한 자가 이긴다.
- 작게 시작하라. 큰 계획보다 작은 실행이 강하다.
- 꾸준함을 무기로 삼아라. 재능은 유한하지만 꾸준함은 무한하다.
- 기록을 남겨라. 기록되지 않은 것은 존재하지 않은 것과 같다.
- 공유하라. 혼자만의 성장은 한계가 있다.

결국 행동에 따라 이름값의 편차가 엄청 커진다는 것을 확인할 수 있을 것이다. 완벽한 지식을 기다리지 말고, 불완전해도 행동하라.

지금이 바로 그 순간이다. 이 글을 읽는 지금 이 순간, 당신은 중요한 갈림길에 서 있다.

왼쪽 길: 책을 덮고, '좋은 내용이었어.'라고 생각하며 일상으로 돌아가는 길

오른쪽 길: 지금 당장 첫 번째 행동을 시작하는 길

2019년 테드TED 강연에서 메트 커츠Matt Cutts의 '30일 도전'이 화제가 되었다. 그는 말했다. "30일은 새로운 습관을 만들거나 나쁜 습관을 버리기에 충분한 시간이다. 30일 후 당신은 지금과 완전히 다른 사람이 될 것이다." 당신의 이름값 여정이 지금 시작된다. 첫 번째 행동을 오늘 시작하라. 그리고 그것을 기록하라. 당신의 이름이 세상에 가치를 새기는 순간이다.

"모든 전문가는 한때 초보자였다. 모든 프로는 한때 아마추어였다.
모든 아이콘은 한때 무명이었다. 하지만 그들은 모두 시작했다."

- 로빈 샤르마(Robin Sharma)

전문가 조언: 이름값 실천의 고급 전략

심리학자 조언: "정체성 기반 습관 만들기"
제임스 클리어(James Clear)의 아토믹 해빗 이론 적용

"나는 ___한 사람이다."라는 정체성을 먼저 설정하라.

- 잘못된 설정: "나는 글을 써야 해."
- 올바른 설정: "나는 작가다."
- 정체성이 바뀌면 행동이 자연스럽게 따라온다.

마케팅 전문가 조언: "개인 브랜딩의 핵심"
게리 바이너척(Gary Vaynerchuk)의 개인 브랜딩 공식

개인 브랜드=일관성×진정성×가치 제공×시간

- 일관성: 같은 메시지를 반복적으로
- 진정성: 가짜가 아닌 진짜 모습으로
- 가치 제공: 타인에게 도움이 되는 내용으로
- 시간: 충분히 오랫동안

성공학 전문가 조언: "복합적 성장 전략"
티모시 페리스(Timothy Ferriss)의 메타 러닝 기법

- 디컨스트럭션: 복잡한 기술을 작은 단위로 분해
- 셀렉션: 20%의 핵심 요소에 집중
- 시퀀싱: 올바른 순서로 학습
- 스테이크스: 실패 시 손실을 만들어 동기부여

FAQ: 이름값 실천 과정에서 자주 묻는 질문들

Q1. "매일 실천하기 어려운데, 주 3~4회로도 괜찮나요?"
A: 매일이 이상적이지만, 주 3~4회라도 일관성을 유지하는 것이 중요합니다. 중요한 것은 중단하지 않는 것입니다. 다만 간격이 벌어질수록 습관 형성이 어려워지므로, 점진적으로 빈도를 늘려가세요.

Q2. "SNS에 개인적인 내용을 공개하는 게 부담스러워요."
A: 개인적인 내용이 아닌 전문적인 내용부터 시작하세요. 학습한 내용, 업무 인사이트, 업계 트렌드 분석 등은 개인 프라이버시와 무관하면서도 충분히 가치 있는 콘텐츠입니다.

Q3. "결과가 바로 보이지 않아서 포기하고 싶어요."
A: 이름값은 복리 효과를 보입니다. 처음 2~3개월은 변화가 미미하지만, 임계점을 넘으면 급격한 성장을 경험하게 됩니다. 과정 자체에 집중하고, 작은 변화도 기록해서 성취감을 느끼세요.

Q4. "다른 사람들과 비교되어서 자신감이 떨어져요."
A: 비교는 동기부여 수단이지 목적이 아닙니다. 타인이 아닌 어제의 자신과 비교하세요. 각자의 시작점과 상황이 다르므로, 자신만의 속도로 성장하는 것이 중요합니다.

Q5. "업무가 바빠서 시간을 내기 어려워요."
A: 시간을 '만드는' 것이 아니라 '찾는' 관점으로 접근하세요. 출퇴근 시간, 점심시간, 잠들기 전 10분 등을 활용하세요. 하루 15분만 투자해도 1년이면 90시간의 이름값 활동이 가능합니다.

가치 선언문을 써라

무명 배우가 세계적 스타가 되기까지

1976년, 30세의 무명 배우 실베스터 스탤론이 작은 쪽지에 이런 문장을 적었다.

"나는 사람들에게 희망을 주는 영화를 만든다."

그때 그는 집세도 낼 수 없어서 아내의 보석을 팔아야 했다. 하지만 이 한 문장이 그의 모든 선택을 바꿨다. 영화 〈록키〉의 각본을 써도 주연 조건을 포기하지 않았고, 〈록키〉의 성공 후에도 같은 가치관으로 영화를 만들어갔다.

40년이 지난 지금, 실베스터 스탤론의 이름은 '희망'과 동의어가 되었다. 하나의 선언문이 한 사람의 이름값을 평생 이끌어간 것이다.

왜 가치 선언문이 필요한가 – 생각과 선언 사이의 결정적 차이

사람들은 대개 이렇게 말한다. "나는 성실한 사람이 되고 싶다.", "나는 신뢰받는 전문가가 되고 싶다.", "나는 따뜻한 리더가 되고 싶다." 하지만 다음과 같은 질문을 해 보자.

"그래서 당신의 이름은 어떤 가치를 담고 있습니까?"

침묵이 흐른다. 대부분 대답하지 못한다. 이유는 간단하다. 생각은 있지만, 선언은 없기 때문이다.

가치 선언문은 내 이름의 방향성을 정하는 이름값의 헌법이다. 헌법이 없는 국가가 혼란스럽듯, 가치 선언이 없는 이름은 흔들린다. 오늘은 성실하다가, 내일은 창의적이다가, 모레는 또 다른 무언가가 되려고 한다. 결국 아무것도 되지 못한다. 다음 두 컨설턴트를 비교해 보자.

A컨설턴트의 5년

- 목표: "성공하고 싶다"

- 현실: 매년 다른 전문 분야 도전

- 결과: 여전히 초급 컨설턴트

B컨설턴트의 5년

- 선언문: "나는 중소기업의 성장을 돕는 컨설턴트다"

- 현실: 중소기업 특화 전문성 축적

- 결과: 업계 1위 중소기업 컨설팅 펌 대표

같은 능력, 같은 시간을 투자했지만 결과는 완전히 달랐다. 차이를 만든 것은 명확한 가치 선언이었다.

심리학이 증명한 선언의 힘

미국 캘리포니아대 연구(2011)에 따르면, 목표를 '마음속으로만 생각한 그룹'보다 목표를 '글로 써서 선언한 그룹'이 42% 더 높은 성취율을 보였다. 즉, 가치 선언문은 단순한 다짐이 아니라, 행동을 이끌어내는 심리적 계약이다. 그뿐이 아니다. 스탠퍼드 대학교 신경과학과의 연구에 따르면, 목표를 글로 쓰는 순간 뇌에서 놀라운 변화가 일어난다.

1 . RAS^{Reticular Activating System} 활성화
- 뇌가 목표와 관련된 정보에 민감해짐
- 기회를 포착하는 능력 향상

2. 전전두엽 강화
- 의사결정 능력 개선
- 충동 조절 능력 증가

3. 해마 기능 활성화
- 목표 관련 기억 강화
- 학습 능력 향상

즉, 가치 선언문은 단순한 다짐이 아니라 뇌 구조를 바꾸는 심리적 계약이다. 하버드 MBA의 목표 설정과 관련된 연구 결과도 흥미롭다. 1979년 하버드 경영대학원 MBA 졸업생들을 대상으로 한 유명한 연구가 있다.

졸업 시점 조사

- 84%: 목표 없음
- 13%: 목표 있지만 기록하지 않음
- 3%: 목표를 글로 기록함

10년 후 추적 조사

- 13% 그룹의 평균 소득: 84% 그룹의 2배
- 3% 그룹의 평균 소득: 84% 그룹의 10배

명확하게 기록된 목표가 10배의 차이를 만들어낸 것이다. 결국 **차이는 목표의 유무가 아니라 선언의 유무**에서 갈린다.

가치 선언문 작성의 3단계 시스템

1. 핵심 가치 선택하기

내가 이름과 연결하고 싶은 1~2가지 핵심 가치를 고른다. 가치는 많을수록 좋은 것이 아니다. 선택과 집중이 핵심이다.

예: 성실, 창의, 신뢰, 따뜻함, 전문성, 배움 등

2. 구체적 문장으로 표현하기

"나는 시간을 지키는 사람이다.", "나는 문제를 해결하는 사람이다."
와 같이 좋은 가치 선언문의 특징은 행동이 보여야 한다.

가치 선언문 작성 공식

"나는 [대상]에게 [가치]를 제공하는 [정체성]이다."

3. 보이는 곳에 두기

가치 선언문은 나만의 일기장에 묻히지 않는다.

책상 앞, 휴대폰 메모, 블로그 소개란 등 항상 눈에 띄는 곳에 두어야
한다. BTS의 가치 선언문을 보자.

"우리의 이야기를 음악으로 전한다."

선언의 독창성
- 기존 아이돌과 차별화된 메시지
- 진정성 있는 스토리텔링
- 팬들과의 진솔한 소통

실현 과정
- 사회적 메시지가 담긴 앨범 제작
- 유엔 연설을 통한 메시지 확산
- 'Love Yourself' 캠페인 전개

결과: BTS=메시지가 있는 음악의 대명사

직업별 가치 선언문 베스트 프랙티스

1. 취업 준비생

효과적인 선언문 예시

- "나는 맡은 일은 끝까지 책임지는 사람이다."
- "나는 팀의 성공을 위해 협력하는 인재다."
- "나는 문제를 기회로 바꾸는 사고력을 가진 사람이다."

활용 전략

- 자기소개서에 핵심 메시지로 활용
- 면접에서 구체적 경험과 연결
- 포트폴리오 전체를 관통하는 테마로 설정

2. 프리랜서

효과적인 선언문 예시

- "나는 고객의 문제를 해결하는 디자이너다."
- "나는 브랜드의 가치를 시각으로 번역하는 전문가다."
- "나는 고객의 성공이 나의 성공인 파트너다."

활용 전략

- 포트폴리오 사이트 메인 메시지
- 클라이언트 미팅 시 첫인사
- 프로젝트 제안서 도입부

3. 자영업자

효과적인 선언문 예시

- "나는 손님의 하루를 행복하게 만드는 사장님이다."
- "나는 지역사회에 꼭 필요한 가게를 운영한다."
- "나는 고객의 건강과 행복을 책임지는 서비스를 제공한다."

활용 전략

- 매장 인테리어에 자연스럽게 표현
- 직원 교육의 핵심 가치로 활용
- 고객 서비스 기준 설정

4. 직장인

효과적인 선언문 예시

- "나는 팀의 신뢰를 지키는 동료다."
- "나는 조직의 목표 달성에 기여하는 전문가다."
- "나는 후배들에게 영감을 주는 선배다."

활용 전략

- 업무 의사결정 기준으로 활용
- 사내 발표나 회의에서 일관된 메시지 전달
- 인사평가 자료 작성 시 핵심 논리

이렇게 선언된 문장은, 나의 행동 지침이 되고, 사람들에게 내 이름값이 어떤 의미인지 선명하게 각인된다.

가치 선언문 활용법

- **의사결정 기준**: 선택의 순간, 가치 선언문을 기준으로 결정한다.
- **자기 점검 도구**: 하루를 마칠 때, 오늘 행동이 가치 선언과 일치했는지 점검한다.
- **브랜딩 메시지**: 자기소개, 프로필, 포트폴리오에 가치 선언문을 활용한다.

가치는 선언될 때 행동으로 이어지고, 행동이 증거로 남는다. 이 공식의 핵심은 선언이다.

생각 → 선언 → 행동 → 증거 → 이름값

- 생각만 하면: 사라진다.
- 선언하면: 실천 압력이 생긴다.
- 행동하면: 변화가 시작된다.
- 증거가 남으면: 신뢰가 쌓인다.
- 이름값이 생기면: 기회가 찾아온다.

가치 없는 이름은 공허하고, 선언 없는 가치는 사라진다. 가치 선언문은 이름값을 키우는 첫 출발선이다.

선언이 만드는 기적

2009년, 28세의 평범한 회사원 사이먼 시넥Simon Sinek이 TEDx에서

18분짜리 강연을 했다. 주제는 "위대한 리더들이 행동을 이끌어내는 법"이었다. 그의 핵심 메시지는 간단했다.

"사람들은 당신이 무엇을 하는지에 대해 사지 않는다. 당신이 왜 하는지에 대해 산다."

이 선언은 그의 인생을 완전히 바꿨다. 13년이 지난 지금, 그 강연은 5천만 회 이상 조회되었고, 사이먼 시넥은 세계적인 리더십 구루가 되었다. 하나의 명확한 선언이 한 사람의 운명을 바꾼 것이다.

- 나는 지금 내 이름을 어떤 가치와 연결하고 싶은가?
- 그 가치를 단 하나의 문장으로 선언한다면, 어떤 문장이 될까?
- 내 가치 선언문은 지금 어디에 놓여 있는가? 나만 알고 있는가, 아니면 세상도 알 수 있는가?

가치 선언문은 이름값의 출발선이다. 지금 당장 당신만의 선언문을 써라. 그리고 그것을 세상이 볼 수 있는 곳에 두어라. 당신의 이름값 여정이 이 선언문에서 시작된다.

가치 선언문 작성 워크숍

Step 1: 가치 브레인스토밍 (10분)

내가 중요하게 생각하는 모든 가치를 적어보라.

예시 가치 목록: 성실, 신뢰, 창의, 배움, 도전, 소통, 협력, 리더십, 전문성, 책임감, 열정, 겸손, 정직, 인내, 혁신, 효율, 균형, 성장, 기여, 영향력

Step 2: 가치 우선순위 설정 (5분)

브레인스토밍한 가치 중 상위 3가지를 선택하라.

선택 기준:

가장 자연스럽게 느껴지는 것

평생 실천하고 싶은 것

나만의 독특함이 있는 것

Step 3: 가치 선언문 초안 작성 (10분)

나는 [누구에게] [어떤 가치]를 제공하는 [어떤 사람]이다.

3가지 버전을 작성해보라.

Step 4: 선언문 검증 (5분)

각 버전에 대해 다음을 확인하라.

[   ] 구체적인가?

[   ] 측정 가능한가?

[   ] 진정성이 있는가?

[   ] 차별화되는가?

[   ] 지속 가능한가?

Step 5: 최종 선언문 확정 (3분)

가장 높은 점수를 받은 선언문을 선택하라.

작은 행동을
습관으로 만들어라

매일 새벽 4시 30분의 기적

2009년, 무명의 팟캐스터 팀 페리스Tim Ferriss가 매일 새벽 4시 30분에 일어나 한 가지 일을 시작했다. 바로 **5분간 명상**이었다. 처음에는 아무도 주목하지 않았다. 하지만 그는 이 작은 습관을 단 한 번도 빠뜨리지 않았다. 명상 후에는 반드시 트위터에 간단한 메모를 남겼다.

"Day 1: 5 minutes of meditation. Clarity is coming."

"Day 100: Still meditating. Ideas flow better now."

"Day 365: One year of consistency. Mind completely changed."

5년 후, 팀 페리스는 세계적인 생산성 구루가 되었다. 그의 책『4시간 근무』는 베스트셀러가 되었고, 그의 팟캐스트는 수억 회 다운로드

되었다.

단 5분의 작은 습관이 한 사람의 인생을 완전히 바꾼 것이다.

사람들은 묻는다. "어떻게 그렇게 생산적이 될 수 있었나요?" 팀 페리스의 대답은 간단하다. "큰 목표가 아니라 작은 습관이 나를 만들었습니다."

사람들은 큰 목표를 세우고, 그것을 이루지 못해 좌절한다. 하지만 이름값은 큰 결심에서 오지 않는다. 작은 행동이 습관으로 굳어질 때 비로소 이름값이 만들어진다. 심리학의 아버지 윌리엄 제임스William James는 100년 전에 이미 이 진리를 간파했다. "우리는 습관의 집합체다. 우리가 반복적으로 하는 행동이 우리 자신을 만든다." **즉, 오늘의 습관이 내일의 이름값을 결정한다.**

왜 습관이 이름값의 핵심인가

사람들은 큰 목표를 세우고, 그것을 이루지 못해 좌절한다.

- "올해는 책을 50권 읽겠다." → 3권에서 포기
- "매일 2시간씩 운동하겠다." → 1주일에서 중단
- "완벽한 포트폴리오를 만들겠다." → 시작도 못함

문제는 의지력에만 의존하는 것이다. 의지력은 근육처럼 피로해진다. 아침에는 강했던 의지가 저녁에는 약해진다. 두 명의 디자이너 이야기를 통해 습관이 어떻게 이름값을 만드는지 알아보자.

A 디자이너 - '큰 계획'의 함정

- 목표: 올해 안에 완벽한 포트폴리오 사이트 제작
- 현실: 3개월째 기획 단계에서 머물러 있음
- 결과: 1년 후에도 여전히 '곧 완성될' 포트폴리오

B 디자이너 - '작은 습관'의 힘

- 습관: 매일 30분씩 작은 디자인 작업 후 인스타그램 업로드
- 현실: 365일=365개의 작품 공개
- 결과: 1년 후 팔로워 5만 명, 프리미엄 클라이언트 대기 리스트

같은 재능, 같은 시간을 가졌지만 결과는 완전히 달랐다. 차이를 만든 것은 작은 습관의 힘이었다.

작은 행동의 힘

- 하루 10분 독서 → '꾸준히 배우는 사람'이라는 증거
- 약속 시간을 지키는 습관 → '신뢰할 수 있는 사람'이라는 증거
- 업무 마감 전 체크리스트 → '철저한 사람'이라는 증거

이 작은 행동들은 눈에 띄지 않지만, 꾸준히 쌓일 때 강력한 평판으로 전환된다.

하버드 경영대학원 연구(2014)에 따르면, "작은 습관을 꾸준히 실천하는 사람은 그렇지 않은 사람보다 5배 더 높은 신뢰 점수를 받는다."

습관의 장점은 '생각하지 않아도 행동이 반복된다'는 것이다. 즉, 한 번 습관이 되면, 자동으로 증거가 축적된다.

- '매일 아침 운동하는 사람'은 건강관리의 증거를 자동으로 쌓는다.
- '매일 배운 것을 기록하는 사람'은 성장의 증거를 자동으로 남긴다.
- '매일 인사하는 사장님'은 친절의 증거를 자동으로 증명한다.

습관은 뇌가 에너지를 절약하면서도 일관된 행동을 보장하는 최적의 시스템이다.

세계적 인물들의 습관 철학

워런 버핏: 매일 500페이지 읽기

- 습관의 내용: 매일 신문 5개, 보고서 수십 개, 책 1권 독서
- 소요 시간: 하루 6~8시간
- 지속 기간: 60년 이상
- 결과로 얻은 이름값: 가장 박식한 투자자, 정보에 기반한 의사결정자, 끝없이 배우는 학습자
- 버핏의 명언: "지식은 복리처럼 쌓인다. 매일 조금씩 읽는 것이 가끔 많이 읽는 것보다 낫다."

마야 안젤루: 매일 같은 시간, 같은 장소에서 글쓰기

- 습관의 내용: 오전 6시 30분, 호텔 방에서 2시간 글쓰기

- 특이사항: 벽지와 그림을 모두 제거한 방에서만 작업
- 지속 기간: 30년간 지속
- 결과로 얻은 이름값: 가장 꾸준한 시인, 규칙적인 창작자, 전문적인 작가
- 안젤루의 철학: "영감은 아마추어를 위한 것이다. 프로는 매일 나타난다."

BTS: 매일 연습 과정 기록하고 공유

- 습관의 내용: 연습실 영상, 비하인드 스토리, 일상 공유
- 플랫폼: 유튜브, 트위터, V LIVE
- 지속 기간: 데뷔 전부터 현재까지 10년
- 결과로 얻은 이름값: 노력하는 아티스트, 팬과 소통하는 그룹, 성장하는 뮤지션
- RM의 말: "작은 것들을 기록하고 공유하는 것이 우리를 여기까지 오게 했다."

작은 습관의 나비효과

2015년, 평범한 회사원 김영수(가명) 씨가 매일 아침 업계 뉴스를 정리해서 팀원들에게 공유하는 습관을 시작했다. 처음에는 5분짜리 간단한 요약이었다. 6개월 후, 다른 부서에서도 그의 뉴스레터를 요청했다. 1년 후, 전 직원이 그의 뉴스레터를 기다렸다. 2년 후, 업계 언론에서 인터뷰 요청이 들어왔다. 3년 후, 그는 마케팅 전문가로 인정받아

헤드헌터의 스카우트 제안을 받았다. 단 5분의 작은 습관이 한 사람의 커리어를 완전히 바꾼 것이다.

과학적으로 검증된 습관 만들기 3단계

1. 작게 시작하라 Start Small

인간의 뇌는 큰 변화를 거부하지만 작은 변화는 저항 없이 받아들인다.

- 하루 1시간 운동 대신, 하루 5분 스트레칭하기.
- 큰 목표는 작게 쪼개야 유지된다.

스탠포드 대학교의 BJ 포그 BJ Fogg 교수의 연구에 따른 2분 규칙이 습관 만들기에 도움이 된다. 이는 새로운 습관은 2분 이내로 시작하라는 것이다. 30분 이상 습관의 성공률이 23%인데 반해 2분 습관의 성공률은 89%에 달한다.

2. 환경을 설계하라 Design Environment

습관은 의지력보다 환경의 영향을 더 많이 받는다.

- 책을 읽고 싶다면, 책을 침대 옆에 둬라.
- 습관은 의지보다 환경의 영향을 더 많이 받는다.

구글의 '넛지Nudge 실험'을 살펴보면 환경이 얼마나 중요한지 알 수 있다. 구글 직원 식당에서 진행한 이 실험은 건강한 음식을 눈높이에 배치했고, 건강하지 않은 음식을 낮은 곳에 배치했다. 그 결과 건강한 음식 선택률이 40% 증가했다. 즉, 환경이 바뀌면 행동이 자동으로 바뀐다.

3. 기록하고 보상하라 Track & Reward

측정되는 것이 관리된다. 보상받는 행동이 반복된다.

- 체크리스트, 달력, 앱으로 습관을 기록하라.
- 작은 성취에도 스스로 보상하라.

작은 행동×반복=자동 증거

이 공식의 핵심은 **자동화**이다.

의식적 행동 → 반복 → 습관화 → 자동 증거 → 이름값

- **한 번의 행동**: 우연이다.
- **몇 번의 반복**: 노력이다.
- **습관화된 행동**: 정체성이다.
- **자동화된 증거**: 평판이다.
- **확고한 평판**: 기회를 부른다.

한 번의 행동은 우연이지만, 습관은 평판이 되고, 평판은 기회를 부른다. **습관은 이름값을 만드는 가장 강력한 엔진이다.**

습관이 만드는 운명

고대 그리스 철학자 아리스토텔레스는 2300년 전에 이미 이 진리를 알고 있었다.

"우리는 반복적으로 하는 행동의 결과다. 따라서 탁월함은 행위가 아니라 습관이다."

현대 신경과학이 증명한 것은 아리스토텔레스가 이미 통찰한 것과 같다. **우리는 습관의 집합체이며, 습관이 우리의 운명을 만든다.**

- 나는 지금 어떤 작은 행동을 습관으로 만들 수 있을까?
- 그 습관이 1년 뒤 내 이름값에 어떤 증거를 남길까?
- 내 환경은 그 습관을 돕고 있는가, 방해하고 있는가?

작은 습관이 자동으로 증거를 쌓는다. 당신의 첫 번째 작은 습관을 오늘 시작하라. 그리고 그것을 기록하라. 30일 후, 당신은 새로운 사람이 되어 있을 것이다.

"훌륭한 것들은 작은 시작에서 나온다."

기록 습관이
이름값을 만든다

하루 15분이 만든 기적

2018년, 평범한 회사원 박지연(가명) 씨가 작은 결심을 했다. 매일 퇴근 후 15분간 오늘 배운 것 한 가지를 노션에 기록하는 것이었다.

첫 번째 기록은 이랬다. "2018년 3월 15일 - 엑셀 VLOOKUP 함수 배움. 데이터 매칭이 이렇게 쉬운 줄 몰랐다." 단순해 보이는 한 줄이었다. 하지만 그녀는 단 하루도 빠뜨리지 않고 이 기록을 이어갔다.

1년 후, 그녀의 노션에는 365개의 학습 기록이 쌓여 있었다. 2년 후, 그 기록들이 모여 체계적인 개인 위키가 되었다. 3년 후, 동료들이 업무 관련 궁금한 것이 있으면 박지연 씨를 찾았다.

2021년, 회사에서 데이터 분석 전문가를 찾을 때 모든 시선이 그녀에게 향했다. 이유는 간단했다. 3년간의 기록이 그녀의 전문성을 증명했기 때문이다. 승진 면접에서 인사팀장이 물었다. "어떻게 이렇게 체계적으로 지식을 관리하셨나요?" 박지연 씨는 담담히 답했다. "매일 15분씩 배운 것을 기록했을 뿐입니다." **하루 15분의 기록 습관이 한 사람의 커리어를 완전히 바꾼 것이다.**

사람들은 종종 이렇게 하소연한다. "나도 열심히 했는데, 아무도 몰라준다.", "나도 많이 노력했는데, 인정받지 못한다.", "내가 한 일들이 제대로 평가받지 않는다."

그 이유는 생각보다 간단하다. **증거가 기록되지 않았기 때문이다.**

기록과 기억의 차이

노벨경제학상 수상자 다니엘 카너먼Daniel Kahneman은 『생각에 관한 생각』에서 충격적인 사실을 밝혔다.

"인간은 실제 경험보다 기록된 기억을 더 오래, 더 정확히 신뢰한다."

인간 기억의 특성

- 시간이 지날수록 왜곡됨
- 감정 상태에 따라 변화함
- 선택적으로만 기억함
- 3일 후 70% 잊어버림

기록된 정보의 특성

- 시간이 지나도 변하지 않음

- 객관적 사실을 보존함
- 모든 디테일을 저장함
- 영구적으로 보관됨

결론적으로 내가 한 행동도 **남겨진 기록이 없다면 잊히고,** 작은 행동도 **기록되면 증거로 남는다.**

기록은 증거의 저장소

우리의 모든 행동은 시간과 함께 사라진다.

- 약속을 지킨 행동 → 기록되지 않으면 일시적 기억에 불과하다.
- 프로젝트에서 노력한 과정 → 기록되지 않으면 평가받을 수 없다.
- 성실히 공부한 시간 → 기록되지 않으면 스스로도 잊는다.

하지만 기록은 다르다.

- 업무 일지 한 장이 '책임감 있는 직원'이라는 증거가 된다.
- 블로그 글 하나가 '꾸준히 배우는 전문가'라는 증거가 된다.
- SNS 사진 한 장이 '실천하는 사람'이라는 증거가 된다.

기록은 곧 나의 포트폴리오

채용 담당자는 말한다. "말로만 열심히 했다는 지원자는 믿기 어렵다. 기록이 필요하다."

고객은 말한다. "포트폴리오를 보니, 신뢰가 간다."

실제로 프리랜서 플랫폼 설문조사 결과(2022)를 보면 기록의 힘을 알 수 있다.

- 포트폴리오가 체계적인 전문가 선택률: 73%
- 과정을 투명하게 공개하는 전문가 재의뢰율: 89%
- 기록이 풍부한 전문가 추천율: 84%

기록이 쌓이면 고객의 신뢰를 확보하게 되고 그것이 곧 내 이름의 신뢰 자산이 된다. 기록은 단순한 메모나 저장의 도구가 아니다. 수많은 연구 결과가 증명하듯, 기록은 창의성과 성과, 신뢰를 증폭시키는 강력한 전략이다.

하버드 대학교의 2019년 연구에서는 비즈니스 전문가 300명을 두 그룹으로 나누어 실험을 진행했다. A그룹은 업무 과정을 매일 기록했고, B그룹은 기록 없이 업무만 수행했다. 1년간의 추적 관찰 결과는 놀라웠다. 기록을 한 A그룹은 업무 효율성이 B그룹보다 23% 높았고, 문제 해결 능력은 34% 더 뛰어났다. 특히, 동료에게 신뢰받는 정도는 41% 더 높았으며, 승진 확률은 무려 2.3배나 높게 나타났다.

또한 MIT의 2020년 연구는 기록이 창의성과 혁신에 어떤 영향을 미치는지 조명했다. 이 연구에 따르면, 기록하는 사람은 그렇지 않은 사람보다 28% 더 창의적이며, 과거 기록을 참조하는 사람은 42% 더 혁신적인 아이디어를 제시했다. 기록 습관이 있는 팀은 없는 팀보다 33% 더 높은 성과를 내는 것으로 나타났다.

기록의 3가지 파워

1. 축적의 힘Accumulation Power

- 하나하나는 작지만 모이면 거대해짐
- 시간이 지날수록 가치가 증가함
- 복리 효과로 기하급수적 성장

2. 증명의 힘Proof Power

- 말보다 강한 설득력 보유
- 객관적 사실로 신뢰도 확보
- 구체적 근거로 전문성 입증

3. 전파의 힘Spread Power

- 다른 사람들이 쉽게 공유 가능
- 네트워크를 통한 자연스러운 확산
- 바이럴 효과로 영향력 확대

역사가 증명한 기록의 위대한 힘

레오나르도 다 빈치: 13,000페이지의 노트

그의 이름이 '천재의 상징'이 된 것은 작품뿐 아니라 방대한 기록 덕분이었다. 기록이 없었다면 우리는 다 빈치의 사고 과정을 알 수 없었을 것이다.

- 평생 작성한 노트: 13,000페이지 이상
- 주제: 해부학, 공학, 건축, 회화, 음악, 수학
- 특징: 거울 문자로 작성한 독특한 기록 방식

기록이 만든 이름값: 르네상스의 천재, 역사상 가장 창의적인 인물, 과학과 예술을 결합한 선구자

마리 퀴리: 실험 일지에 담긴 과학적 엄밀성

그녀의 실험 일지는 100년이 지난 지금도 과학사 연구의 핵심 자료다. 기록이 그녀의 과학적 신뢰를 영원히 보장해주고 있다.

- 매일의 실험 과정을 상세히 기록
- 실패한 실험도 빠짐없이 기록
- 방사선 연구로 인해 지금도 방사능을 띠는 노트

기록이 만든 이름값: 가장 엄밀한 과학자, 최초의 여성 노벨상 수상자, 과학적 정직성의 표본

결론적으로, 기록은 단순한 데이터 저장이 아니라, **생각을 정리하고**

창의성을 확장하며, 결과를 증폭시키는 도구다. 이름값을 만들고 싶은 사람이라면, 기록 습관부터 시작해야 한다.

기록 습관 만들기 3단계 시스템

1단계: 매일 짧게 기록하기 Daily Micro-Recording

긴 글이 아니라 한 줄 요약, 사진 한 장이면 충분하다.

핵심 원칙: 완벽함보다 지속성

3줄 기록법

- 1줄: 오늘 한 일 중 가장 중요한 것
- 1줄: 그것에서 배운 점
- 1줄: 내일 적용할 점

5분 기록법

- 2분: 오늘의 핵심 활동 정리
- 2분: 감정과 생각 기록
- 1분: 사진이나 링크 첨부

2단계: 형식보다 지속이 우선 Consistency Over Perfection

가천대 연구 결과(2021)를 보면, 간단한 기록을 한 사람의 지속률은 73%로 완벽한 기록을 시도한 사람의 지속률 15%보다 더 높게 나타난다는 것을 알 수 있다.

실패하는 접근법

- 완벽한 템플릿 만들기에 3시간 소모
- 아름다운 디자인에 집착
- 전문가 수준의 글쓰기 시도

성공하는 접근법

- 간단한 메모장에서 시작
- 모바일 메모 앱 활용
- 음성 메모나 사진도 OK

3단계: 플랫폼 선택과 최적화 Platform Selection & Optimization

기록은 자신이 꾸준히 이어갈 수 있는 도구를 선택해야 한다.

기록 플랫폼별 특징과 활용법

플랫폼	특징	적합한 사람	활용 팁
노션	체계적, 다양한 포맷	체계를 좋아하는 사람	템플릿 활용, 데이터베이스 연동
에버노트	검색 강력, 멀티미디어	정보 정리를 중시하는 사람	태그 시스템, 웹 클리핑
블로그	공개성, SEO 효과	전문성을 알리고 싶은 사람	꾸준한 포스팅, 키워드 최적화
SNS	즉시성, 네트워크 효과	소통을 중시하는 사람	스토리 활용, 해시태그 전략
음성메모	편의성, 즉시 기록	바쁜 일상을 가진 사람	이동 중 활용, 나중에 텍스트 변환

개인 브랜딩의 새로운 공식:

개인 브랜드=일관된 기록×시간×네트워크 효과

앞으로는 개인의 기록이 AI와 결합되어 개인화된 지식 시스템으로 진화할 것으로 예측된다.

습관이 증거를 만들고, 기록이 증거를 지켜준다

이 공식의 핵심은 보존이다.

행동 → 습관 → 기록 → 증거 → 신뢰 → 기회

- **행동만 있으면**: 순간이다.
- **습관이 더해지면**: 일관성이다.
- **기록이 더해지면**: 증거가 된다.
- **증거가 쌓이면**: 신뢰가 생긴다.
- **신뢰가 확보되면**: 기회가 온다.

습관이 없으면 증거가 없고, 기록이 없으면 증거는 사라진다. 기록은 이름값을 축적하고 보존하는 가장 강력한 장치다.

기록이 쓰는 나의 역사

고대 이집트에서 파라오의 서기관들은 가장 존경받는 직업 중 하나였다. 왜일까? 그들이 역사를 기록했기 때문이다. 3000년이 지난 지금도 우리가 고대 이집트를 알 수 있는 것은 서기관들이 남긴 기록 덕분이다.

- 나는 오늘 어떤 행동을 기록으로 남겼는가?
- 내 기록은 시간이 지난 뒤에도 증거로 작동할 수 있는가?
- 기록이 내 이름값의 자산 창고를 채우고 있는가?

기록 습관이 곧 이름값의 창고를 채운다. 당신의 첫 번째 기록을 오늘 시작하라. 그리고 그것을 내일도, 모레도 계속하라. 당신의 이름값은 오늘의 기록에서 시작된다.

기록하는 자가 역사를 만든다. 당신만의 역사를 써라. 지금 당신이 하는 기록이 10년 후 당신의 역사가 될 것이다. 2025년의 기록이 2035년의 당신을 증명할 것이다. 사소해 보이는 오늘의 메모가 내일의 기회를 불러올 것이다. 작은 성취의 기록이 큰 성공의 발판이 될 것이다. 일상의 성실한 기록이 평생의 신뢰 자산이 될 것이다.

작은 무대라도
증거로 만들어라

월급 65만 원 아르바이트생의 기적

2019년 겨울, 22세 대학생 최민준(가명) 씨가 편의점 야간 아르바이트를 시작했다. 시급 8,350원, 주 5일 근무로 월급은 겨우 65만 원이었다. 친구들은 말했다. "그냥 돈만 받고 나와. 어차피 아르바이트잖아." 하지만 최민준 씨는 달랐다. 매일 점포 운영 일지를 작성했고, 고객 응대 방식을 개선했으며, 진열과 청소를 남다르게 꼼꼼히 했다. 그리고 그 과정을 모두 기록했다.

"Day 1: 첫 야간근무. 새벽 3시 취객 응대 방법 학습."

"Day 30: 진열 효율성 20% 개선. 사진으로 Before & After 기록."

"Day 100: 단골 고객 15명 생김. 이름과 선호 상품까지 기억."

6개월 후, 점주는 그에게 매니저 제안을 했다. 하지만 더 놀라운 일은 그다음에 벌어졌다. 1년 후, 그가 대기업 인턴 면접에서 자신의 편의점 경험을 포트폴리오로 제시했을 때, 면접관들의 반응은 폭발적이었다. "아르바이트를 이렇게 체계적으로 분석하고 개선한 지원자는 처음 봅니다." 결국 전체 지원자 300명 중 1등으로 합격. 현재 그 회사의 막내 팀장이다.

작은 무대에서 만든 증거가 인생을 바꾼 것이다. 결국 차이를 만든 것은 재능이 아니라 작은 무대를 대하는 태도였다.

작은 무대가 이름값의 핵심

농구의 전설 마이클 조던은 말했다. "나는 매 경기마다, 심지어 연습 경기에서도 최선을 다했다. 왜냐하면 모든 경기가 내가 누구인지를 보여주는 무대였기 때문이다." 조던의 전 코치 필 잭슨은 이렇게 증언했다. "조던이 위대한 이유는 큰 경기에서만 잘한 것이 아니라, 작은 연습 게임에서도 똑같은 강도로 임했기 때문이다. 그것이 그를 '농구의 신'으로 만든 진짜 이유다."

세계 최고의 투자자 워런 버핏도 비슷한 철학을 가지고 있다. "나는 1000달러 투자를 할 때나 10억 달러 투자를 할 때나 같은 원칙으로 분석한다. 금액의 크기가 아니라 분석의 질이 성과를 결정한다." 버핏의 파트너 찰리 멍거는 덧붙였다. "버핏이 성공한 이유는 작은 투자에서도 큰 투자와 같은 수준의 연구를 했기 때문이다. 그 습관이 큰 성공의 토대가 되었다."

일본에는 '쇼쿠닌職人' 문화가 있다. 어떤 일이든 최고 수준까지 끌어 올리는 장인 정신이다. 도쿄의 한 초밥 장인 지로 오노(Jiro Ono)는 95세가 되어서도 매일 새벽 4시에 일어나 생선을 고른다. 그에게 물었다. "이제 충분히 유명해졌는데 왜 아직도 그렇게 하시나요?" 지로는 대답했다. "오늘 만드는 초밥이 처음 만드는 초밥이라고 생각한다. 손님이 한 명이든 백 명이든 내가 할 수 있는 최고를 보여주고 싶다." **이것이 바로 작은 무대의 철학이다.**

사람들은 흔히 이렇게 말한다. "큰 기회가 오면 제대로 해 보겠다.", "무대가 크지 않으니 대충해도 된다.", "이런 작은 일로는 뭘 보여줄 수 있겠어." 그러나 **이름값 경제학의 진실은 정반대다.**

작은 무대를 대하는 태도가 큰 무대의 기회를 결정한다. 큰 무대는 갑자기 찾아오지 않는다. 작은 무대에서 증거를 쌓은 사람에게만 큰 무대의 문이 열린다.

펜실베이니아 대학교의 '그릿' 연구

심리학자 앤젤라 더크워스Angela Duckworth가 10년간 추적한 연구 결과는 충격적이었다. 그녀는 웨스트포인트 사관학교 생도들, 내셔널 스펠링 비 참가자들, 그리고 다양한 직업군의 사람들을 관찰했다. 그리고 일상 속 작은 무대에서 보여준 성실함이 장기적으로 더 큰 성취와 평판을 만든다는 '그릿Grit'의 가치를 확인했다. 더크워스 교수는 말했다.

"사람들은 큰 순간을 기다리지만, 실제로는 작은 순간들이 모여서 큰 순간을 만든다."

작은 무대에서 증거를 남긴 사람이, 큰 무대에서도 이름값을 지킬
수 있다

하버드 비즈니스 스쿨의 '기회 포착' 연구

2020년 하버드 비즈니스 스쿨 연구팀이 성공한 기업가 200명을 분석한 결과, 흥미로운 패턴을 발견했다. 이들의 94%가 "큰 성공 이전에 작은 기회들을 체계적으로 활용했다."라고 답했다.

특히 주목할 점은 이들이 '기회의 크기'보다 '기회를 증거로 만드는 능력'에 더 집중했다는 것이었다. 연구를 주도한 클레이튼 크리스텐슨 Clayton Christensen 교수는 이렇게 결론지었다. "성공하는 사람들은 작은 기회를 큰 증거로 만드는 데 탁월하다."

역사가 증명한 작은 무대의 위대한 힘

비틀즈: 함부르크 작은 클럽의 기적

1960년, 무명의 영국 청년 4명이 독일 함부르크의 좁고 지저분한 클럽 '카이저켈러'에서 연주를 시작했다. 관객은 고작 20~30명, 연주료는 하루에 5달러에 불과했다. 하지만 비틀즈는 이 작은 무대를 진심으로 대했다. 매일 8시간씩, 270일 동안 연주했다. 총 1,200시간이 넘는 연습과 공연을 이 작은 무대에서 쌓았다.

말콤 글래드웰은 『아웃라이어』에서 이렇게 분석했다. "비틀즈가 세계 최고의 밴드가 된 것은 재능 때문이 아니라 함부르크의 작은 무대에서 쌓은 1만 시간의 증거 때문이었다."

함부르크 시절의 기록들

- 매일의 세트리스트 기록

- 관객 반응에 대한 메모

- 새로운 곡 시도와 결과 분석

- 무대 퍼포먼스 개선 과정

이 작은 무대의 모든 기록이 쌓여서 1963년 영국 차트 1위, 그리고 전 세계를 열광시킨 '비틀마니아'의 토대가 되었다.

스티브 잡스: 차고라는 작은 무대

1976년, 스티브 잡스와 스티브 워즈니악이 애플 컴퓨터를 창업한 곳은 로스 알토스의 작은 차고였다. 공간은 가로 6미터, 세로 3미터의 협소한 곳이었다. 하지만 그들은 이 작은 공간을 진심으로 대했다. 첫 제품 애플 I 컴퓨터 50대를 만들기 위해 밤낮으로 작업했고, 모든 과정을 꼼꼼히 기록했다.

차고에서 남긴 기록들

- 제품 설계 과정의 상세한 스케치

- 시행착오와 개선 과정 문서화

- 초기 고객들의 피드백 수집

- 비즈니스 미팅 내용 정리

월터 아이작슨이 쓴 『스티브 잡스』에 따르면, 잡스는 나중에 이렇게 말했다. "차고에서의 경험이 애플의 DNA를 만들었다. 그때의 기록들이 오늘날 애플이 '혁신의 아이콘'이라는 이름값을 갖게 한 증거다."

BTS: 작은 무대에서 시작된 글로벌 스타덤

2013년 데뷔 당시 BTS는 대형 기획사 소속도 아니었고, 화려한 무대도 없었다. 그들의 첫 무대는 서울 강남의 작은 클럽과 지방의 소규모 팬미팅이었다. 하지만 그들은 이 작은 무대들을 결코 소홀히 하지 않았다. 매 무대마다 최선을 다했고, 그 과정을 모두 기록으로 남겼다.

작은 무대에서의 기록 전략

- 매 공연마다 비하인드 영상 제작
- 팬들과의 소통 내용을 SNS에 기록
- 실수와 개선 과정까지 투명하게 공개
- 작은 성취도 의미 있게 축하하고 공유

방탄소년단 리더 RM은 2018년 유엔 연설에서 이렇게 말했다. "작은 무대에서의 진심이 오늘의 우리를 만들었습니다. 그때의 모든 순간이 증거가 되어 지금의 기회를 불러왔습니다."

작은 무대를 증거로 만드는 3단계 시스템

1. 진심으로 임하라

무대의 크기보다 태도가 증거가 된다.

2. 기록을 남겨라

사진, 영상, 글… 작은 무대일수록 기록이 더 소중하다.

3. 공유하고 확산하라

작은 증거를 포트폴리오, 블로그, SNS에 올리면, 그것이 새로운 기회의 문을 연다.

무대의 크기가 아니라, 무대를 증거로 만드는 태도가 이름값을 결정한다. 이 공식의 핵심은 **태도의 일관성**이다.

작은 무대×진심×기록×공유=큰 기회

- 작은 무대를 소홀히 하는 사람: 큰 무대에서도 빛나기 어렵다.
- 작은 무대에서 증거를 남기는 사람: 결국 큰 무대를 준비하는 사람이다.
- 모든 무대를 증거로 만드는 사람: 기회가 저절로 찾아오는 사람이다.

작은 무대에서의 태도가 큰 무대에서의 성과를 예고한다. 작은 무대에서 소홀한 사람은 큰 무대에서도 빛나기 어렵다. 작은 무대에서 증거를 남기는 사람은, 결국 큰 무대를 준비하는 사람이다.

디지털 시대의 새로운 기회

과거에는 작은 무대의 영향력이 제한적이었다. 하지만 디지털 시대에는 작은 무대도 전 세계로 확산될 수 있다. 유튜브 짧은 영상 하나, 블로그 포스트 하나, 인스타그램 릴스 하나, 링크드인 글 하나, 팟캐스트 게스트 출연 등은 디지털에서의 작은 무대들이다. 이런 작은 콘텐츠 하나가 바이럴되면서 인생이 바뀌는 사례들이 매일 생겨나고 있다.

AI가 발전할수록 '인간다운 것'의 가치가 더 높아진다. 작은 무대에서 보이는 진정성, 창의성, 감성이 더욱 중요해질 것이다. AI 시대의 작은 무대의 핵심은 기술적 완성도보다 진정성, 규모보다 독창성, 효율성보다 스토리에 있다.

개인 브랜딩의 새로운 패러다임

과거에는 큰 성과만이 개인 브랜딩의 요소였다. 하지만 이제는 작은 일상, 작은 실천, 작은 성장이 더 강력한 브랜딩 요소가 되고 있다. 사람들은 완벽한 성공담보다 진실한 성장 과정에 더 공감한다. 작은 무대에서의 진심이 더 큰 신뢰와 공감을 불러일으킨다. **당신의 이름값은 다음 작은 무대에서 시작된다.**

2023년, 세계적인 기업가 일론 머스크가 트위터에 이런 글을 올렸다. "사람들은 큰 순간을 기다리지만, 실제로는 작은 순간들이 모여서 큰 순간을 만든다. 매일의 작은 선택이 인생을 결정한다." 이 글은 24시간 만에 100만 번 리트윗되었다. 왜일까? 많은 사람들이 공감했기 때문이다.

지금 이 순간에도 당신 앞에는 작은 무대가 놓여 있을 것이다.

- 내일 있을 팀 회의
- 다음 주 예정된 소규모 발표
- 이번 달 참여할 지역 행사
- 곧 시작할 작은 프로젝트

이런 기회들을 어떻게 대할 것인가? '어차피 작은 일이니까 대충 해도 돼.'라고 생각할 것인가? 아니면 '이것도 내 이름값을 보여줄 소중한 기회'라고 생각할 것인가?

- 나는 최근의 작은 무대를 어떻게 대했는가?
- 그 무대를 증거로 남겼는가, 아니면 그냥 흘려보냈는가?
- 앞으로 다가올 작은 기회를, 이름값의 자산으로 만들 준비가 되어 있는가?

작은 무대조차 증거화해야 큰 이름값으로 연결된다. 당신 앞의 작은 기회를 소홀히 하지 마라. 오늘의 작은 무대가 내일의 큰 기회를 만든다. 지금 당장 시작하라.

피드백을 증거로 전환하라

"당신은 절대 성공할 수 없다"

1962년, 한 젊은 가수가 런던의 데카 레코드사 오디션장에 섰다. 1시간의 오디션이 끝난 후, A&R 담당자 딕 로위는 단호하게 말했다. "기타 밴드는 이제 유행이 아닙니다. 당신들은 절대 성공할 수 없어요."

그 밴드의 이름은 비틀즈였다. 존 레논은 그날을 이렇게 회상했다. "그 순간 우리는 두 가지 선택이 있었다. 포기하거나, 그들이 틀렸다는 것을 증명하거나." 비틀즈는 그 부정적 피드백을 포기의 근거가 아니라 성장의 동력으로 전환했다. 더 치밀하게 연습했고, 더 독창적인 음악을 만들었다. 그리고 2년 후, 전 세계를 열광시키며 음악 역사를 바꿨다.

2021년, 딕 로위는 언론과의 인터뷰에서 말했다. "내 인생 최대의 실수였다. 하지만 그 피드백이 비틀즈를 더 강하게 만든 것 같다." 부정적 피드백조차 역사적 성공의 증거로 전환된 순간이었다.

왜 피드백이 이름값의 핵심인가

인간은 본질적으로 자기 자신을 객관적으로 보기 어려운 존재다. 심리학에서는 이를 '자기 중심적 편향Self-serving bias'이라고 부른다. 우리는 의도와 결과 사이의 간극을 인식하지 못할 때가 많고, 자신의 약점은 과소평가하고 강점은 과대평가하는 경향이 있다.

스탠퍼드 대학교 심리학과 교수 칩 히스Chip Heath의 연구에 따르면, 사람들의 93%가 자신의 업무 능력을 평균 이상이라고 평가했다. 이는 통계적으로 불가능한 결과다. 이런 인식의 맹점을 보완해주는 것이 바로 **타인의 시선에서 오는 피드백**이다.

조하리의 창과 피드백의 힘

1955년 심리학자 조셉 루프트Joseph Luft와 해링턴 잉햄Harrington Ingham이 제시한 '조하리의 창Johari's Window' 이론은 피드백의 중요성을 명확히 보여준다. 이 이론에 따르면 우리에게는 네 가지 영역이 있다.

- **공개 영역** 나도 알고 남도 아는 것 → 이름값이 **드러나는 영역**, 대표적 성과·평판·콘텐츠
- **숨은 영역** 나는 모르지만 남은 아는 것 → 피드백, 관찰을 통해 **이름값을 보완할 수 있는 영역**

- **비밀 영역** 나는 알지만 남은 모르는 것 → 아직 **표현되지 않은 잠 재된 이름값**
- **미지 영역** 나도 모르고 남도 모르는 것 → **새로운 경험이나 도전**을 통해 발견되는 이름값의 확장 가능성

<table>
<tr><td>공개 영역
나도 알고
남도 아는 것</td><td>숨은 영역
나는 모르지만
남은 아는 것</td></tr>
<tr><td>비밀 영역
나는 알지만
남은 모르는 것</td><td>미지 영역
나도 모르고
남도 모르는 것</td></tr>
</table>

여기서 가장 중요한 것은 '숨은 영역'이다. 내가 모르는 나의 모습을 타인은 보고 있다. 피드백을 통해 이 영역이 점차 줄어들면서 자기 인식이 확장된다. 즉, 피드백은 나를 성장시키는 거울이자, 이름값을 더 선명하게 해주는 외부 증거 장치인 것이다.

하버드 비즈니스 스쿨의 피드백 연구

2020년 하버드 비즈니스 스쿨에서 실시한 대규모 연구는 피드백의 힘을 수치로 증명했다. 3년간 500명의 직장인을 추적 관찰한 결과, 피

드백을 적극적으로 수용하고 활용한 그룹이 그렇지 않은 그룹보다 업무 성과에서 평균 34% 높은 점수를 받았다. 더 놀라운 것은 동료들의 신뢰도 평가에서 무려 52% 높은 점수를 기록했다는 것이다. 연구를 주도한 수전 데이비드Susan David 교수는 이렇게 결론지었다.

"피드백을 두려워하는 사람은 현재 수준에 머물지만, 피드백을 성장의 기회로 보는 사람은 지속적으로 발전한다. 이것이 이름값의 결정적 차이를 만든다."

피드백의 두 가지 얼굴

긍정적 피드백

→ "이 사람은 신뢰할 수 있다."

→ "발표력이 뛰어나다."

→ 이런 말들은 곧바로 평판의 증거가 된다.

부정적 피드백

→ 때로는 불편하지만, 개선의 방향을 제시한다.

→ 받아들여 고치면, '성장하는 사람'이라는 더 큰 이름값의 증거가 된다.

결국, 긍정과 부정 모두 증거로 전환할 수 있다.

역사 속 피드백 마스터들의 지혜

에디슨: 실패를 학습의 증거로 전환한 천재

토머스 에디슨은 전구를 발명하기까지 1,000번 이상의 실패를 경험했다. 당시 언론과 동료 과학자들로부터 "시간 낭비", "불가능한 도전"이라는 부정적 피드백을 끊임없이 받았다. 하지만 에디슨은 이 모든 비판을 다르게 해석했다. 그는 유명한 말을 남겼다.

"나는 실패한 것이 아니라, 작동하지 않는 방법 1만 가지를 알아낸 것이다."

이는 단순한 위로의 말이 아니었다. 에디슨은 실제로 모든 실패를 체계적으로 기록하고 분석했다. 그의 연구실에는 실패 사례들을 정리한 수천 페이지의 노트가 있었다.

결과적으로 에디슨은 1,093개의 특허를 등록했고, '발명왕'이라는 이름값을 얻었다. 흥미롭게도 그의 이름값은 성공한 발명품만큼이나 '실패를 학습으로 전환하는 능력'에서 나왔다. 실패에 대한 비판을 '학습의 증거'로 전환한 완벽한 사례다.

BTS: 편견을 뒤집어 역사를 쓴 그룹

2013년 데뷔 당시 BTS는 수많은 부정적 피드백에 직면했다. "아이돌은 오래 못 간다.", "기획사가 작아서 한계가 있다.", "음악이 너무 진부하다."라는 평가가 끊이지 않았다. 특히 해외 진출 초기에는 "K-pop은 아시아에서만 통한다."라는 편견 섞인 피드백도 많았다.

하지만 BTS는 이런 피드백을 포기의 근거가 아니라 혁신의 동력으로 활용했다. 아이돌에 대한 편견에는 더욱 의미 있는 메시지로 응답했고, 기획사의 한계에는 팬들과의 직접 소통으로 대응했다. 음악이 진부하다는 평가에는 더욱 독창적이고 개인적인 스토리를 담은 곡들로 답했다.

그 결과 2021년 그래미 어워드 후보에 오르고, 빌보드 1위를 기록하며 '역사를 새로 쓴 그룹'이라는 평판을 얻었다. 그리고 RM은 한 인터뷰에서 이렇게 말했다. "초기의 부정적 피드백들이 오히려 우리를 더 강하게 만들었다. 그 비판들이 없었다면 지금의 우리도 없었을 것이다."

피드백이 만드는 성장의 나선

2019년, 세계적인 테니스 선수 세레나 윌리엄스가 은퇴를 앞두고 한 인터뷰에서 이런 말을 했다. "내 커리어에서 가장 소중했던 것은 승리가 아니라 코치들과 라이벌들이 준 날카로운 피드백이었다. 그것들이 나를 계속 성장하게 했다." 세레나는 23번의 그랜드슬램 우승을 차지했지만, 정작 그녀가 기억하는 것은 패배 후 받은 쓰라린 피드백들이었다. 그 피드백들이 다음 경기에서의 승리로 이어졌기 때문이다.

피드백의 선순환

피드백은 단순한 일회성 조언이 아니다. 제대로 활용하면 성장의 선순환을 만들어낸다. '피드백 수용 → 개선 행동 → 더 나은 결과 → 더 많은 기회 → 더 질 높은 피드백' 이 선순환이 계속될수록 개인의 역량과 이름값은 기하급수적으로 성장한다. 피드백을 증거로 전환하는 과학적 3단계가 있다.

1단계: 방어하지 말고 경청하라 Listen Without Defense

인간의 뇌는 부정적 피드백을 위협으로 인식해서 즉시 방어 메커니즘을 작동시킨다. 이때 편도체가 활성화되면서 논리적 사고를 담당하는 전전두엽의 기능이 억제된다. 이를 심리학에서는 '편도체 하이재킹 Amygdala Hijacking'이라고 부른다.

• **경청의 실전 기법**: 피드백을 받을 때는 즉시 반박하지 말고 먼저 메모하라.

"그 부분에 대해 더 자세히 설명해주실 수 있나요?"라고 질문하며 구체적인 정보를 수집하라. 감정적 반응은 24시간 후에 하라. 하루가 지나면 편도체의 활성화가 줄어들면서 객관적 판단이 가능해진다.

2단계: 데이터로 변환하라 Convert to Data

피드백을 추상적 감정이 아니라 구체적 데이터로 기록하는 것이 핵심이다. "발표력이 부족하다."라는 막연한 피드백보다는 "발표 시 눈맞춤이 부족하고, 말하는 속도가 너무 빠르며, 핵심 메시지가 불분명하다."라는 구체적 데이터가 훨씬 유용하다.

데이터 변환 공식

• 상황(Situation): 언제, 어디서 받은 피드백인가?

• 행동(Behavior): 구체적으로 어떤 행동에 대한 피드백인가?

• 영향(Impact): 그 행동이 어떤 결과를 만들었는가?

• 개선 방향(Improvement): 어떻게 개선할 수 있는가?

3단계: 행동과 기록으로 반영하라 Act and Document

피드백을 받기만 하고 행동하지 않으면 아무 의미가 없다. 중요한 것은 개선 과정과 결과를 체계적으로 기록하는 것이다. 이 기록이 바로 '피드백을 성장으로 전환하는 사람'이라는 강력한 증거가 된다.

스탠퍼드 대학교의 개선 추적 연구에 따르면, 피드백 개선 과정을 기록한 사람들이 그렇지 않은 사람들보다 실제 개선 정도가 67% 더 높았다. 또한 동료들로부터 '성장하는 사람'이라는 평가를 받을 확률이 3배 더 높았다.

능동적 피드백 요청법

많은 사람들이 피드백을 기다리기만 한다. 하지만 성공하는 사람들은 피드백을 능동적으로 요청한다. 구글의 연구에 따르면, 피드백을 적극적으로 요청하는 직원들이 그렇지 않은 직원들보다 승진 속도가 평균 2.3배 빨랐다.

효과적인 피드백 요청 기법

• 구체적으로 요청하라: "어떻게 생각하세요?"가 아니라 "제 프레젠테이션에서 개선할 점 3가지를 말씀해주세요."

• 타이밍을 맞춰라: 프로젝트 완료 직후가 가장 구체적인 피드백을 받을 수 있는 시점

- 다양한 관점을 수집하라: 상사, 동료, 후배, 고객 등 다양한 시각의 피드백 확보

디지털 시대의 피드백 활용

디지털 시대에는 피드백의 양과 속도가 급격히 증가했다. SNS 댓글, 온라인 리뷰, 이메일 피드백 등 다양한 채널을 통해 실시간으로 피드백을 받을 수 있다. 하지만 온라인 피드백은 감정적이고 극단적인 경우가 많아 신중한 접근이 필요하다.

온라인 피드백 필터링 기법

- 건설적 비판과 단순 비난 구분하기
- 익명 피드백보다 실명 피드백에 더 집중하기
- 반복되는 패턴에 주목하기

AI 시대의 피드백 진화

AI와 데이터 분석 기술의 발전으로 피드백은 더욱 정교하고 객관적이 되고 있다. 음성 분석을 통한 발표 피드백, 시선 추적을 통한 프레젠테이션 개선점 분석 등이 이미 현실화되고 있다. 하지만 기술이 발전할수록 인간적 피드백의 가치는 더욱 높아진다. 감정, 맥락, 의도를 이해하는 능력은 여전히 인간만의 고유 영역이기 때문이다.

피드백=타인이 남겨주는 증거의 원재료

이 공식의 핵심은 변환 능력이다.

피드백 → 수용 → 개선 → 기록 → 증거 → 이름값

- 긍정적 피드백: 이름값의 직접적 보증서

- 부정적 피드백: 이름값의 설계도와 개선 방향

- 무피드백: 관심 부족의 신호, 적극적 요청 필요

- 피드백 거부: 성장 정체의 시작

- 피드백 활용: 지속적 성장의 엔진

받아들여 전환하는 사람만이 이름값을 확장할 수 있다.

- 나는 최근 어떤 피드백을 받았는가?

- 그 피드백을 방어했는가, 아니면 증거로 전환했는가?

- 내 이름값을 키워줄 다음 피드백은 어디에서 올 것인가?

피드백을 두려워하지 말고 증거화하라. 당신을 성장시킬 피드백을 적극적으로 찾아라. 그리고 그 피드백을 이름값의 자산으로 전환하라. 피드백 마스터가 되는 순간, 당신의 성장은 가속화된다. 당신의 이름값은 다음 피드백에서 한 단계 더 성장한다.

꾸준함이 최고의 전략이다

세계 1위가 된 매일의 4시간

1984년, 18세의 제리 사인펠드는 뉴욕의 작은 코미디 클럽에서 첫 공연을 했다. 관객은 겨우 15명, 받은 돈은 25달러였다. 그날 밤, 그는 집으로 돌아가면서 중요한 결심을 했다.

"매일 4시간씩 개그 소재를 쓰겠다."

친구들은 비웃었다.

"하루 이틀이지, 매일 4시간씩 무슨 소재가 나와?"

하지만 사인펠드는 달랐다. 큰 달력을 벽에 걸고, 개그 소재를 쓴 날마다 빨간 X표를 했다. 첫 주는 쉬웠다. 첫 달도 넘겼다. 하지만 6개월이 지나자 힘들어졌다. 소재가 떨어지는 날도 있었고, 영감이 없는 날도 있었다. 그럼에도 그는 매일 4시간을 지켰다.

1년 후, 그의 달력은 빨간 X로 가득 찼다. 365개의 X표가 하나의 체인을 만들었다. 사인펠드는 이것을 '체인을 끊지 마라Don't break the chain' 전략이라고 불렀다.

30년이 지난 2014년, 제리 사인펠드는 세계에서 가장 부유한 코미디언이 되었다. 연간 수입 3천600만 달러. 그의 시트콤 〈사인펠드〉는 TV 역사상 가장 성공한 프로그램 중 하나가 되었다. 언론과의 인터뷰에서 그는 말했다.

"사람들은 내 성공의 비밀을 묻는다. 답은 간단하다. 매일 4시간씩 30년간 개그를 썼을 뿐이다."

30년간의 꾸준함이 세계 1위의 이름값을 만든 것이다.

왜 꾸준함이 최고의 전략인가

사람들은 화려한 성취나 단번의 성공을 부러워한다. 언론도 그런 이야기를 더 좋아한다. "하루아침에 부자가 된 청년", "일주일 만에 유명해진 인플루언서", "한 번의 아이디어로 성공한 창업가" 이런 스토리가 더 자극적이고 매력적으로 보인다.

하지만 진짜 이름값은 한 번의 성공이 아니라, 이어지는 성과의 패턴에서 만들어진다. 화려한 데뷔는 사람들의 관심을 끌 수 있지만, 그 관심을 지속시키는 것은 오직 꾸준함뿐이다.

하버드 심리학의 신뢰 연구

2018년 하버드 대학교 심리학과에서 실시한 대규모 연구는 꾸준함의 힘을 과학적으로 증명했다. 연구팀은 1,200명의 참가자들에게 두

가지 유형의 전문가를 평가하게 했다.

- 타입 A: 한 번에 큰 성과를 낸 전문가
- 타입 B: 작은 성과를 꾸준히 반복한 전문가

놀랍게도 참가자들의 78%가 타입 B를 더 신뢰할 만하다고 평가했다. 연구를 주도한 에이미 에드먼드슨Amy Edmondson 교수는 이렇게 설명했다. "사람들은 단기적인 성취보다 장기간 꾸준한 행동에서 더 높은 신뢰를 느낀다. 이는 진화적으로 일관성 있는 행동이 생존에 유리했기 때문으로 추정된다."

UCLA 신경과학과의 2020년 연구에 따르면, 인간의 뇌는 패턴을 인식하고 예측하는 데 최적화되어 있다. 꾸준한 행동은 뇌에게 '예측 가능성'이라는 안정감을 준다. 반면 불규칙한 행동은 뇌에게 스트레스를 유발한다. 이는 왜 사람들이 꾸준한 사람을 더 신뢰하는지를 뇌과학적으로 설명해준다. 꾸준함은 생물학적으로 신뢰를 만드는 가장 효과적인 방법인 것이다.

꾸준함이 만드는 신뢰의 법칙

1. 반복이 만드는 기억의 고착화

매일 아침 같은 시간에 출근하는 동료를 생각해보자. 처음에는 별것 아닌 것 같지만, 6개월이 지나면 '믿을 수 있는 사람'이라는 인상이 각인된다. 매주 칼럼을 발행하는 작가는 '꾸준히 연구하는 전문가'로 인식되고, 매달 뉴스레터를 보내는 프리랜서는 '약속을 지키는 파트너'로 기억된다. 이는 심리학의 단순 노출 효과Mere Exposure Effect와 관련이 있다.

로버트 자이언스Robert Zajonc의 연구에 따르면, 사람들은 반복적으로 노출되는 것에 호감을 갖게 된다. 꾸준함은 자연스럽게 호감도와 신뢰도를 높이는 메커니즘인 것이다.

2. 꾸준함의 복리 효과

금융에서 복리의 힘이 강력하듯, 꾸준함에도 복리 효과가 있다. 첫째 날의 작은 행동이 둘째 날의 행동과 합쳐지고, 이것이 셋째 날의 행동과 합쳐지면서 기하급수적으로 증가한다.

꾸준함의 복리 공식에 따르면 하루 1%의 개선이라도 365일 지속하면 37배의 성장을 만들어낸다. 반대로 하루 1%씩 퇴보하면 97%가 사라진다. 이것이 꾸준함과 불일치가 만드는 극적인 차이다.

3. 예측 가능성이 만드는 신뢰

비즈니스에서 가장 중요한 것 중 하나는 예측 가능성이다. 고객은 '이 사람과 일하면 어떤 결과가 나올지' 예상할 수 있기를 원한다. 꾸준한 사람은 그 예측 가능성을 제공한다.

아마존의 제프 베조스는 20년간 매년 같은 원칙으로 주주 서한을 작성했다. '고객 중심', '장기적 사고', '발명과 개척'이라는 일관된 메시지를 반복했다. 이 꾸준함이 아마존에 대한 투자자들의 신뢰를 만들어냈고, 결과적으로 세계 1위 기업이 되는 토대가 되었다.

꾸준함을 지탱하는 과학적 전략

1단계: 작게 시작하라 Start Small

스탠퍼드 대학교 행동설계연구소의 BJ 포그BJ Fogg 교수는 '작은 습관의 법칙'을 제시했다. 새로운 행동을 시작할 때는 가능한 한 작게 시작해야 성공률이 높아진다는 것이다. 뇌는 큰 변화를 위험으로 인식해서 저항한다. 하지만 작은 변화는 위험하지 않다고 판단해서 받아들인다. 일단 작은 변화가 습관화되면, 점진적으로 확장하는 것이 가능해진다.

2단계: 루틴을 만들어라 Create Routine

MIT 뇌과학과의 연구에 따르면, 같은 시간, 같은 장소에서 하는 행동은 자동화되는 속도가 3배 빠르다. 이를 '루프 패턴Loop Pattern'이라고 부른다.

루틴의 3요소

- 신호(Cue): 언제 할 것인가?
- 행동(Routine): 무엇을 할 것인가?
- 보상(Reward): 어떤 만족을 얻을 것인가?

실제 루틴 설계 사례: 제리 사인펠드의 개그 쓰기 루틴

- 신호: 매일 오전 10시 (시간)

- 행동: 4시간 개그 소재 쓰기 (활동)

- 보상: 달력에 X표 하기 (시각적 성취감)

3단계: 측정하라 Measure Progress

피터 드러커의 유명한 말이 있다. "측정할 수 없으면 관리할 수 없다." 꾸준함도 마찬가지다. 눈에 보이지 않으면 지속하기 어렵다. 하버드 비즈니스 스쿨 연구 결과를 보면 진행 상황을 시각적으로 추적하는 사람들이 그렇지 않은 사람들보다 목표 달성률이 42% 높았다.

꾸준함이 만드는 차별화의 법칙

경제학에서 희소성은 가치를 만든다. 꾸준함도 마찬가지다. 누구나 시작은 하지만, 끝까지 가는 사람은 드물다. 그래서 꾸준함 자체가 희소성이 되고, 희소성은 곧 이름값이 된다.

꾸준함의 희소성 통계

- 1년 동안 꾸준히 블로그를 쓰는 사람: 전체의 5%

- 3년 동안 매일 운동을 이어가는 사람: 1% 미만

- 10년 동안 같은 분야에서 전문성을 쌓는 사람: 0.1% 미만

이 수치들이 보여주는 것은 명확하다. 꾸준함은 그 자체로 차별화 요소라는 것이다.

나의 17년 퍼스널 브랜딩 여정

개인의 지식을 콘텐츠로 연결해 소통시키는 '지식소통가 조연심'. 필자는 지난 17년 동안 퍼스널 브랜딩 분야에 머물며 꾸준함의 힘을 직접 경험했다. 공저를 포함해 16권의 책을 집필하고, 수백 번의 강의를 하고, 수천 명의 사람들을 만나면서 한 가지를 확신하게 되었다. 가장 강력한 전략은 꾸준히 하는 것이다.

처음 이 분야에 발을 들여놓았을 때는 수많은 경쟁자들이 있었다. 더 유명한 사람들, 더 뛰어난 사람들도 많았다. 하지만 17년이 지난 지금, 그때 시작했던 사람들 중 여전히 이 분야에서 활동하는 사람은 손에 꼽을 정도다.

필자가 살아남을 수 있었던 이유는 단 하나였다. 꾸준히 했기 때문이다. 매년 최소 1권의 책을 쓰고, 매월 최소 5번의 강의를 하고, 매주 최소 1편의 콘텐츠를 발행했다. 화려하지는 않았지만 일관되게, 꾸준하게 이어갔다. 17년 후 사람들은 필자를 '퍼스널 브랜딩 전문가'라고 부른다. 이는 한 번의 성공 때문이 아니라, 17년간의 꾸준함이 만든 이름값이다.

'한 번의 성취 < 꾸준한 패턴'

이 공식의 핵심은 지속성의 가치다.

이름값=작은 성취×반복 횟수×일관성 지수

- 한 번의 큰 성취: 화제성은 있지만 지속력이 부족

- 꾸준한 작은 성취: 누적 효과로 강력한 신뢰 구축

- 불규칙한 성취: 예측 불가능해서 신뢰도 낮음

- 지속적인 패턴: 최고 수준의 신뢰와 이름값 확보

사람들은 화려한 이벤트보다 꾸준한 행동에서 더 큰 신뢰를 얻는다. 꾸준함은 최고의 브랜딩 전략이며, 가장 단순하면서도 가장 강력하다.

꾸준함의 3단계 진화

1단계: 의식적 노력(0~30일)

매일 의지력을 동원해야 하는 단계. 힘들고 불안정하다.

2단계: 습관화(30~365일)

자동적으로 실행되기 시작하는 단계. 안정적이지만 아직 성과는 미미하다.

3단계: 정체성화(365일 이후)

"나는 이런 사람이다."라는 정체성의 일부가 되는 단계. 강력한 이름값이 형성된다.

대부분의 사람들이 1단계에서 포기한다. 2단계까지 가는 사람은 소수다. 하지만 3단계까지 가는 사람은 정말 극소수다. 그래서 3단계에 도달한 사람들이 독보적인 이름값을 갖게 되는 것이다.

꾸준함의 함정과 극복법

1. 완벽주의의 함정을 주의하라

많은 사람들이 꾸준함을 시도하다가 포기하는 이유는 완벽주의 때문이다. 하루라도 빠뜨리면 '실패했다'고 생각하고 아예 포기해버린다. 하지만 꾸준함의 핵심은 완벽이 아니라 회복력이다. 넘어져도 다시 일어나는 것, 하루 빠뜨려도 다음 날 다시 시작하는 것이 진짜 꾸준함이다. 100% 완벽하게 하려고 하지 말고, 80% 정도만 달성해도 꾸준히 이어가는 것이 낫다.

2. 번아웃을 피하라

꾸준함을 추구하다 보면 번아웃에 빠질 위험이 있다. 이를 예방하기 위해서는 적절한 휴식과 변화가 필요하다.

번아웃 예방 전략

- 주기적인 소휴식 계획
- 강도 조절의 유연성
- 목적 의식의 재확인
- 성과에 대한 적절한 축하

3. 외부 동기보다 내부 동기가 더 중요하다

초기에는 외부 동기(인정, 보상, 경쟁)가 도움이 될 수 있지만, 장기적으로는 내부 동기가 더 중요하다. 내가 진정으로 원하는 것, 내가 가치 있다고 생각하는 것이어야 오래 지속할 수 있다.

디지털 시대의 꾸준함

디지털 시대에는 꾸준함을 보여주기가 더 쉬워졌다. SNS를 통해 매일의 행동을 기록하고 공유할 수 있다. 하지만 동시에 즉시 만족을 추구하는 문화 때문에 꾸준함을 유지하기가 더 어려워졌다.

디지털 꾸준함 전략

- 과정 중심의 콘텐츠 공유
- 장기적 프로젝트의 단계별 공개
- 실패와 극복 과정의 투명한 기록

AI 시대의 꾸준함

AI가 발전할수록 인간만의 고유한 가치가 더욱 중요해진다. 꾸준함은 AI가 대체할 수 없는 인간의 고유 영역 중 하나다. AI는 완벽한 결과물을 만들 수 있지만, 한 분야에 몰입하는 인간적 끈기는 모방할 수 없다. 이것이 AI 시대에 꾸준함이 더욱 가치 있는 이유다.

꾸준함이 쓰는 성공 공식

2023년, 테슬라 CEO 일론 머스크가 트위터에 올린 글이 화제가 되었다. "사람들은 혁신적인 아이디어를 찾지만, 정작 성공을 만드는 것은 지루한 일상의 반복이다." 이 글은 24시간 만에 500만 번 리트윗되었다. 왜 이렇게 많은 사람들이 공감했을까? 모든 사람이 꾸준함의 중요성을 알고 있지만, 실제로는 화려함을 추구하기 때문이다.

꾸준함의 역설

꾸준함에는 흥미로운 역설이 있다. 가장 지루해 보이는 것이 가장 혁신적인 결과를 만든다는 것이다. 제리 사인펠드의 매일 4시간 글쓰기는 지루해 보였지만, 혁신적인 코미디를 만들어냈다. 워런 버핏이 매년 보낸 같은 형식의 주주 서한은 단조로워 보였지만, 투자 철학의 혁신을 이끌었다. 꾸준함은 창조의 모순이다. 반복 속에서 혁신이 나오고, 일상 속에서 기적이 탄생한다.

- 나는 지금 어떤 행동을 꾸준히 이어가고 있는가?
- 그 꾸준함이 내 이름값과 연결되는가?
- 오늘 한 번이 아니라, 내일도 같은 증거를 보여줄 준비가 되어 있는가?

꾸준함이 곧 최고의 브랜딩 전략이다. 화려한 한 번보다 평범한 천 번이 더 강력하다. 당신의 작은 시작을 매일 반복하라. 그것이 세상이 기억할 당신의 이름값이 된다. 당신의 이름값은 오늘의 꾸준함에서 시작된다.

"물방울이 바위를 뚫는 것은 힘 때문이 아니라 끈기 때문이다."

- 오비디우스

실패를 성장의 증거로 남겨라

"넌 농구를 할 수 없어"

1978년, 15세의 마이클 조던이 고등학교 농구팀 선발전에 지원했다. 하지만 결과는 참담했다. 코치는 단호하게 말했다. "넌 키도 작고 실력도 부족해. 농구를 할 수 없어." 그날 밤 조던은 집에 돌아가 침실에서 혼자 울었다. 꿈꾸던 농구팀에 들어가지 못한 좌절감은 상상 이상이었다. 많은 학생들이 이런 실패 후에는 농구를 포기하거나 다른 길을 찾는다.

하지만 조던은 달랐다. 그는 이 실패를 철저히 분석했다. 무엇이 부족했는지, 어떻게 개선해야 하는지를 구체적으로 파악했다. 그리고 가장 중요한 것은 이 실패를 숨기지 않았다는 것이다. 조던은 나중에 이렇게 회상했다.

"그 실패가 나를 만들었다. 매일 새벽 5시에 일어나 연습하게 만든

동력이었다. 그리고 그 경험을 사람들과 나누면서, 많은 이들에게 영감을 주게 되었다."

20년 후, 마이클 조던은 농구 역사상 최고의 선수가 되었다. 6번의 NBA 챔피언, 5번의 MVP. 하지만 그의 가장 유명한 나이키 광고는 성공 이야기가 아니었다.

"나는 9,000번 이상 슛을 놓쳤다. 300경기를 졌다. 승부를 결정하는 슛을 26번 놓쳤다. 인생에서 계속 실패했다. 그래서 성공할 수 있었다."

이 광고는 전 세계 수억 명에게 감동을 주었다. 조던의 이름값은 완벽한 성공이 아니라 실패를 극복한 스토리 때문에 더욱 강해졌다. 고등학교 농구팀 탈락이라는 실패가 결국 세계 최고의 농구 선수라는 이름값을 만든 것이다.

왜 실패가 이름값의 핵심인가

대부분의 사람은 실패를 숨기고 싶어 한다. "망신이다.", "내 이미지에 흠이 간다.", "사람들이 나를 무능하다고 생각할 것이다." 이런 두려움 때문에 실패를 감추려 하고, 성공한 것만 보여주려 한다. 하지만 이는 거대한 착각이다.

현대 사회에서 완벽함은 오히려 의심을 산다. 사람들은 완벽한 이야기를 들을 때 "진짜일까?", "뭔가 숨기는 게 있는 것 아닐까?"라고 생각한다. 인스타그램의 가짜 완벽함에 피로감을 느끼는 것도 같은 이유다.

스탠퍼드 대학교의 실패 연구

2019년 스탠퍼드 대학교에서 흥미로운 실험이 진행되었다. 연구팀은 600명의 참가자들에게 두 종류의 이력서를 보여주었다.

- 이력서 A: 성공만 나열된 완벽한 이력서
- 이력서 B: 성공과 함께 실패 경험과 그로부터 배운 점을 포함한 이력서

결과는 놀라웠다. 참가자들의 73%가 이력서 B의 지원자를 더 신뢰할 만하다고 평가했다. 연구를 주도한 심리학자 아모스 트버스키Amos Tversky는 이렇게 설명했다. "실패 경험을 솔직하게 공유하는 사람이 더 인간적이고 신뢰할 만하게 느껴진다. 이는 '실수 효과Pratfall Effect'의 한 형태다."

캐롤 드웩의 성장 마인드셋

스탠퍼드 대학교 심리학자 캐롤 드웩Carol Dweck의 30년 연구는 실패에 대한 우리의 인식을 완전히 바꿔놓았다. 그녀는 사람들을 두 그룹으로 나누어 관찰했다.

- 고정 마인드셋(Fixed Mindset): 실패를 능력 부족의 증거로 보는 사람들
- 성장 마인드셋(Growth Mindset): 실패를 학습 기회로 보는 사람들

20년간 추적 관찰한 결과, 성장 마인드셋을 가진 사람들이 장기적으

로 더 높은 성취를 거두었다. 더 중요한 것은 이들이 실패를 기록하고 공유하는 것을 두려워하지 않았다는 점이다. 드웩 교수는 말했다. "실패를 부끄러워 숨기는 순간 성장은 멈춘다. 실패를 드러내고 배우는 순간 진짜 성장이 시작된다."

실패가 이름값을 인간적으로 만드는 법칙

현대인들은 '완벽 거부 증후군'을 앓고 있다. 너무 완벽한 것에 대해서는 오히려 거부감을 느낀다. 이는 진화 심리학적으로 설명 가능하다. 인간은 수만 년간 공동체를 이루고 살았는데, 지나치게 뛰어난 개체는 위험 요소로 인식되었기 때문이다.

실패가 주는 인간적 매력

- 공감대 형성: "나도 그런 경험이 있어."
- 접근성 증가: "저 사람도 나와 비슷한 고민을 했구나."
- 진정성 확인: "가식적이지 않은 진짜 모습이네."
- 성장 가능성: "앞으로 더 발전할 수 있는 사람이구나."

브레네 브라운의 취약성 연구

휴스턴 대학교 사회복지학과 교수 브레네 브라운Brené Brown은 12년간 취약성에 대해 연구했다. 그녀의 TED 강연 '취약성의 힘'은 5천만 회 이상 조회되었다.

"취약성을 드러내는 사람이 더 강한 리더십을 발휘한다. 완벽함은 사람들을 멀어지게 하지만, 취약성은 사람들을 가깝게 만든다."

실패를 공유하는 것은 최고 수준의 취약성을 드러내는 행위다. 그리고 이것이 오히려 가장 강력한 신뢰를 만들어낸다. **실패는 이름값을 인간적으로 만든다.**

- 완벽한 사람은 없다.
- 오히려 실패를 경험하고 극복한 이야기가 더 큰 공감을 낳는다.
- 실패를 공유한 사람은 "솔직한 사람, 성장하는 사람"이라는 신뢰를 얻는다.

실패는 흠집이 아니라, 사람 냄새 나는 증거다. 심리학에서는 이를 '프랫폴 이펙트Pratfall Effect'라고 부른다. 능력 있는 사람이 작은 실수를 했을 때 오히려 더 매력적으로 보이는 현상이다.

2018년 스타벅스 CEO 하워드 슐츠가 인종 차별 사건으로 위기에 처했을 때, 그는 실패를 인정하고 사과했다. 이후 스타벅스는 전 직원 인종 차별 방지 교육을 실시했고, 이 투명한 대응이 오히려 브랜드 신뢰도를 높였다.

역사가 증명한 실패의 위대한 힘

스티브 잡스: 추방에서 부활까지

1985년, 스티브 잡스는 자신이 공동 창립한 애플에서 쫓겨났다. 30세의 나이에 모든 것을 잃은 것처럼 보였다. 언론은 '실패한 경영자'라고 혹평했다. 하지만 잡스는 이 실패를 숨기지 않았다. 오히려 공개적으로 인정하며 이렇게 말했다.

"애플에서 쫓겨난 것은 내 인생에 일어난 최고의 일이었다. 성공의 무게가 다시 초보자의 가벼움으로 바뀌었고, 모든 것에 대해 확신이 줄어들었다."

12년 후 애플로 돌아온 잡스는 회사를 세계 1위 기업으로 만들었다. 2005년 스탠퍼드 졸업식 연설에서 그는 실패 경험을 이렇게 정리했다.

"때로는 인생이 당신의 머리를 벽돌로 때립니다. 그래도 믿음을 잃지 마세요."

잡스의 이름값은 성공 때문만이 아니라 실패를 극복한 서사 때문에 더욱 강해졌다.

BTS: 꼴찌에서 세계 1위까지

2013년 데뷔 당시 BTS는 무명 그룹이었다. 음악 방송에서는 계속 꼴찌였고, 대중들의 관심도 없었다. 많은 사람들이 "몇 년 안에 사라질 그룹"이라고 예측했다. 하지만 BTS는 이런 실패들을 숨기지 않았다. 오히려 팬들과 투명하게 공유했다. 방탄소년단 다큐멘터리에서는 연습생 시절의 좌절과 데뷔 초기의 어려움을 솔직하게 보여주었다. BTS가 공유한 실패들은 다음과 같다.

- 음악 방송 1위를 못한 아쉬움
- 해외 진출 초기의 문화적 장벽
- 개인적 고민과 슬럼프 경험

이런 투명함이 팬들과의 강한 유대감을 만들었고, '포기하지 않는 팀'이라는 이름값을 얻게 되었다. 2021년 빌보드 1위를 차지했을 때 전 세계가 열광한 이유는 그들의 성공 스토리 뿐 아니라 실패를 극복한 진정성 때문이었다.

오프라 윈프리: 상처를 힘으로 바꾼 미디어 여왕

오프라 윈프리는 어린 시절 성폭행, 십 대 임신, 가난 등 수많은 실패와 상처를 경험했다. 방송인으로 시작할 때도 "뚱뚱하고 못생겼다."라는 혹평을 받았다. 하지만 그녀는 이 모든 실패와 상처를 숨기지 않았다. 자신의 토크쇼에서 개인적인 경험들을 진솔하게 나누었다. 이것이 시청자들과의 깊은 공감대를 형성했고, 25년간 미국 최고의 토크쇼를 만들어냈다. 오프라는 말했다. "상처는 숨기는 것이 아니라 나누는 것이다. 나의 실패가 다른 사람들에게 희망이 될 수 있다."

그녀의 이름값은 성공한 방송인이 아니라 '실패를 극복한 영감을 주는 사람'에서 나왔다.

실패를 증거로 전환하는 과학적 3단계

1단계: 실패를 정확히 기록하라 Accurate Documentation

실패를 제대로 활용하려면 먼저 정확한 기록이 필요하다. 감정에 휩쓸려 부정확하게 기록하면 학습 효과가 떨어진다. 하버드 비즈니스 스쿨의 연구에 따르면, 실패를 체계적으로 기록한 팀이 그렇지 않은 팀보다 같은 실수를 반복할 확률이 78% 낮았다.

2단계: 배운 점을 명확히 정리하라 Clear Learning Extraction

단순히 실패를 기록하는 것만으로는 충분하지 않다. 그 실패에서 구체적으로 무엇을 배웠는지 명확히 정리해야 한다.

3단계: 적절히 공유하라 Strategic Sharing

실패를 기록하고 학습했다면, 마지막 단계는 적절한 공유다. 모든 실패를 무차별적으로 공개하는 것은 오히려 역효과를 낼 수 있다.

실패가 완성하는 서사의 힘

모든 위대한 이야기에는 공통된 구조가 있다. 이를 '3막 구조'라고 부른다.

1막: 평범한 일상 (성공 또는 안정)

2막: 갈등과 위기 (실패와 좌절)

3막: 해결과 성장 (극복과 변화)

실패가 없는 이야기는 2막이 없는 이야기다. 갈등과 위기가 없으면 감동도, 몰입도, 기억도 없다. 실패는 이야기를 완성하는 필수 요소인 것이다.

픽사의 스토리텔링 법칙

애니메이션 회사 픽사의 스토리 디렉터들은 이런 공식을 사용한다.

"옛날에 ___가 있었다. 매일 ___했다. 그런데 어느 날 ___가 일어났다. 그 때문에 ___했다. 그 때문에 ___했다. 마침내 ___했다."

이 공식에서 "그런데 어느 날"이 바로 실패와 위기의 순간이다. 이 순간이 없으면 이야기는 지루해진다. 개인 브랜딩도 마찬가지다. 성공만 나열된 이력은 지루하지만, 실패와 극복이 포함된 이력은 흥미롭고 기억에 남는다.

신경과학이 밝힌 실패 서사의 힘

스탠퍼드 대학교 신경과학과의 연구에 따르면, 인간의 뇌는 갈등과 해결이 있는 이야기에 더 강하게 반응한다. 실패와 극복이 포함된 스토리를 들을 때 뇌에서는 도파민(만족감), 옥시토신(공감), 엔돌핀(감동)이 동시에 분비된다. 이는 진화적으로 설명 가능하다.

인간은 수만 년간 위기를 극복한 이야기를 통해 생존 지혜를 배웠기 때문에, 그런 이야기에 본능적으로 끌리도록 진화했다.

실패는 서사를 완성한다. 모든 위대한 이름값 뒤에는 실패의 이야기가 있다. 실패는 긴장과 갈등을 만들고, 극복은 감동과 신뢰를 만든다. 실패 없는 이름값은 공허하고, 실패가 있는 이름값은 입체적이다.

실패=성장의 기록=더 큰 이름값의 증거

실패+학습+공유=더 강한 이름값

이 공식의 핵심은 변환의 과정이다.

원재료(실패) → 가공(학습) → 제품(공유) → 가치(신뢰)

- 실패만 있으면: 그냥 실패로 끝남
- 실패+학습: 개인적 성장은 하지만 이름값 형성 안됨
- 실패+학습+공유: 타인의 신뢰와 공감을 얻어 이름값 형성
- 성공만 기록: 의심과 거리감 조성
- 실패까지 기록: 진정성과 인간미로 강한 신뢰 구축

성공만 기록하면 불신을 부르고, 실패까지 기록하면 신뢰를 부른다.

실패 공유의 주의사항

실패를 공유하는 것이 좋다고 해서 모든 실패를 무차별적으로 공개하는 것은 위험하다. 적절한 균형이 필요하다.

피해야 할 실패 공유

- 타인의 사생활이 포함된 실패
- 법적 문제가 될 수 있는 실패
- 아직 감정적으로 정리되지 않은 실패

- 학습이나 성장 없이 단순히 하소연하는 실패

- 너무 개인적이어서 공감대 형성이 어려운 실패

디지털 시대의 실패 관리

디지털 시대에는 실패가 영구적으로 기록될 수 있다. 이는 양날의 검이다. 잘 관리하면 강력한 자산이 되지만, 잘못 관리하면 평생의 부담이 될 수 있다.

디지털 실패 관리 원칙

- 감정적 상태에서 즉시 포스팅 금지

- 충분한 검토 후 공개

- 개인정보 보호 철저히

- 건설적 비판과 단순 비난 구분

때로는 실패 공유가 예상치 못한 방식으로 확산될 수 있다. 이를 대비한 리스크 관리 전략이 필요하다.

바이럴 리스크 최소화 방법

- 핵심 메시지에 집중해서 간결하게 작성

- 오해의 소지가 있는 표현 피하기

- 사전에 신뢰할 만한 사람들의 피드백 받기

- 필요시 삭제나 수정이 가능한 플랫폼 선택

실패 친화적 사회로의 변화

젊은 세대일수록 실패에 대해 더 관대하다. 밀레니얼 세대와 Z세대는 완벽함보다 진정성을 더 중시한다. 이는 실패를 공유하는 문화가 더욱 확산될 것임을 의미한다.

변화하는 실패 인식

- 과거: 실패=부끄러운 것
- 현재: 실패=배움의 기회
- 미래: 실패=성장의 증거

AI 시대의 인간적 가치

AI가 발전할수록 인간만의 고유한 가치가 더욱 중요해진다. AI는 실패하지 않지만, 그렇기 때문에 성장하지도 않는다. 인간의 실패와 극복 경험은 AI가 절대 모방할 수 없는 고유한 자산이다. 미래에는 "실패 경험이 얼마나 풍부한가", "실패에서 얼마나 많이 배웠는가"가 중요한 경쟁력이 될 것이다.

실패가 쓰는 성공의 서사

2016년, 넷플릭스 CEO 리드 헤이스팅스가 회사 블로그에 올린 글이 화제가 되었다.

"우리는 실패를 축하한다. 실패가 없다면 우리는 충분히 혁신적이지 않다는 뜻이다."

이 글 아래 넷플릭스의 주요 실패 사례들이 나열되어 있었다. DVD 사업 포기, 퀵스터 분할 시도, 초기 오리지널 콘텐츠 실패 등이었다. 하지만 각 실패마다 '이것에서 배운 점'이 상세히 기록되어 있었다. 이 투명한 실패 공유가 투자자들과 고객들에게 깊은 신뢰를 주었다.

넷플릭스는 '실패를 두려워하지 않는 혁신 기업'이라는 이름값을 얻었고, 결과적으로 세계 최대 스트리밍 기업이 되었다.

실패에는 흥미로운 역설이 있다. 실패를 두려워할수록 더 많이 실패하고, 실패를 받아들일수록 덜 실패한다는 것이다. 실패를 숨기려 하면 같은 실수를 반복하게 된다. 하지만 실패를 공개하고 분석하면 더 나은 결과를 만들어낸다. 투명성이 성과를 높이는 것이다.

당신의 실패 이야기

지금 이 글을 읽는 당신에게도 실패 경험이 있을 것이다. 그 실패를 부끄러워하고 있는가? 아니면 성장의 증거로 바라보고 있는가?

당신의 실패는 당신만의 독특한 자산이다. 같은 실패를 경험한 사람은 없다. 당신이 그 실패에서 배운 교훈도 당신만의 것이다. 그 실패를 숨기는 순간, 그것은 그냥 실패로 남는다. 하지만 그 실패를 기록하고, 분석하고, 공유하는 순간, 그것은 가장 강력한 이름값의 재료가 된다.

- 나는 최근 어떤 실패를 경험했는가?

- 그 실패에서 무엇을 배웠고, 어떻게 기록했는가?

• 그 실패를 나의 이름값을 키우는 증거로 전환할 준비가 되었는가?

실패를 숨기지 말고 드러내라, 그것이 오히려 성장과 신뢰의 증거가 된다. 당신의 실패 이야기가 누군가에게는 희망이 될 수 있다. 완벽한 성공보다 불완전한 진실이 더 강력하다. 당신의 이름값은 실패를 어떻게 대하느냐에 달려 있다.

증거를 쌓는 일은
평생 프로젝트다

50년간 쌓아 올린 신뢰의 탑

1965년, 35세의 워런 버핏이 버크셔 해서웨이를 인수했을 때 사람들은 회의적이었다. "젊은 놈이 무슨 큰일을 하겠어?" 하지만 버핏은 그 날부터 한 가지를 결심했다. "평생에 걸쳐 투자자들에게 증거를 보여주겠다."

그는 매년 빠짐없이 주주 서한을 썼다. 1965년 첫 번째 서한은 겨우 2페이지였다. 성과도 특별하지 않았다. 하지만 그는 멈추지 않았다. 10년이 지났다. 버크셔의 주가는 꾸준히 올랐지만 아직 큰 주목을 받지 못했다. 20년이 지났다. 버핏의 투자 철학이 서서히 알려지기 시작했다. 30년이 지났다. 사람들이 그를 '투자 구루'라고 부르기 시작했다. 40년이 지난 2005년, 버핏의 주주 서한은 20페이지가 넘었고, 전 세계 투자자들이 기다리는 투자 교과서가 되었다. 50년이 지난 2015년, 그

362

는 '투자의 신'이라는 칭호를 얻었다.

2023년, 93세의 버핏이 58번째 주주 서한을 발표했을 때, 전 세계 언론이 그의 한 마디 한 마디를 분석했다. 58년간 한 번도 빠뜨리지 않은 그 서한이 세계에서 가장 신뢰받는 이름값을 만들어낸 것이다. 버핏은 2022년 인터뷰에서 이렇게 말했다.

"사람들은 내가 언제 성공했는지 묻는다. 나는 아직도 성공하고 있다. 이름값은 완성되는 게 아니라 매일 만들어가는 것이다."

58년간 쌓아 올린 증거의 탑이 지금의 워런 버핏을 만든 것이다.

이름값은 하루아침에 완성되지 않는다

현대 사회는 '인스턴트 컬처'에 익숙하다. 3분 만에 라면을 끓이고, 30초 만에 영상을 보고, 하루아침에 인플루언서가 되는 시대다. 이런 환경에서 사람들은 이름값도 빠르게 만들 수 있다고 착각한다. "좋은 직장에 들어가면 이름값이 완성된다.", "책 한 권 내면 작가가 된다.", "바이럴 영상 하나면 유명해진다."라고 말이다. 하지만 진실은 정반대다.

진짜 이름값은 한 번의 성취로 끝나는 것이 아니라 평생 동안 쌓아가는 프로젝트다. 좋은 직장에 들어가는 것은 시작일 뿐이고, 책을 내는 것은 작가로서의 첫걸음일 뿐이며, 바이럴 영상은 관심을 끄는 계기일 뿐이다.

인스턴트 컬처(Instant Culture)는 간편함과 즉시성을 중시해 모든 것을 빠르고 쉽게 소비하고 생산하는 현대 사회의 특징적인 문화를 의미한다.

개념과 특징

인스턴트 컬처는 인스턴트식품처럼 '즉석에서 만들어지고 바로 소비되는' 문화를 뜻함

디지털 시대의 정보, 콘텐츠, 인간관계, 소비 등 다양한 영역에서 즉시 접근·즉시 소비·즉시 만족이 강조됨

주요 예시

인스턴트 음식: 빠르게 조리하고 바로 먹는 음식

SNS, 온라인 미디어: 정보, 영상, 짧은 글이 실시간으로 유통되고, 빠른 반응과 피드백이 일상화됨

밀키트, 간편식: 조리 시간이 최소화되고 '바로 해 먹는' 경험이 일상화

의미와 영향

장점: 시간 절약, 접근성 강화, 소비·생산·유통 효율 극대화

단점: 깊이나 여운의 부족, 피상성, 무분별한 정보 소비와 같은 현상 야기

즉, 인스턴트 컬처는 현대인이 다양한 영역에서 빠름·간편함·즉시성을 추구하며 형성된 사회문화적 흐름이다.

2019년 옥스퍼드 대학교에서 흥미로운 연구가 진행되었다. 연구팀은 다양한 분야의 성공한 사람들 500명을 대상으로 "언제부터 자신이 성공했다고 생각하는가?"를 물었다. 놀랍게도 평균 답변은 "아직도 성공 중이다"였다. 심지어 세계적으로 인정받는 전문가들도 마찬가지였다. 연구를 주도한 사회심리학자 마크 리어리Mark Leary는 이렇게 분석

했다.

"진정한 전문가일수록 성공을 완료된 상태가 아니라 지속되는 과정으로 인식한다."

복리의 법칙이 이름값에 미치는 영향

경제학에서 복리compound interest는 원금에 이자가 붙고, 그 이자에 다시 이자가 붙어 기하급수적으로 증가하는 현상을 말한다. 아인슈타인이 "세상에서 가장 강력한 힘"이라고 불렀던 그 복리가 이름값에도 똑같이 적용된다.

이름값 복리의 메커니즘

- 1년 차: 작은 성과 → 작은 인정
- 3년 차: 누적된 성과 → 주변의 신뢰
- 5년 차: 일관된 패턴 → 업계 내 평판
- 10년 차: 축적된 증거 → 전문가 인정
- 20년 차: 검증된 신뢰성 → 권위자 지위

마치 눈덩이가 굴러가면서 점점 커지듯, 작은 증거들이 시간 속에서 축적되어야 강력한 이름값이 된다. 실제로 퍼스널 브랜딩 분야에 머문 지 10년이 넘어서야 필자도 이 분야 전문가로 자리매김할 수 있었다. 현재 17년째 경력을 쌓고 있으니 이대로 복리가 적용된다면 20년 차가 되었을 때쯤에는 검증된 신뢰성을 기반으로 '퍼스널 브랜딩 권위자=조연심'이라는 공식을 완성할 수 있을 것이다.

짧은 불꽃보다 긴 불빛의 법칙

소셜미디어 시대에는 하루아침에 유명해지는 일이 흔하다. 바이럴 영상 하나로 수백만 명이 알게 되고, 순식간에 '인플루언서'가 된다. 하지만 이런 벼락 인기는 대부분 벼락처럼 빨리 사라진다. 틱톡이나 유튜브에서 한때 인기를 끌었던 수많은 크리에이터들이 지금은 어디 있는가? 대부분 사람들의 기억에서 사라졌다. 왜일까?

- 기반이 약해서 지속되지 못함
- 깊이가 없어서 금세 식상해짐
- 신뢰성이 부족해서 장기적 관계 형성 어려움
- 일관성이 없어서 예측 불가능

심리학자 로버트 치알디니는 『설득의 심리학』에서 인간의 6가지 설득 원리를 제시했다. 그중에서도 '일관성 법칙Consistency Principle'은 이름값과 직결된다. 치알디니는 말했다.

"사람들은 일관성을 가장 신뢰할 만한 증거로 인식한다. 한두 번의 행동보다 반복되는 패턴을 더 믿는다."

이는 진화 심리학적으로 설명 가능하다. 인간은 수만 년간 예측 가능한 행동을 하는 개체와 협력해야 생존할 수 있었다. 따라서 일관성 있는 행동에 대해 본능적으로 신뢰감을 느끼도록 진화했다. 즉, 이름값의 핵심은 짧은 반짝임이 아니라 긴 일관성이다.

짧은 불꽃과 긴 불빛의 차이는 단순히 지속 기간만이 아니다. 신뢰의 질 자체가 다르다. 짧은 불꽃(단기 인기)은 표면적 관심, 일회성 소비, 얕은 기억으로 쉽게 대체된다. 반면 깊은 신뢰, 지속적 관계, 강한 기억과 같은 긴 불빛(장기 신뢰)은 대체 불가능하다.

BBC가 2021년 실시한 글로벌 설문조사에서 "가장 신뢰하는 사람의 유형"을 묻자, 응답자의 84%가 "오랫동안 일관된 모습을 보인 사람"이라고 답했다.

지금 당신은 얼마나 오랫동안 일관되게 그 일을 하고 있는가? 이에 대한 답변이 당신의 이름값 현주소를 말해 줄 것이다.

역사가 증명한 평생 프로젝트의 위력

넬슨 만델라: 27년 감옥과 평생의 메시지

1964년, 46세의 넬슨 만델라가 종신형을 선고받았을 때 많은 사람들이 그의 정치 생명이 끝났다고 생각했다. 27년간의 감옥 생활은 누구에게나 인생을 포기하게 만들 수 있는 시간이다. 하지만 만델라에게 27년은 이름값 프로젝트를 더욱 견고하게 만드는 시간이었다. 그는 감옥에서도 '화해와 평화'라는 자신의 신념을 한 번도 포기하지 않았다. 간수들에게도 예의 바르게 대했고, 동료 죄수들과도 갈등을 평화롭게 해결했다.

1990년 석방되었을 때 그의 첫 말은 복수가 아니라 화해였다. 1994년 대통령이 되었을 때도 마찬가지였다. 27년간 감옥에서 만델라는 변하지 않은 일관성으로 전 세계의 존경을 받았고, 95세로 세상을 떠날 때까지 평생에 걸쳐 같은 메시지를 전했다. 그의 이름값은 대통령이 되었기 때문이 아니라, 평생 일관된 신념을 증명했기 때문에 만들어졌다.

유재석: 30년간의 성실함이 만든 국민 MC

1991년 KBS 개그맨으로 데뷔한 유재석이 '국민 MC'가 되기까지는 30년이 걸렸다. 그 30년 동안 그는 한 번도 변하지 않은 태도를 유지했다.

- 방송 현장 지각 0회
- 스태프에게 화낸 적 없음
- 후배들에 대한 꾸준한 배려
- 겸손한 자세 유지
- 프로 의식 철저

이런 일관성이 쌓여서 '믿고 맡길 수 있는 MC', '함께 일하고 싶은 선배', '국민이 사랑하는 연예인'이라는 이름값을 만들었다. 한두 번의 좋은 프로그램이 아니라 30년간의 일관된 모습이 그를 '국민 MC'로 만든 것이다.

미야자키 하야오: 40년간의 장인 정신

일본 애니메이션 감독 미야자키 하야오는 1963년 도에이 동화에 입사한 이후 60년 넘게 애니메이션을 만들어왔다. 그의 첫 작품 〈루팡 3세:

칼리오스트로의 성〉(1979)부터 최신작 〈그대들은 어떻게 살 것인가〉(2023)까지, 44년간 한 번도 변하지 않은 철학이 있다.

"아이들에게 꿈과 희망을 주는 애니메이션을 만들겠다."

44년간 15편의 장편 애니메이션을 만들면서도 단 한 번도 이 철학에서 벗어나지 않았다. 상업적 성공을 위해 폭력적이거나 자극적인 요소를 넣으라는 압력이 있었지만 단호히 거절했다. 이런 일관성이 세계에서 가장 존경받는 애니메이션 감독이라는 이름값을 만들었다. 2014년 아카데미 명예상을 받을 때 그는 이렇게 말했다. "상을 받기 위해서가 아니라 아이들을 위해서 작품을 만들어왔다. 그것이 내 평생의 프로젝트다."

일반인을 위한 평생 프로젝트 설계

취업 준비생: 커리어는 마라톤이다

많은 취업 준비생들이 '첫 직장'에만 매달린다. 물론 첫 직장은 중요하다. 하지만 그것이 이름값의 끝이 아니라 시작이라는 점을 명심해야 한다.

경영학과를 졸업한 김성훈(가명) 씨는 첫 직장을 중소기업으로 시작했다. 주변에서는 "아쉽다."라고 했지만, 그는 달리 생각했다.

김성훈 씨의 30년 프로젝트 설계

1~3년 차: 기본기 탄탄히 다지기, 모든 경험을 기록으로 남기기

4~7년 차: 전문 영역 확립, 업계 네트워크 구축

8~15년 차: 리더십 경험 쌓기, 멘토링 시작

16~25년 차: 업계 전문가로 인정받기, 지식 체계화

26~30년 차: 후배 양성, 업계 발전에 기여

30년 후 그는 업계 최고의 전문가가 되어 있었다. 첫 직장의 규모는 작았지만, 30년간의 일관된 노력이 큰 이름값을 만들어낸 것이다.

프리랜서: 한 건의 계약보다 10년의 신뢰

프리랜서들은 종종 '큰 계약 하나'에 목을 맨다. 물론 큰 계약은 좋지만, 더 중요한 것은 장기적으로 쌓아가는 신뢰다.

웹디자이너로 시작한 박민정(가명) 씨는 처음에 월 100만 원도 벌지 못했다. 하지만 그녀는 장기적 관점으로 접근했다.

박민정 씨의 15년 전략

1~2년 차: 작은 프로젝트라도 완벽하게, 모든 과정 기록

3~5년 차: 고객 만족도 향상, 추천 네트워크 구축

6~10년 차: 전문 영역 특화, 브랜드 구축

11~15년 차: 업계 리더로 인정, 후배 양성

15년 후 그녀는 연간 5억 원을 버는 톱 디자이너가 되었다. 한 번의 큰 계약이 아니라 15년간 꾸준히 쌓은 신뢰가 만든 결과였다.

자영업자: 오픈이 아니라 20년이 승부

많은 자영업자들이 '오픈 이벤트'에만 집중한다. 성대한 개업식, 화려한 프로모션에 집중하지만, 정작 중요한 것은 그 이후의 20년이다.

작은 동네에서 한식당을 시작한 이영희(가명) 사장은 다른 접근을 했다. 개업식도 하지 않고 조용히 문을 열었다.

이영희 사장의 20년 프로젝트

1~2년 차: 기본 맛 확립, 단골 고객 확보

3~5년 차: 입소문 확산, 서비스 품질 향상

6~10년 차: 지역 대표 맛집으로 인정

11~15년 차: 멀리서도 찾아오는 명소

16~20년 차: 다음 세대까지 이어갈 브랜드 구축

20년 후 그녀의 식당은 예약 대기가 2개월인 명소가 되었다. 화려한 오픈 이벤트가 아니라 20년간의 꾸준한 노력이 만든 결과였다.

직장인: 승진보다 평생 평판

많은 직장인들이 '다음 승진'에만 집중한다. 하지만 승진은 일시적이고, 평판은 평생이다. 은퇴 후에도, 심지어 사후에도 평판은 남는다.

대기업에서 30년간 근무한 정부장(가명)은 승진에 연연하지 않고 평생 평판 구축에 집중했다.

정부장의 평판 구축 전략

- 매 프로젝트마다 최선을 다하되 결과에 연연하지 않음

- 후배들에게 꾸준한 멘토링 제공

- 업계 발전을 위한 지식 공유

- 은퇴 후에도 이어갈 수 있는 전문 영역 구축

은퇴 10년이 지난 지금도 업계 후배들이 그를 찾아와 조언을 구한다. 30년간 쌓은 평판이 은퇴 후에도 그를 필요한 사람으로 만든 것이다.

평생 프로젝트로 살아가는 3단계 프로세스

1단계: 단기 목표 대신 장기 비전 세우기 Long-term Vision

대부분 사람들이 실패하는 이유는 근시안적 목표 때문이다. "올해 안에 유명해지자.", "내년까지 연봉 올리자."와 같은 단기 목표는 조급함을 부르고, 조급함은 실패를 부른다.

1년은 너무 짧고, 평생은 너무 길다. 10년이 가장 적당한 장기 계획 단위다. "10년 후 유명해지겠다."가 아니라 "10년간 매일 가치 있는 일을 하겠다."로 설정해야 한다. "좋은 사람이 되겠다."가 아니라 "매년 10명 이상에게 도움을 주는 사람이 되겠다."처럼 구체화해야 한다.

2단계: 증거의 아카이브 만들기 Evidence Archive

평생 프로젝트를 성공시키려면 체계적인 기록 관리가 필수다. 20년, 30년이 지나면 기억은 흐려지지만 기록은 남는다. 매년 말 그해의 주요 성과와 학습을 연도별로 정리한다. 그해의 10대 뉴스라는 제목으로

만드는 것도 추천한다. 업무, 학습, 인간관계, 기여 등 일정 카테고리별로 분류하면 좋다. 언제든 찾아볼 수 있도록 시스템을 구축하려면 블로그, 노션, 에버노트 등을 활용하면 좋다.

실제 나의 경우에도 매해 프로젝트 경험, 학습 내용, 인사이트를 "Personal Learning Archive"인 블로그와 노션에 기록하고 다시 체계적으로 정리해서 한 권의 책으로 발행하는 일을 15년째 해오고 있다.

3단계: 평생 학습과 갱신 Lifelong Learning & Renewal

환경은 계속 변한다. 10년 전의 전문성이 지금은 구식이 될 수 있다. 평생 프로젝트의 핵심은 지속적인 학습과 갱신이다.

그래서 나는 평생교육사 자격증도 준비했다. 이미 명지대학교 교육대학원 교육학과 독서코칭교육전공 대상으로 '퍼스널 브랜딩의 이론과 실습'이라는 주제로 한 학기 수업을 시작했다. 아마도 앞으로는 평생교육원을 통해 이름값을 만들어가는 과정인 퍼스널 브랜딩의 다양한 프로그램을 만나게 될 것이다.

내 분야의 변화를 지속적으로 관찰하면서 트렌드를 모니터링하고, 생성AI 활용과 같은 새로운 스킬을 주기적으로 학습하여 역량을 업데이트하고, '프로젝트 페르소나 엑스PPX', '심곡천밴드', '누백토크' 등을 통해 새로운 사람들과의 연결을 지속하며 네트워크를 확장하고 있다. 물론 내 가치관과 목표를 정기적으로 점검하는 것도 잊지 않는다.

이름값=평생 동안 쌓이는 증거의 누적치

이름값=Σ(일일 증거×일관성 지수×시간)

이 공식의 핵심은 시간의 복리 효과다.

- 짧은 이벤트: 큰 임팩트를 주지만 금세 사라짐
- 평생의 증거: 작은 임팩트가 지속적으로 누적되어 거대한 자산이 됨
- 일관성: 같은 방향의 증거가 쌓일 때 신뢰도 극대화
- 시간: 충분한 시간이 지나야 진정한 가치 인정

짧은 이벤트는 기억에서 사라지지만, 평생의 증거는 세대까지 이어진다.

물론 평생 프로젝트의 함정도 있다.

첫째, 평생 프로젝트의 가장 큰 적은 중간 포기다.

5년, 10년이 지나도 눈에 띄는 성과가 없으면 포기하고 싶어진다. 이럴 때는 작은 성과라도 정기적으로 점검하고 축하하기, 같은 길을 가는 동행자들과 네트워크 유지하기, 장기적 관점에서 현재 위치 재확인하면서 포기의 강을 건너야 한다.

둘째, 방향 전환의 딜레마에 빠진다.

환경이 변하면서 방향을 바꿔야 하는 상황이 생긴다. 하지만 무작정 바꾸면 지금까지의 노력이 물거품이 될 수 있다. 이때는 핵심 가치는 유지하되 방법론은 유연하게 조정하거나 급진적 변화보다는 점진적 적응을 추구하고, 기존 자산을 활용할 수 있는 방향으로 진화하는 게 필요하다.

셋째, 번아웃의 위험에 빠진다.

평생 프로젝트는 마라톤이다. 너무 빨리 달리면 중간에 지쳐서 포기할 수 있다. 이럴 때는 적절한 휴식과 재충전 시간을 확보하고 일과 삶의 균형을 유지하며 스트레스 관리 시스템 구축과 같은 지속 가능한 페이스 관리가 답이다.

디지털 시대의 평생 프로젝트

디지털 시대에는 온라인 아카이브 구축이 더욱 중요해졌다. 블로그, 유튜브, 링크드인 등을 통해 평생의 기록을 체계적으로 남길 수 있다.

디지털 아카이브는 장점이 많다. 검색과 분류가 용이하고 전 세계가 동시에 접근 가능하며 시간과 공간의 제약도 없다. 물론 멀티미디어 활용도 가능하다. 하지만 디지털 기록은 영구적이므로 신중하게 관리해야 한다. 일시적 감정이나 미완성된 생각은 기록하지 않는 것이 좋다.

AI 시대의 인간적 가치

AI가 발전할수록 인간만의 고유한 스토리가 더욱 중요해진다. AI는 데이터를 처리할 수 있지만, 30년간의 인간적 경험과 성장 스토리는 만들 수 없다. AI 시대의 이름값을 차별화하기 위해서는 인간적 경험의 깊이, 감정과 스토리의 진정성, 관계와 신뢰의 축적, 가치관과 철학의 일관성 등을 고려해야 한다.

평생 프로젝트의 마지막 증거

2011년, 스티브 잡스가 세상을 떠나기 몇 달 전 마지막 인터뷰에서 한 말이 있다.

"사람들은 내가 언제 성공했는지 묻는다. 하지만 나는 아직도 실패하고 있고, 아직도 배우고 있다. 성공은 완료되는 것이 아니라 계속되는 것이다."

잡스가 떠난 지 12년이 지났지만, 그의 이름값은 오히려 더 강해졌다. 왜일까? 그가 평생에 걸쳐 쌓아 올린 혁신에 대한 일관된 신념이 시간이 지날수록 더욱 빛을 발하기 때문이다.

평생 프로젝트는 개인의 성공을 위한 것만이 아니다. 다음 세대에게 전달할 가치를 만드는 것이다. 워런 버핏의 투자 철학은 수많은 투자자들에게 길잡이가 되고 있다. 유재석의 성실함은 후배 연예인들의 롤모델이 되고 있다. 만델라의 화해 정신은 전 세계 정치인들의 표준이 되고 있다. 진정한 이름값은 개인을 넘어서 사회적 자산이 된다.

당신의 평생 프로젝트

지금 이 글을 읽는 당신도 이미 평생 프로젝트를 시작했을 것이다. 의식하지 못했을 뿐, 매일의 선택과 행동이 쌓여서 당신만의 이름값을 만들어가고 있다. 문제는 방향성이다. 그냥 흘러가는 대로 살 것인가, 아니면 의도적으로 설계해서 살 것인가? 문제는 일관성이다. 오늘은 이렇고 내일은 저럴 것인가, 아니면 한결같은 모습을 보일 것인가?

문제는 지속성이다. 몇 년 하다가 그만둘 것인가, 아니면 평생에 걸쳐 이어갈 것인가?

시작은 언제나 오늘부터

평생 프로젝트라고 해서 거창하게 시작할 필요는 없다. 오늘 하나의 작은 증거를 남기는 것부터 시작하면 된다. 10년 후, 20년 후를 상상해 보라. 그때의 당신이 지금의 당신에게 고마워할 수 있도록, 오늘부터 의미 있는 증거를 쌓아가라.

- 나는 지금 단기 목표에 매달리고 있는가, 아니면 평생 프로젝트를 설계하고 있는가?
- 10년 뒤, 내 이름 옆에 어떤 증거가 쌓여 있기를 원하는가?
- 평생의 이름값 프로젝트를 위해 오늘 내가 쌓아야 할 작은 증거는 무엇인가?

이름값은 이벤트가 아니라 평생 프로젝트다. 오늘의 작은 증거가 10년 후의 큰 자산이 된다. 일관성 있게, 꾸준히, 의미 있게 살아가라. 당신의 평생 프로젝트가 세상에 가치를 남기게 될 것이다. 당신의 이름값은 평생에 걸쳐 쌓아 올릴 가장 소중한 자산이다

"우리는 우리가 반복적으로 하는 행동의 결과다. 따라서 탁월함은 행위가 아니라 습관이다."

- 아리스토텔레스

이름값은 결국
'삶의 방식'이 된다

93세 할아버지의 마지막 수업

2023년 5월, 버크셔 해서웨이 주주총회에서 93세의 워런 버핏에게 한 젊은 투자자가 질문했다. "어떻게 하면 당신처럼 신뢰받는 투자자가 될 수 있나요?" 버핏은 잠시 생각하더니 이렇게 말했다.

"사람들은 내가 특별한 투자 기법을 가르쳐주길 원합니다. 하지만 나는 투자 기법을 가르친 적이 없습니다. 나는 그냥 내가 사는 방식을 보여줬을 뿐입니다. 매일 아침 5시에 일어나서 신문 5개를 읽고, 오전 내내 기업 보고서를 분석하고, 오후에는 사람들을 만나 이야기를 듣습니다. 58년간 한 번도 빠뜨린 적이 없지요. 이것이 내 투자 철학의 전부입니다. 투자 기법은 배울 수 있지만, 삶의 방식은 선택해야 합니다. 나는 투자가가 되기로 한 것이 아니라, 평생 배우고 분석하며 사는 방식을 선택했습니다. 그 결과가 지금의 나입니다."

주주총회가 끝난 후, 그 젊은 투자자는 기자에게 이렇게 말했다. "버핏이 위대한 이유를 알 것 같습니다. 그는 투자를 '하는' 사람이 아니라 투자를 '사는' 사람입니다."

이름값은 무엇을 하느냐가 아니라 어떻게 사느냐에서 나온다.

이름값은 일회성 프로젝트가 아니다

현대 사회에는 퍼스널 브랜딩에 대한 큰 오해가 있다. 많은 사람들이 퍼스널 브랜딩을 마케팅 테크닉 정도로 생각한다.

"특강 듣고 프로필 멋지게 꾸미는 일", "SNS로 수익화 만들기", "인플루언서 되는 방법" 같은 것들 말이다. 하지만 이는 퍼스널 브랜딩의 본질을 완전히 오해한 것이다. 진짜 이름값은 테크닉이 아니라 존재 방식이다.

삶의 총합으로서의 이름값

이름값은 단기 이벤트가 아니라 삶의 총합이다. 당신이 매일 어떻게 행동하는지, 어떤 태도로 살아가는지, 어떤 선택을 반복하는지가 이름값을 결정한다.

스탠퍼드 대학교 경영대학원의 2020년 연구에 따르면, 사람들이 특정 인물을 평가할 때 가장 중요하게 여기는 요소는 '일관된 행동 패턴'이었다. 단발성 성과나 화려한 성취보다 일상적 행동의 일관성을 더 신뢰한다는 것이다. 두 명의 컨설턴트를 통해 살펴보자.

A컨설턴트 - '이벤트' 중심 접근

- 화려한 자기소개서와 포트폴리오 제작

- 큰 프로젝트 성공 사례들을 부각

- SNS에서 성과 위주의 콘텐츠 발행

- 결과: 초기 관심은 높았지만 지속적 신뢰 확보 실패

B컨설턴트 - '삶의 방식' 중심 접근

- 매일 업계 동향을 분석하고 기록

- 작은 프로젝트도 꼼꼼히 문서화

- 고객과의 소통을 최우선으로 생활

- 결과: 점진적이지만 지속적인 신뢰 구축, 10년 후 업계 최고 전문가

결국 이름값은 '전략'이 아니라 '삶의 방식'이다.

습관이 곧 브랜드다: 일상이 만드는 인상

- 꾸준히 기록하는 사람은 '신뢰할 수 있는 브랜드'라는 인상을 준다.

- 피드백을 환영하는 사람은 '성장하는 브랜드'로 인식된다.

- 실패를 숨기지 않고 드러내는 사람은 '진정성 있는 브랜드'가 된다.

즉, 당신의 이름은 특별한 순간이 아니라 일상의 습관 속에서 만들어진다. 2021년 하버드 비즈니스 스쿨에서 실시한 '리더십과 일상 습관' 연구는 놀라운 결과를 보여줬다. 성공한 경영자 300명의 일상 습관

을 2년간 추적 관찰한 결과 다음과 같은 내용을 발견했다.

- 성공한 리더들의 87%가 '매일 반복하는 작은 루틴'을 가지고 있음
- 이들의 브랜드 이미지는 큰 성과보다 일상 습관과 더 높은 상관관계를 보임
- 팀원들이 리더를 평가할 때 가장 중요하게 여기는 것은 '예측 가능한 행동 패턴'

결국 리더십은 카리스마나 전략이 아니라 신뢰할 수 있는 일상에서 나온다. 큰 기업들도 이제 미시적 브랜딩Micro-branding에 주목하고 있다. 거대한 광고 캠페인보다 직원들의 일상적 행동이 브랜드에 미치는 영향이 더 크다는 것을 깨달았기 때문이다.

개인도 마찬가지다. 당신의 이름값은 특별한 순간이 아니라 일상의 습관 속에서 만들어진다.

이름값은 선택이 아니라 태도다

2021년 하버드 비즈니스 리뷰에 실린 기사 "The Consistency Advantage"에는 이런 내용이 실렸다.

"브랜드는 캠페인이 아니라 행동의 일관성에서 나온다. 가장 강력한 브랜드들은 모두 예측 가능한 행동 패턴을 가지고 있다."

이는 개인에게도 동일하게 적용된다. 꾸준함과 진정성이 없는 이름은 금세 잊히지만, 삶의 방식으로 굳어진 이름은 시간이 지날수록 빛을 발한다.

선택과 태도 사이에는 차이가 있다.

선택 중심 사고

- "오늘은 친절하게 행동해야지."
- "이번 프로젝트는 성실하게 해야지."
- "오늘은 블로그 글을 써야지."

태도 중심 사고

- "나는 친절한 사람이다."
- "나는 성실한 사람이다."
- "나는 기록하며 사는 사람이다."

차이가 보이는가? 선택은 의식적 노력이 필요하지만, 태도는 자연스러운 표현이다. 선택은 때로 실패할 수 있지만, 태도는 정체성의 일부가 되어 일관성을 유지한다.

신경과학이 밝힌 정체성의 힘

스탠퍼드 대학교 신경과학과의 연구에 따르면, 인간의 뇌는 정체성과 일치하는 행동을 할 때 가장 적은 에너지를 소모한다.

'나는 ○○한 사람이다.'라는 정체성이 확립되면, 그에 맞는 행동은 자동화된다. 반대로 정체성과 맞지 않는 행동은 큰 에너지를 소모하고 지속되기 어렵다. 이것이 바로 태도의 힘이다. 이름값을 '해야 할 일'이 아니라 '나다운 방식'으로 인식할 때, 비로소 지속 가능해진다.

세계적 인물들의 삶의 방식

오프라 윈프리: 진정성을 사는 방식

오프라 윈프리가 25년간 미국 최고의 토크쇼를 진행할 수 있었던 이유는 뛰어난 진행 기술 때문만이 아니다. 그녀의 삶의 방식 자체가 브랜드였기 때문이다. 다음은 오프라의 일상 철학이다.

- 매일 아침 명상과 감사 일기 쓰기
- 모든 게스트를 동등한 인간으로 대하기
- 개인적 경험을 솔직하게 나누기
- 배움과 성장을 최우선으로 생각하기

이런 삶의 방식이 25년간 일관되게 유지되면서 '진정성'이라는 강력한 브랜드를 만들었다. 오프라는 토크쇼를 '진행'한 것이 아니라 자신의 삶을 '공유'한 것이다.

일론 머스크: 미래를 사는 방식

일론 머스크의 브랜드는 '혁신적인 기업가'다. 하지만 이는 그가 혁신적인 제품을 만들어서가 아니라, 혁신적으로 사는 방식 때문이다. 머스크의 일상 패턴을 알아보자.

- 하루 16~18시간 일하기
- 모든 결정을 '인류의 미래'라는 관점에서 판단하기

- 실패를 두려워하지 않고 과감한 도전하기
- 기존 방식에 의문을 갖고 근본부터 다시 생각하기

이런 삶의 방식이 테슬라, 스페이스X, 뉴럴링크 등 모든 사업에 일관되게 나타난다. 머스크는 혁신을 '추구'하는 것이 아니라 혁신이 '체화'된 삶을 산다.

손정의: 300년을 보는 방식

소프트뱅크 회장 손정의의 브랜드는 '미래 지향적 투자자'. 이는 그의 시간 관념이 삶의 방식이 되었기 때문이다. 다음은 손정의의 시간 철학이다.

- 모든 결정을 300년 후 관점에서 판단하기
- 단기 손실을 두려워하지 않기
- 기술 트렌드를 평생 학습 주제로 삼기
- '정보 혁명으로 인류를 행복하게 한다'는 일관된 미션

이런 삶의 방식이 40년간 지속되면서 '비저너리 투자자'라는 독보적 브랜드를 만들었다.

이름값 경제학의 공식

이름값=삶의 방식×일관된 습관×시간

이것이 이름값 경제학의 궁극적 공식이다.

- 삶의 방식: 당신이 어떤 사람으로 살아가는가
- 일관된 습관: 그 방식이 매일의 행동에서 어떻게 나타나는가
- 시간: 얼마나 오랫동안 유지하는가

세 요소가 모두 갖춰질 때 진정한 이름값이 탄생한다.

AI가 바꿀 수 없는 것

AI가 아무리 발전해도 바꿀 수 없는 것이 있다. 바로 인간적 삶의 방식이다. AI는 효율적인 결과를 만들 수 있지만 인간 자체를 바꿀 수는 없다.

- 30년간 일관된 가치관을 유지할 수 없다.
- 개인적 경험에서 우러나는 진정성을 가질 수 없다.
- 실패와 성장의 인간적 스토리를 만들 수 없다.
- 관계와 신뢰의 깊이를 쌓을 수 없다.

앞으로는 '무엇을 알고 있는가?'가 아니라 '얼마나 인간답게 사는가'가 가장 큰 차별화 요소가 될 것이다. 기술적 역량이나 표면적 지식은 AI가 대체 가능하지만 인간적 가치는 대체 불가능한 고유 영역이기 때문이다.

삶 자체가 작품이 되는 순간

2019년, 은퇴를 앞둔 한 대학교수가 마지막 강의에서 한 말이 있다. "여러분은 자신의 인생을 어떤 작품으로 만들고 싶나요? 명화는 하루 아침에 그려지지 않습니다. 매일 조금씩, 일관된 터치로 그려가야 합니다."

이름값도 마찬가지다. 하루하루의 작은 선택들이 모여서 인생이라는 작품을 만든다.

지금까지 이름값에 대한 많은 이야기를 했다. 증거를 쌓고, 기록을 남기고, 피드백을 받고, 실패를 극복하는 모든 과정들 말이다. 하지만 이 모든 것들은 결국 하나로 귀결된다. 바로 '당신이 어떤 사람으로 살 것인가?'라는 질문이다.

이름값은 기법이 아니라 삶 자체다. 당신이 매일 아침 일어나서 밤에 잠들 때까지, 어떤 마음가짐으로 살아가는지가 당신의 이름값을 결정한다. 오늘부터 시작하는 삶의 방식. 복잡하게 생각할 필요 없다. 오늘부터 당신답게 살면 된다. 진정성 있게, 일관성 있게, 꾸준하게. 그리고 그 과정을 기록하고 공유하며 성장해 나가면 된다.

10년 후, 사람들이 당신의 이름을 들었을 때 떠올릴 모습이 바로 지금 당신이 선택하는 삶의 방식에서 시작된다.

"당신의 브랜드는 당신이 없는 곳에서 사람들이 당신에 대해 하는 이야기다."

- 제프 베조스

1장 이름값 실천의 시작

- 행동 없는 브랜딩은 공허하다.
- 이름값은 거창한 전략이 아니라 작은 실천에서 시작된다.
- 첫걸음이 곧 브랜드의 씨앗이다.

2장 가치 선언문을 써라

- 내가 대표할 한 줄 가치를 선언하는 것이 브랜딩의 시작이다.
- 선언문은 나의 WHY를 명확히 보여준다.
- 모호한 이름이 아닌, 방향성 있는 이름을 설계해야 한다.

3장 작은 행동을 습관으로 만들어라

- 이름값은 일회성이 아니라 습관에서 나온다.
- 매일의 작은 실천이 신뢰를 쌓는다.
- 습관은 이름을 지탱하는 가장 강력한 엔진이다.

4장 기록 습관이 이름값을 만든다

- 기록은 증거를 사라지지 않게 붙잡는 방법이다.
- 블로그, 일기, SNS, 포트폴리오는 이름값의 창고다.
- 꾸준한 기록이 곧 신뢰의 타임라인이 된다.

5장 작은 무대라도 증거로 만들어라

- 크고 화려한 무대가 아니어도 된다.
- 작은 발표, 작은 프로젝트도 증거가 된다.
- 무대의 크기가 아니라 남긴 흔적이 중요하다.

6장 피드백을 증거로 전환하라

- 피드백은 상처가 아니라 성장의 자원이다.
- 긍정적·부정적 반응 모두 이름값의 증거가 된다.
- 피드백을 기록하고 반영하는 사람이 신뢰를 얻는다.

7장 꾸준함이 최고의 전략이다

- 꾸준함은 성과보다 더 강력한 브랜딩 도구다.
- 전략은 변해도 꾸준함은 브랜드를 지탱한다.
- 일관된 행동은 곧 장기적 신뢰를 만든다.

8장 실패를 성장의 증거로 남겨라

- 실패는 숨길 일이 아니라 성장의 기록이다.
- 극복과 학습의 과정이 신뢰를 더 단단하게 만든다.
- 실패를 증거로 전환한 이름은 더 오래 살아남는다.

9장 증거를 쌓는 일은 평생 프로젝트다

- 이름값은 단기 프로젝트가 아니라 평생의 여정이다.
- 시간 위에 쌓이는 증거가 복리처럼 가치를 키운다.
- 이름값 관리=평생 자산 관리다.

10장 이름값은 결국 '삶의 방식'이 된다

- 이름값은 전략이 아니라 생활 습관이자 태도다.
- 내가 사는 방식이 곧 내 브랜드가 된다.
- 결국 이름값은 '삶 전체의 총합'이다.

"이름값은 전략이 아니라 습관이며, 작은 실천과 꾸준한 기록을 평생 프로젝트로 이어갈 때 완성된다."

5부

이름값의 확장과 완결

확장 편

이름값을 만드는 사람들의
7가지 습관

매일 아침 5시 30분의 기적

세스 고딘Seth Godin이 20년 넘게 지켜온 아침 루틴이 있다. 매일 오전 5시 30분에 일어나서 첫 번째로 하는 일은 글쓰기다. 길게 쓸 때도 있고 짧게 쓸 때도 있지만, 단 하루도 빠뜨린 적이 없다. 그의 블로그에는 8,000개가 넘는 포스트가 올라가 있다. 하루도 빠짐없이 20년을 써 온 결과다.

사람들은 묻는다. "어떻게 그렇게 많은 아이디어가 나오나요?" 고딘은 웃으며 답한다. "아이디어가 먼저 나오는 게 아니다. 글을 쓰다 보니 아이디어가 생긴다. 습관이 창조성을 만든다."

그의 이름값은 단순히 마케팅 전문가라는 타이틀에서 나오는 것이 아니다. 20년간 매일 아침 5시 30분에 반복한 글쓰기 습관이 만든 것이다. 그 습관이 쌓여서 지금의 세스 고딘이라는 브랜드가 되었다. 이름값은 결과가 아니라 과정이다. 성과가 아니라 습관이다.

이름값은 반복된 행동의 집합이다

우리는 이름값 있는 사람들을 볼 때 그들의 화려한 결과물만 본다. 베스트셀러 책, 수만 명이 보는 강연, 바이럴되는 콘텐츠, 성공한 사업 같은 것들 말이다. 하지만 그 뒤에는 조용하고 반복적인 습관의 층위가 존재한다.

제임스 클리어James Clear가 『아주 작은 습관이 힘』에서 밝힌 것처럼, 성공한 사람들의 비밀은 특별한 재능이나 운이 아니라 1%씩 나아지는 일상의 시스템이다. 그들이 매일 무엇을 하는지, 어떤 태도로 살아가는지가 결국 그들의 이름값을 만들어낸다.

이름값을 만드는 습관은 단순한 자기계발 목록이 아니다. 오히려 여러 차원의 가치를 동시에 담고 있다.

- 정체성: "나는 이런 사람이다."라는 자기 인식을 구체화한다.
- 실행력: 생각을 현실로 바꾸는 힘을 기른다.
- 신뢰: 자신과의 약속을 지키면서 타인의 신뢰도 얻는다.
- 철학: 왜 이 일을 하는지에 대한 명확한 이유를 만든다.
- 회복력: 실패나 좌절에서 빠르게 회복하는 힘을 기른다.
- 지속가능성: 오랫동안 계속할 수 있는 삶의 패턴을 만든다.

이런 요소들이 결합되어 이름값의 근육 같은 기반을 만든다.

이름값을 가진 사람들의 7가지 습관

습관 1: 기록과 발신의 일상화

이름값을 가진 사람들의 첫 번째 공통점은 끊임없이 기록하고 발신한다는 것이다. 머릿속에만 있는 생각은 생각일 뿐이지만, 기록된 생각은 자산이 된다.

마이클 싱어Michael Singer는『될 일은 된다』에서 이렇게 말했다.

"내가 경험한 모든 것을 글로 남겼기 때문에, 그 경험들이 지혜로 전환될 수 있었다."

기록은 단순한 메모가 아니라 정리의 도구이자 성장의 증거다. 중요한 것은 완벽함이 아니라 지속성이다. 매일 조금씩이라도 자신의 생각을 밖으로 표현하는 습관이 결국 강력한 개인 브랜드를 만든다.

습관 2: 피드백을 데이터로 받아들이기

이름값 있는 사람들의 두 번째 특징은 피드백을 감정적으로 받지 않는다는 것이다. 비판이나 부정적 의견을 개인적 공격으로 여기지 않고, 개선을 위한 소중한 데이터로 받아들인다. 레이 달리오Ray Dalio는 『원칙』에서 "근본적 투명성"의 중요성을 강조했다. 그의 회사 브리지워터에서는 모든 회의가 녹음되고, 직급에 관계없이 누구나 누구에게든 피드백을 줄 수 있다. 이런 문화가 세계 최고의 헤지펀드를 만들어냈다.

습관 3: 철학을 언어로 구체화하기

이름값은 결국 브랜드이고, 브랜드는 언어로 표현된다. 이름값 있는 사람들은 자신이 왜 이 일을 하는지, 무엇을 위해 존재하는지를 명확한 언어로 정리하는 습관을 가지고 있다.

사이먼 시넥Simon Sinek의 유명한 TED 강연 "위대한 리더들이 행동을 이끌어내는 법"은 바로 이 지점을 다룬다. 성공한 리더들과 조직들은 모두 명확한 'Why'를 가지고 있다는 것이다.

처음에는 모호하고 추상적일 수 있다. 하지만 계속 다듬고 발전시키면서 점점 더 명확하고 구체적으로 만들어간다. 이 과정 자체가 자기 이해를 깊게 하고 브랜드 정체성을 확립하는 데 도움이 된다.

습관 4: 변하지 않는 루틴의 힘

이름값 있는 사람들의 네 번째 공통점은 일관된 루틴을 가지고 있다는 것이다. 운동, 독서, 명상, 정리정돈 등 매일 반복되는 행동들이 그들의 삶을 구조화하고 안정화시킨다.

팀 페리스Tim Ferriss는 『타이탄의 도구들』에서 성공한 사람들의 공통점을 분석했다. 그 결과 대부분이 아침 루틴을 가지고 있다는 것을 발견했다. 아침에 하는 일관된 행동들이 하루 전체의 에너지와 방향을 결정한다는 것이다.

습관 5: 모든 무대에서의 일관성

이름값 있는 사람들은 무대의 크기에 관계없이 같은 태도로 임한다. 수만 명 앞에서 하는 강연이나 동료 한 명과의 대화에서나 동일한 진정성과 전문성을 보여준다. 이는 단순히 프로 의식의 문제가 아니다.

작은 무대에서의 태도가 결국 큰 무대로 이어지기 때문이다.

오프라 윈프리는 지역 라디오에서 시작해서 전국적인 토크쇼 호스트가 되었지만, 처음부터 끝까지 '진정성 있는 소통'이라는 일관된 태도를 유지했다.

진짜 브랜드는 의식하지 않아도 자연스럽게 나오는 것이다. 이름값 있는 사람들은 자신의 브랜드가 삶의 방식이 되도록 만든다. 연기하는 것이 아니라 그냥 자신다움을 표현하는 것이다.

습관 6: 지속적인 자기탐구

많은 사람들이 자기계발에는 열심이지만 자기 이해에는 소홀하다. 책을 읽고 강의를 들으면서 새로운 지식이나 기술을 습득하는 데만 집중한다. 하지만 이름값 있는 사람들은 다르다.

그들은 "이 지식이나 기술이 나에게 어떤 의미인가?", "왜 나는 이 주제에 끌리는가?", "이것이 내 본질과 어떻게 연결되는가?"를 끊임없이 자문한다.

이때 외부의 기준이나 다른 사람의 기대가 아니라 자신만의 내면 기준을 만드는 것이 중요하다. 이것이 확실해야 흔들리지 않는 이름값을 만들 수 있다.

습관 7: 실패를 스토리로 전환하기

대부분의 사람들은 실패를 숨기려 한다. 하지만 이름값 있는 사람들은 실패를 자산으로 만드는 법을 안다. 실패를 피하지 않을 뿐만 아니라, 그것을 자신의 신뢰도를 높이는 기회로 활용한다.

브레네 브라운Brené Brown의 연구에 따르면, 자신의 취약성을 드러내는 리더가 더 강한 신뢰를 받는다. 완벽한 척하는 것보다 인간적인 모습을 보이는 것이 더 매력적이라는 뜻이다.

실패 이야기는 강력한 차별화 요소가 될 수 있다. 누구나 성공 스토리는 가지고 있지만, 실패를 진솔하게 나누는 사람은 드물기 때문이다. 이런 진정성이 오히려 더 큰 신뢰와 공감을 만들어낸다.

오늘부터 시작하는 이름값 습관

복잡하게 생각할 필요 없다. 가장 중요한 것은 시작이다. 7가지 습관 중에서 가장 자연스럽게 느껴지는 것 하나부터 시작하면 된다. 매일 한 줄이라도 좋으니 기록해보고, 피드백을 두려워하지 말고, 자신만의 철학을 정리해보고, 작은 루틴을 만들어보자. 무대의 크기에 관계없이 진심으로 임하고, 자신을 깊이 이해하려 노력하며, 실패도 성장의 기회로 받아들여보자.

처음부터 완벽할 필요는 없다. 중요한 것은 매일 조금씩이라도 계속하는 것이다. 1%씩 나아지는 일상이 몇 년 후에는 엄청난 차이를 만들어낸다. 당신이 오늘 무심코 반복한 행동이 몇 년 후 당신의 이름에 어떤 무게를 더할지 아무도 모른다. 하지만 분명한 것은, 좋은 습관은 좋은 이름값을 만들고, 좋은 이름값은 더 많은 기회를 가져다준다는 것이다.

이름값은 단지 실력의 증거가 아니다. 반복된 습관의 결실이며, 삶의 방식 그 자체다. 당신의 이름값은 오늘의 습관에서 시작된다.

이름값은 교환되는 자산이다

한 통의 이메일이 바꾼 운명

2019년 3월, 스타트업 창업자 김민수(가명)에게 한 통의 이메일이 도착했다. 발신자는 네이버의 투자 담당 임원이었다.

"안녕하세요. 김민수 대표님의 이름을 여러 곳에서 들었습니다. 한 번 뵙고 싶습니다."

김민수는 당황했다. 그의 스타트업은 아직 직원이 3명뿐인 작은 회사였고, 매출도 미미했다. 네이버 같은 대기업에서 관심을 가질 만한 규모가 아니었다. 하지만 그 이메일의 진짜 이유는 따로 있었다. 지난 2년간 김민수가 꾸준히 써온 기술 블로그였다. 매주 하나씩 올린 깊이 있는 개발 인사이트가 업계에서 화제가 되었고, 여러 개발자들이 그의 이름을 언급하기 시작했다.

"김민수라는 개발자 아세요? 정말 뛰어난 분석력을 가진 사람이에요."

이런 입소문이 개발자 커뮤니티에서 투자자들까지 전해진 것이다. 결과적으로 김민수는 네이버로부터 5억 원의 투자를 유치했다.

그가 받은 것은 단순한 투자금이 아니었다. 2년간 쌓은 이름값이 경제적 가치로 교환된 순간이었다. 이름값은 개인의 성취를 넘어 시장에서 거래되는 자산이다.

사회적·경제적 교환의 거대한 힘

다음은 브랜드 프리미엄의 실제 사례다.

- 스타벅스 아메리카노: 4,500원
- 동네 카페 아메리카노: 2,500원

두 커피의 원두와 제조법은 비슷하지만 스타벅스는 이름값으로 80% 프리미엄이 붙는다. 똑같은 커피여도, '스타벅스'라는 이름은 신뢰를 거래한다.

루이비통, 나이키, 애플… 이런 글로벌 브랜드 역시 제품보다 먼저 팔리는 것은 이름이다. 그 이름값이 곧 프리미엄 가격을 만든다. 애플의 브랜드 가치 분석(2023 인터브랜드 조사)은 다음과 같다.

- 애플 브랜드 가치: 4,820억 달러
- 애플 전체 시가총액: 3조 달러
- 브랜드 가치가 시가총액의 16%를 차지한다.

이는 애플 제품을 사는 사람들이 기술뿐 아니라 '애플'이라는 이름값을 구매한다는 의미다.

개인 브랜드의 경제적 파워

워런 버핏이 투자하면 주가가 움직인다. BTS가 협업하면 브랜드 가치가 폭등한다. 이는 이름 자체가 교환되는 자산이기 때문이다.

워런 버핏 효과의 실제 사례

- 2019년 버핏이 아마존 투자 발표: 당일 아마존 주가 4% 상승
- 2020년 애플 지분 축소 소식: 애플 주가 2% 하락
- 한 사람의 이름이 수십조 원의 시장을 움직임

BTS 효과의 경제적 영향

- 2021년 루이비통 협업 발표: 루이비통 주가 5% 상승
- 맥도날드 BTS 세트 출시: 맥도날드 매출 12% 증가
- 7명의 이름값이 글로벌 브랜드를 좌우

우버, 에어비앤비, 업워크 같은 플랫폼에서는 평점과 리뷰가 곧 화폐다. 이름값이 직접적인 경제적 가치로 전환되는 시대가 되었다. 유튜버, 인플루언서, 팟캐스터들은 구독자와 팔로워를 통해 수익을 창출한다. 개인의 이름값이 직접적인 비즈니스 모델이 되는 '크리에이터 이코노미'라는 새로운 경제가 등장한 것이다. 거기다 블록체인 기술을 통

해 개인의 창작물과 이름값을 토큰화하여 거래하는 NFT와 개인 브랜드 시대가 열렸다. 이름값의 소유권과 거래 방식이 근본적으로 변화하고 있다.

개인적 자산에서 사회적 화폐로

지금까지 우리는 이름값을 개인이 쌓는 증거의 문제로 다뤘다. 하지만 이름값은 단지 개인의 자기만족에서 끝나지 않는다. 이름은 시장에서 거래되는 자산이 된다.

1964년 노벨경제학상 수상자 게리 베커 Gary Becker는 '인적 자본 Human Capital' 이론을 통해 이를 설명했다. 그에 따르면 개인의 능력, 신뢰, 평판은 곧 시장에서 교환 가능한 경제적 가치다. 즉, 이름값은 단순한 호칭이 아니라 사회적 화폐이며, 신뢰를 축적한 이름은 거래 가능한 통화가 된다.

2020년 하버드 비즈니스 스쿨에서 실시한 '신뢰와 경제적 성과' 연구는 놀라운 결과를 보여줬다. 연구팀은 1,000명의 비즈니스 전문가를 3년간 추적 관찰했다. 그리고 다음과 같은 결과를 발견했다.

- 높은 신뢰도를 가진 개인의 평균 연봉이 42% 더 높았음
- 새로운 기회를 제안받는 빈도가 3.2배 더 많았음
- 협업 프로젝트에서 리더로 선택되는 확률이 5배 더 높았음

연구를 주도한 프란시스 후쿠야마 Francis Fukuyama 교수는 이렇게 설

명했다. "신뢰는 거래 비용을 낮추고 기회 비용을 높인다. 신뢰할 만한 이름은 그 자체로 경제적 프리미엄을 만든다."

경제학에서 '네트워크 효과Network Effect'란 사용자가 늘어날수록 그 가치가 기하급수적으로 커지는 현상을 말한다. 전화기를 예로 들어 보자.

- 전화기가 한 대만 있을 때는 쓸모가 없다.
- 두 대가 연결되면 가치는 두 배가 된다.
- 수천만 대가 연결되면 사회 전체를 바꾸는 인프라가 된다.

이 원리는 이름값에도 똑같이 적용된다. 한두 명이 신뢰하는 이름은 작지만, 많은 사람들이 동시에 신뢰하는 이름은 기하급수적으로 커진다.

이름값의 네트워크 효과

이름은 홀로 존재하지 않는다. **네트워크 속에서 증폭되고 확장된다.**

- 입소문: 한 사람의 추천이 열 명에게 전달되고, 다시 백 명에게 전파된다.
- 디지털 공유: 한 번의 SNS 언급이 수천 번 리트윗되고, 유튜브 영상은 수백만 뷰를 만든다.
- 언론 보도: 한 매체의 기사로 시작된 이름값은 다른 매체로 확산되며 폭발적 신뢰를 얻는다.

이름값=교환 가능한 사회적 화폐

이 공식의 핵심은 유동성Liquidity이다.

이름값의 교환 가치=신뢰도×인지도×네트워크 효과×시장 수요

- 신뢰도: 얼마나 믿을 만한가?

- 인지도: 얼마나 많은 사람이 아는가?

- 네트워크 효과: 추천과 확산이 얼마나 활발한가?

- 시장 수요: 그 분야에 대한 시장의 관심도는?

증거로 쌓은 신뢰는 시장에서 기회로 교환된다. 이름은 단순한 호칭이 아니라, 거래되는 자산이다.

내 이름의 시장 가치

2023년 포브스가 발표한 "세계에서 가장 영향력 있는 인물 100인" 리스트를 보면 흥미로운 사실을 발견할 수 있다. 그 리스트에 오른 사람들의 공통점은 특별한 재능이나 권력이 아니라, 자신의 이름을 신뢰할 만한 자산으로 만들었다는 것이다.

일론 머스크가 트위터에 글 하나 올리면 주식 시장이 움직인다. 오프라 윈프리가 책을 추천하면 베스트셀러가 된다. BTS가 브랜드와 협업하면 글로벌 화제가 된다. 이들의 이름은 단순한 호칭을 넘어서 경제적 파워를 가진 자산이 되었다.

당신의 이름값은? 지금 당신의 이름은 어떤 시장에서 교환되고 있는가? 동네 커피숍에서? 회사 내부에서? 업계 전체에서? 아니면 아직 교환되지 않고 있는가?

중요한 것은 시장의 크기가 아니라 교환의 시작이다. 작은 시장에서라도 신뢰할 만한 이름으로 인정받으면, 그것이 더 큰 시장으로 확장될 수 있는 기반이 된다. 나의 이름은 **단순한 개인의 성취를 넘어, 사회에서 교환되는 자산**이다.

이름값은 세대를 넘어간다

이름은 시간의 벽을 넘는다

죽음은 모든 것을 끝내지 못한다. 육체는 사라져도 이름은 남는다. 더 정확히 말하면, 이름 뒤에 숨겨진 가치와 의미가 시간의 벽을 넘어 다음 세대로 전해진다. 이것이 이름값 경제학의 궁극적 진실이다.

우리가 평생에 걸쳐 쌓아 올린 이름값은 단지 '현재의 자산'이 아니다. 그것은 사회의 집단 기억 속에서, 후대 사람들의 무의식 속에서 살아 숨 쉬며 새로운 가치를 창출한다. 당신이 지금 쌓고 있는 이름값은 개인을 위한 투자인 동시에 미래 세대를 위한 유산이다.

이름이 만드는 영원한 자산

에디슨의 이름을 떠올려보라. 그는 1931년 세상을 떠났지만, 그의 이름은 여전히 '혁신'과 '발명'의 상징으로 살아있다. 오늘날에도 누군가 창의적인 아이디어를 내면 "에디슨 같다."라는 표현을 쓴다. 그의 이름값은 개인의 생물학적 한계를 넘어 인류의 영감 자산이 되었다.

마더 테레사는 어떤가. 그녀가 떠난 지 수십 년이 지났지만, 그녀의 이름은 여전히 전 세계에서 '무조건적 사랑'과 '헌신'의 기준점이다. 누군가 이타적인 행동을 할 때면 "마더 테레사 같다."라는 찬사가 따라온다. 그녀의 이름값은 개인을 넘어 인류 공동체의 도덕적 나침반이 되었다.

우리나라의 김구 선생은 어떨까. 그의 이름은 단순한 정치인의 명칭이 아니라 '불굴의 의지'와 '민족의 자존심'이라는 가치와 함께 세대를 이어 전해진다. 젊은 세대가 어려움 앞에서 포기하고 싶을 때, 김구라는 이름이 주는 영감은 여전히 유효하다.

이것이 이름값의 진정한 힘이다. 개인의 삶을 넘어 사회적, 역사적 자산으로 확장되는 것.

이름값의 유산 효과(Legacy Effect)

경제학적으로도 이름은 일종의 브랜드 자산Brand Equity처럼 작동한다. 살아있는 동안 축적된 신뢰와 성취가 브랜드 가치로 변환되어, 그 개인이 사라진 후에도 경제적 효과를 지속한다는 것이다.

- 살아 있는 동안 쌓은 신뢰와 성취가 후대의 기억 자산으로 남는다.
- 후손이나 조직, 공동체가 그 이름값을 기반으로 새로운 기회를 얻기도 한다.

스티브 잡스를 떠올려 보자. 그는 2011년 세상을 떠났지만, 그의 이름값은 여전히 애플이라는 기업에 막대한 신뢰와 상징성을 제공한다. 애플이 새로운 제품을 출시할 때마다 "잡스라면 어떻게 했을까?"라는 질문이 따라오고, 그 질문 자체가 브랜드 가치를 높인다. 그의 이름값은 개인적 자산에서 기업의 무형자산으로, 그리고 산업 전체의 혁신 기준으로 확장되었다.

이름값은 개인이 떠난 후에도 사회적 자본으로 순환한다. **이름값의 유산 효과는 세 가지 방식으로 작동한다.**

첫째, 기억 자산화다.

개인의 성취와 가치관이 사회의 집단 기억 속에서 참조점이 된다. 누군가 비슷한 상황에 직면했을 때 그 이름이 벤치마크가 되는 것이다.

둘째, 상속 효과다.

직접적인 후손이나 관련 조직이 그 이름값을 바탕으로 새로운 기회를 얻는다. 명문가의 자녀가 받는 신뢰나 역사적 기업이 누리는 프리미엄이 여기에 해당한다.

셋째, 영감 자본화다.

그 이름과 관련된 스토리가 후대 사람들에게 동기와 영감을 제공하여 새로운 가치 창출의 원동력이 된다.

이제 우리는 이름값 경제학의 완성된 공식을 제시할 수 있다.

이름값=(현재의 증거×신뢰도)+(세대 전승 가능성×기억 가치)

여기서 주목할 점은 두 번째 항이다. **세대 전승 가능성과 기억 가치.** 이것이 이름값을 단순한 개인 자산에서 사회적 유산으로 만드는 핵심 요소다.

세대 전승 가능성은 당신의 이름과 연결된 가치가 얼마나 시대를 초월할 수 있는지를 의미한다. 유행이나 트렌드에 의존한 이름값은 쉽게 사라지지만, 인간의 보편적 가치와 연결된 이름값은 세대를 넘나든다.

기억 가치는 후대 사람들이 당신의 이름을 얼마나 자주, 그리고 어떤 맥락에서 떠올릴지를 결정한다. 단순한 성과보다는 그 성과 뒤에 숨은 스토리와 철학이 기억 가치를 높인다.

미래를 위한 이름값 투자

그렇다면 우리는 어떻게 세대를 넘나드는 이름값을 만들 수 있을까?

먼저 시간의 관점을 바꿔야 한다.

단기적 성과나 인정에 매몰되지 말고, 10년, 20년, 심지어 100년 후에도 의미 있을 가치에 집중해야 한다. 당신이 지금 하는 선택이 미래 세대에게 어떤 영감을 줄 수 있을지 생각해보라.

둘째, 개인적 성취를 사회적 가치와 연결해야 한다.

나만을 위한 성공이 아니라 공동체에 기여하는 성취를 추구할 때, 그 이름값은 개인을 넘어 사회적 자산이 된다.

셋째, 스토리를 만들어야 한다.

단순한 결과보다는 그 과정에서의 고민, 선택, 철학이 후대에게 전해진다. 당신의 이름 뒤에 어떤 이야기가 숨어있는지 스스로 점검해보라.

이 장을 마무리하며, 세 가지 질문을 던진다.

- 나는 지금 내 이름을 당대에만 머물도록 만들고 있는가, 아니면 세대를 넘어 남을 수 있는 이름으로 키우고 있는가?
- 내가 남길 이름은 단순한 직함인가, 아니면 가치와 스토리를 담은 유산인가?
- 세대를 넘어 전해지는 이름값을 위해, 오늘 내가 쌓아야 할 증거는 무엇인가?

유행을 따라가는 것과 시대를 초월하는 가치를 만드는 것은 다르다. 명함에 적힌 타이틀보다 사람들의 마음속에 새겨질 의미가 더 중요하다. 미래의 유산은 오늘의 선택에서 시작된다.

이름값은 죽음으로 끝나지 않는다. 오히려 죽음을 넘어 진정한 가치를 발휘한다. 당신이 지금 만들고 있는 이름값이 단순한 개인적 자산을 넘어 인류의 유산이 될 수 있다면, 그보다 더 의미 있는 투자가 있을까. **세대를 넘나드는 이름값.** 그것이야말로 이름값 경제학이 추구하는 궁극적 목표다.

이름값은 사회적 자본이 된다

자본에 대한 새로운 정의

경제학자들이 말하는 자본은 은행 잔고만이 아니다. 자본에는 세 가지 형태가 있다. 경제적 자본, 인적 자본, 그리고 사회적 자본이다. 경제적 자본은 우리가 흔히 생각하는 그것이다. 돈, 부동산, 주식, 유형의 자산들. 인적 자본은 개인이 축적한 지식, 기술, 경험이다. 그런데 세 번째 자본이 있다. 사회적 자본. 이것이야말로 이름값이 최종적으로 도달하는 목적지다.

프랑스 사회학자 피에르 부르디외Pierre Bourdieu는 사회적 자본을 이렇게 말했다.

"사회적 자본은 개인이 소속된 네트워크 안에서 신뢰와 호혜성으로 작동하는 자원이다."

이름값은 바로 이 **사회적 자본**으로 기능한다. 다시 말해, 사람들 사이의 관계에서 생겨나는 무형의 힘이다. 당신의 이름값은 바로 이 사회적 자본으로 변환된다. 은행 계좌에 들어있지는 않지만, 때로는 돈보다 더 강력한 힘을 발휘하는 자본 말이다.

경제학에서 '자본(capital)'은 단순히 돈만을 의미하지 않는다.

- 경제적 자본: 돈, 부동산, 자산
- 인적 자본: 지식, 능력, 경험
- 사회적 자본: 관계, 신뢰, 네트워크

이름값이 자본이 되는 순간

사회적 자본으로서의 이름값은 세 가지 방식으로 작동한다.

첫째, 신뢰의 자본화다.

그 사람이라면 믿을 수 있다는 평판은 협력의 문을 연다. 새로운 사업 파트너를 찾을 때, 팀 프로젝트를 할 때, 심지어 개인적 부탁을 할 때도 신뢰가 담긴 이름은 즉시 기회를 만든다. 신뢰는 거래 비용을 줄이고, 협상 시간을 단축하며, 리스크를 감소시킨다.

둘째, 관계의 자산화다.

이름값이 있으면 더 많은 사람이 당신과 연결되고 싶어 한다. 그 관계 자체가 자산이 된다. 네트워크 이론에서 말하는 '허브 효과'다. 중심에 있는 사람일수록 더 많은 정보와 기회가 몰린다.

셋째, 기회의 확장이다.

사회적 자본은 일자리, 투자, 협업, 공동체 활동 등 다양한 영역에서 새로운 기회를 불러온다. 좋은 이름값을 가진 사람에게는 기회가 먼저 찾아온다.

거인들의 사회적 자본

넬슨 만델라의 이름을 떠올려보자. 그의 이름은 단순히 한 정치인의 명칭을 넘어섰다. 전 세계에서 '화해'와 '평화'가 필요한 곳이면 어디든 그의 이름이 소환된다. 분쟁 지역의 중재자들은 만델라의 사례를 인용하고, 그의 철학을 참조한다. 그의 이름값은 개인을 넘어 인류 공동체의 사회적 자본이 되었다.

BTS는 어떨까. 이들의 이름값은 음악 산업의 경계를 넘었다. 한국 정부가 국가 브랜딩을 위해 그들의 이름값을 활용하고, 유엔에서 연설하며, 사회적 메시지를 전달하는 플랫폼이 되었다. 일개 아이돌 그룹의 이름이 국가 차원의 사회적 자본으로 확장된 것이다.

빌 게이츠의 경우는 더욱 명확하다. 기업가로서의 성공을 넘어 '기부'와 '사회 환원'이라는 이름값이 전 세계 NGO와 정부 협력의 중심축이 되었다. 그의 이름 하나만으로도 수십억 달러의 자금이 모이고, 전 세계 보건 정책이 변화한다.

이들의 공통점은 무엇인가? 개인의 성취를 사회적 가치와 연결시켰다는 것이다. 그리고 그 연결점에서 강력한 사회적 자본이 탄생했다.

일상 속 사회적 자본의 힘

사회적 자본은 유명인만의 특권이 아니다. 우리 주변에서도 매일 작동하고 있다. 취업을 준비하는 대학생에게 교수의 추천서는 단순한 종이가 아니다. 그 교수의 이름이 가진 사회적 자본이 함께 전달된다. 채용 담당자는 추천서의 내용만큼이나 추천인의 이름값을 본다.

프리랜서에게 고객 한 명과의 신뢰 관계는 또 다른 고객을 연결하는 사회적 자본이다. "누구 소개로 왔다."라는 한마디가 새로운 계약을 성사시킨다. 추천의 힘은 추천인의 이름값에서 나온다.

동네 자영업자에게 '믿을 수 있는 가게'라는 평판은 어떤 광고보다 강력하다. 지역사회에서 쌓인 신뢰는 고객 충성도로 이어지고, 입소문으로 확산된다. 이것이 바로 사회적 자본의 현실적 작동 방식이다.

직장에서도 마찬가지다. 동료들 사이에서 '일 잘하고 믿을 만한 사람'이라는 평판을 얻으면, 중요한 프로젝트 기회가 자연스럽게 따라온다. 승진의 기회도 그렇다. 능력만큼이나 신뢰가 중요한 이유다.

결국 사회적 자본의 핵심은 이것이다. 내 이름을 떠올렸을 때, 사람들이 기꺼이 연결하고 싶어 하는 마음. 그 마음이 바로 사회적 자본의 원천이다.

사회적 자본을 키우는 전략

그렇다면 어떻게 이름값을 사회적 자본으로 만들 수 있을까?

첫 번째 전략은 신뢰 우선주의다.

단기적 이익과 장기적 신뢰 사이에서 선택해야 할 때, 항상 신뢰를 택하라. 한 번의 배신으로 잃는 사회적 자본은 돈으로 살 수 없다. 반대로 신뢰를 지키는 선택은 복리처럼 누적되어 막대한 사회적 자본을 만든다.

두 번째는 호혜적 관계의 구축이다.

일방적으로 받기만 하거나 주기만 하는 관계는 지속되지 않는다. 상호 이익이 되는 관계, 서로 도움을 주고받는 관계에서 진정한 사회적 자본이 형성된다. 네트워킹의 기술이 아니라 관계의 철학이 필요한 이유다.

세 번째는 공동체 기여다.

개인의 이익만을 추구하는 이름값은 한계가 있다. 공동체에 기여하는 이름값만이 진정한 사회적 자본으로 인정받는다. 내가 속한 조직, 지역, 업계에 어떤 가치를 더하고 있는지 스스로 점검해보라.

이제 우리는 이름값 경제학의 새로운 공식을 제시할 수 있다.

이름값=개인의 신뢰도×사회적 관계망의 크기

이 공식에서 중요한 것은 곱셈이라는 점이다. 신뢰도가 높아도 관계망이 작으면 사회적 자본은 제한적이다. 반대로 관계망이 넓어도 신뢰도가 낮으면 지속 가능한 자본이 되지 못한다. 두 요소가 모두 커야 진정한 사회적 자본이 탄생한다.

그리고 이 공식에는 숨겨진 승수 효과가 있다. 신뢰가 담긴 이름은 더 많은 연결을 만들고, 그 연결은 다시 더 큰 신뢰를 낳는다. 선순환 구조가 만들어지는 것이다.

이 장을 마무리하며 세 가지 질문을 던진다.

첫째, 당신의 이름은 지금 어떤 사회적 자본을 만들고 있는가?

사람들이 당신의 이름을 들었을 때 떠오르는 첫 번째 감정은 무엇인가? 신뢰인가, 의심인가? 기대인가, 우려인가?

둘째, 당신의 이름은 사람들에게 연결의 욕구를 불러일으키는가?

'이 사람과 함께 일하고 싶다.', '이 사람의 도움을 받고 싶다.', '이 사람에게 기회를 주고 싶다.'는 마음을 만들어내고 있는가?

셋째, 당신은 공동체에 어떤 방식으로 이름값을 기여하고 있는가?

개인의 성공을 넘어 우리 모두에게 도움이 되는 가치를 만들고 있는가?

이름값의 최종 목적지는 사회적 자본이다. 나 혼자만을 위한 자산이 아니라, 나와 연결된 모든 사람에게 도움이 되는 공동의 자산. 그것이야말로 이름값 경제학이 추구하는 궁극적 가치다.

당신의 이름이 사회적 자본으로 성장할 때, 당신은 비로소 진정한 부를 소유하게 된다. 돈으로 살 수 없는, 그러나 돈보다 더 강력한 힘을 가진 그런 부 말이다.

이름값이 불러오는 책임

성공의 숨겨진 무게

이름값이 높아지는 순간, 당신은 예상치 못한 짐을 떠안게 된다. 그것은 명성도 아니고 부도 아니다. 바로 책임이다.

하버드대 심리학자 에이미 쿠디의 연구에 따르면, 사람들은 타인의 영향력이 커질수록 그 사람의 도덕성과 책임감을 더 엄격하게 평가한다고 한다. 평범한 사람에게는 관대하지만, 이름값이 있는 사람에게는 가혹하다. 이것이 이름값의 역설이다.

성공을 꿈꾸는 사람들은 이름값의 밝은 면만 본다. 기회, 인정, 경제적 이익. 하지만 이름값에는 반드시 그림자가 따라온다. 그 그림자의 정체가 바로 책임이다.

당신의 이름이 사람들의 입에 오르내리는 순간, 그 이름은 더 이상 당신만의 것이 아니다. 사회적 자산이 되고, 공적 기대의 대상이 된다.

이때부터 당신의 모든 선택과 행동은 개인적 차원을 넘어 사회적 의미를 갖는다.

거장들이 선택한 책임의 길

빌 게이츠를 보자. 그는 마이크로소프트로 세계 최고의 부자가 된 후, 더 큰 선택을 했다. 자신의 부를 사회에 환원하는 것. 빌 앤 멀린다 게이츠 재단을 통해 전 세계 보건과 교육에 투자했다. 그의 이름값은 단순한 기업가의 성공을 넘어 '사회적 책임의 상징'이 되었다.

중요한 것은 이것이 선택이었다는 점이다. 그는 부자로 편안히 살 수도 있었다. 하지만 자신의 이름값이 가진 사회적 의미를 받아들이고, 그에 걸맞은 책임을 선택했다.

BTS는 어떨까. 이들은 K-팝 아이돌을 넘어 전 세계 젊은이들의 희망이 되었다. 그 순간 그들에게는 새로운 책임이 주어졌다. 단순히 좋은 음악을 만드는 것을 넘어, 긍정적 메시지를 전달해야 하는 책임 말이다. 유엔 연설과 유니세프 캠페인 참여는 바로 그 책임을 실천한 결과다.

넬슨 만델라의 경우는 더욱 극명하다. 그는 남아프리카공화국의 대통령이 된 후 복수를 선택할 수도 있었다. 27년간의 감옥 생활에 대한 정당한 분노를 표출할 수도 있었다. 하지만 그는 화해를 선택했다. 자신의 이름값이 가진 상징성을 이해하고, 그에 걸맞은 책임을 받아들인 것이다.

이들의 공통점은 무엇인가? 이름값이 가져다주는 특권을 누리는 동시에, 그에 따르는 책임을 기꺼이 받아들였다는 것이다.

책임과 이름값의 불가분 관계

책임 없는 이름값은 오래가지 못한다. 반대로 책임을 다하는 이름값은 세대를 넘어 존경받는다. 이것이 이름값의 진리다.

현대 사회에서 우리는 수많은 사례를 본다. 유명해진 후 책임을 회피하거나 방만한 행동을 보인 사람들. 그들의 이름값은 순식간에 추락한다. SNS 시대에는 더욱 가혹하다. 한 번의 실수가 평생의 이름값을 무너뜨릴 수 있다.

반면 책임을 다하는 사람들의 이름값은 시간이 갈수록 더욱 견고해진다. 그들은 실수를 하더라도 금세 회복한다. 사람들이 그들의 근본적 책임감을 믿기 때문이다.

결국 이름값이란 얼마나 많은 책임을 감당했는가로 완성된다. 성취만으로는 진정한 이름값이 될 수 없다. 그 성취에 걸맞은 책임까지 감당할 때 비로소 존경받는 이름값이 탄생한다.

일상 속 책임의 실천

책임은 유명인만의 몫이 아니다. 우리 모두의 일상에서 이름값과 책임은 긴밀하게 연결되어 있다.

취업을 준비하는 대학생을 생각해보자. 면접에서 가장 중요한 것은 무엇일까? 스펙? 경험? 물론 중요하다. 하지만 더 중요한 것은 '내 이름으로 회사의 신뢰를 대표할 수 있는가?'라는 책임 의식이다. 면접관은 지원자의 능력만큼이나 책임감을 본다.

직장인에게는 어떨까? 자신의 이름으로 서명하는 보고서 한 장이 곧 책임의 증거다. 그 보고서의 질이 당신의 이름값을 좌우한다. 대충 작성한 보고서는 이름값을 깎아내리고, 정성스럽게 작성한 보고서는 이름값을 높인다.

프리랜서에게 책임은 더욱 직접적이다. 계약을 제때 이행하는 것, 약속한 품질을 지키는 것, 문제가 생겼을 때 투명하게 소통하는 것. 이 모든 것이 다음 계약으로 이어지는 이름값을 만든다.

동네 자영업자도 마찬가지다. "내 이름을 걸고 보증한다."라는 말이 공허한 수사가 아니라 진정한 다짐일 때, 고객들은 그 가게를 신뢰한다. 단골이 생기고, 입소문이 난다.

책임을 다하는 세 가지 원칙

그렇다면 어떻게 이름값에 걸맞은 책임을 다할 수 있을까?

첫 번째 원칙은 투명성이다.

숨기지 않고 공개하는 태도가 이름값을 지킨다. 실수를 했다면 인정하고, 문제가 생겼다면 솔직히 말하며, 과정을 투명하게 공유한다. 투명성은 신뢰의 기반이고, 신뢰는 이름값의 토대다.

두 번째는 약속 이행이다.

작은 약속조차 지키는 것이 책임의 핵심이다. "5분 늦는다."라는 연락 한 통, "내일까지 해드리겠다."라는 약속 하나, "다시 연락드리겠다."라는 말 한마디. 이런 작은 약속들을 지킬 때 이름값은 쌓인다.

세 번째는 사회적 기대의 수용이다.

내 이름이 커질수록 개인을 넘어 사회적 기대에 응답해야 한다. 부담스러울 수 있다. 하지만 이것이 이름값의 본질이다. 영향력에는 반드시 책임이 따른다.

이제 우리는 이름값 경제학의 새로운 공식을 제시할 수 있다.

이름값=성취+책임감

성취만 있고 책임이 없는 이름은 신뢰를 잃는다. 책임까지 감당하는 이름만이 존경을 얻는다. 그리고 이 공식에는 시간의 변수가 숨어있다. 성취는 한순간에 이루어질 수 있지만, 책임은 평생에 걸쳐 증명되어야 한다. 지속적인 책임감만이 지속적인 이름값을 만든다.

당신이 선택해야 할 길

이 장을 마무리하며 세 가지 질문을 던진다.

- 나는 내 이름값에 걸맞은 책임을 다하고 있는가?
- 내 이름이 커질수록, 어떤 사회적 기대가 따라오고 있는가?
- 나는 그 기대를 회피할 것인가, 아니면 기꺼이 감당할 것인가?

이것이 이름값의 운명을 가르는 분기점이다. 이름값은 곧 책임이다. 영광스러운 무게이자 고귀한 부담이다. 그 무게를 기꺼이 감당하는 사람만이 진정한 이름값을 소유할 수 있다.

당신의 이름 뒤에 따라오는 책임의 무게를 느끼고 있다면, 축하한다. 당신은 이미 진정한 이름값의 문턱에 서 있다.

이름값은 공동체를 바꾼다

개인을 넘어서는 순간

이름값에는 임계점이 있다. 처음에는 개인의 성취에서 출발한다. 하지만 일정 수준을 넘어서면, 그 이름은 공동체 전체에 영향을 미치는 힘을 갖는다.

사회학자 로버트 퍼트넘Robert Putnam은 『나 홀로 볼링』에서 사회적 자본의 중요성을 강조하며 말했다. "한 개인의 신뢰와 행동이 공동체의 신뢰 수준을 바꾸고, 결국 사회 전체의 협력 수준을 높인다." 이것이 바로 이름값의 변혁적 힘이다.

이름값은 개인의 것이지만, 공동체를 바꾸는 촉매제가 될 수 있다. 이름값 경제학의 궁극적 지평은 나 하나를 위한 투자가 결국 우리 모두를 위한 변화로 이어지는 순간 개인의 자산에서 사회적 동력으로 진화하는 것이다.

역사가 증명하는 변혁의 힘

마틴 루터 킹 주니어의 이름을 떠올려보자. 1963년 8월 28일, 링컨 기념관 앞에서 그가 외친 "나에게는 꿈이 있습니다."는 단순한 연설을 넘어섰다. 그의 이름은 그 순간부터 인종 평등의 상징이 되었고, 미국 사회 전체의 변화를 불러왔다. 한 개인의 이름값이 국가적 정체성을 바꾼 사례다.

우리나라의 윤봉길 의사는 어떨까. 홍커우 공원에서의 의거는 개인의 영웅적 행동이었지만, 그 이름이 가진 파급력은 전 민족의 독립 의지를 결집시켰다. 하나의 이름이 공동체의 정신을 일깨우고, 집단 행동을 촉발한 것이다.

말라라 유사프자이의 경우는 더욱 극명하다. 파키스탄의 한 소녀가 교육받을 권리를 주장하다 테러를 당했다. 그러나 그녀의 이름은 개인의 비극을 넘어 전 세계 여성 교육 권리 운동의 상징이 되었다. 지구촌 공동체의 가치관을 바꾼 것이다.

이들의 공통점은 무엇인가? 개인적 신념과 행동이 시간과 공간을 넘어 공동체의 집단 의식을 변화시켰다는 것이다. 이름값이 개인을 넘어 사회적 동력이 된 순간들이다.

변화의 메커니즘

이름값이 공동체를 바꾸는 방식을 알아보자.

첫째, 신뢰의 전염이다.

저 사람을 믿을 수 있다는 평판이 한 사람에서 시작되어 공동체 전체로 확산된다. 신뢰는 바이러스처럼 퍼진다. 한 사람의 일관된 행동이 다른 사람들의 기대치를 높이고, 그 기대치가 새로운 행동 기준이 된다.

둘째, 가치의 확산이다.

한 사람의 이름이 특정 가치와 연결될 때, 그 가치는 공동체의 새로운 규범이 된다. 정의, 평등, 혁신, 성실함 같은 추상적 가치들이 구체적인 이름을 통해 현실화되고, 공동체 구성원들의 행동 지침이 된다.

셋째, 행동의 촉발이다.

누군가의 이름값이 기준점이 되어 다른 사람들의 행동을 자극한다. "그 사람도 했는데 나도 할 수 있다.", "그 사람처럼 되고 싶다."라는 동기가 집단 행동으로 이어진다.

공동체를 바꾸는 이름값은 거창한 역사적 인물들만의 전유물이 아니다. 우리 주변에서도 매일 일어나고 있다.

직장에서 약속을 잘 지킨다는 평판을 가진 동료 하나가 팀 전체의 신뢰 문화를 만든다. 처음에는 그 사람만 시간을 지키고 약속을 이행했지만, 점차 다른 팀원들도 그 기준에 맞추려 노력하게 된다. 한 사람의 이름값이 조직 문화를 바꾸는 것이다.

지역 사회에서도 마찬가지다. 작은 가게 사장의 성실함이 지역 상권 전체의 신뢰 문화를 이끌어낸다. "그 골목은 믿을 만한 가게들이 많다."라는 평판이 생기면, 다른 상인들도 그 수준에 맞추려 한다. 상호 신뢰가 지역 경제를 활성화시킨다.

온라인 커뮤니티에서는 어떨까? 꾸준히 양질의 정보를 나누고 건설

적인 토론을 이끄는 멤버 하나가 커뮤니티 전체의 수준을 높인다. 그
사람의 이름이 올라온 글은 신뢰받고, 다른 멤버들도 그 기준에 맞추
려 노력한다.

작은 이름값이라도 공동체에 미치는 파급력은 결코 작지 않다. 개인
의 변화가 집단의 변화로, 집단의 변화가 다시 개인의 성장으로 이어
지는 선순환 구조가 만들어진다.

공동체를 바꾸는 이름값을 만드는 법

첫 번째 단계는 공동체 의식의 각성이다.

나의 이름은 나 혼자만의 것이 아니라 공동체 속에서 작동한다는 인
식이 필요하다. 내가 하는 모든 선택과 행동이 공동체에 영향을 미친
다는 책임감을 가져야 한다.

두 번째는 공동체 기여의 실천이다.

공동체에 유익한 행동을 반복적으로, 일관되게 할 때 이름값은 변화
를 일으킨다. 일회성 선행이 아니라 지속적인 기여가 중요하다. 작은
것이라도 꾸준히 하는 것이 큰 변화를 만든다.

세 번째는 가치 기준의 설정이다.

내 이름이 공동체의 행동 기준이 될 만한 가치를 명확히 하고, 그 가
치를 삶으로 보여줘야 한다. 말로만 하는 가치가 아니라 행동으로 증
명하는 가치여야 한다.

순환하는 경제학 공식

이름값=개인의 신뢰 → 공동체의 문화→개인의 신뢰

이 공식에서 화살표가 중요하다. 일방향이 아니라 순환 구조다. 개인의 신뢰가 공동체 문화를 만들고, 그 문화는 다시 개인의 이름값을 강화한다. 선순환이 시작되면 개인과 공동체가 함께 성장한다. 이것이 이름값의 진정한 힘이다. 나 혼자만 잘되는 것이 아니라, 내가 속한 공동체 전체가 함께 좋아지는 것. 그리고 그 좋아진 공동체가 나의 이름값을 더욱 빛나게 하는 것. 당신이 만들 변화를 상상하라

이 장을 마무리하며 세 가지 질문을 던진다.

- 내 이름은 지금 공동체에 어떤 영향을 주고 있는가?
- 나는 내 이름값을 공동체의 신뢰를 높이는 데 쓰고 있는가?
- 내 이름이 기준이 될 때, 공동체는 어떻게 달라질까

상상해보라. 모든 사람이 당신처럼 행동한다면 그 공동체는 어떤 모습이 될까? 그 상상이 현실이 되도록 만드는 것이 바로 변혁적 이름값의 목표다. 이름값은 개인의 자산을 넘어 공동체를 바꾸는 힘이 된다. 당신의 이름이 만들어낼 변화를 꿈꿔보라. 그 꿈이 현실이 되는 순간, 당신은 진정한 이름값의 주인이 된다.

이름값은 역사를 움직인다

역사의 진짜 주인공

역사는 사건의 나열이 아니다. 역사는 이름의 집합이다. 2차 세계대전을 떠올릴 때 우리는 1939년 9월 1일이라는 날짜를 먼저 생각하지 않는다. 처칠, 히틀러, 루즈벨트라는 이름을 떠올린다. 독립운동사를 공부할 때도 마찬가지다. 사건의 연대기보다는 안중근, 간디, 만델라라는 이름이 먼저 기억에 남는다. 과학혁명도 그렇다. 복잡한 이론보다는 뉴턴, 아인슈타인, 마리 퀴리라는 이름이 시대를 대표한다. 이것이 역사의 진실이다.

거대한 변화를 만드는 것은 사건 자체가 아니라 그 사건을 대표하는 이름값이다. 이름은 단순한 호칭을 넘어 시대정신의 화신이 되고, 역사를 움직이는 동력이 된다.

당신의 이름도 예외가 아니다. 크든 작든, 누구의 이름이든 역사를 움직일 수 있는 잠재력을 가지고 있다.

이름이 만든 역사의 물줄기

간디의 이름을 떠올려보자. 그는 단순히 한 정치인이 아니었다. '비폭력'이라는 가치 자체가 되었다. 그의 이름값은 인도의 독립을 이끌었을 뿐 아니라, 전 세계 민주화 운동의 이정표가 되었다. 마틴 루터 킹이 간디의 이름을 인용했고, 넬슨 만델라가 간디의 철학을 따랐다. 한 사람의 이름값이 세기를 넘나들며 역사의 방향을 바꾼 것이다.

개인의 신념과 행동이 시대의 요구와 만났을 때, 그 이름이 역사적 상징이 되었다는 것이다.

역사를 움직이는 메커니즘

이름값이 역사를 움직이는 방식을 알아보자.

첫째, 상징화다.

이름은 복잡한 가치와 이념을 단순하고 강력한 기호로 압축한다. 사람들은 추상적 개념보다 구체적 이름을 더 쉽게 기억하고 따른다. 간디는 '비폭력'이라는 복잡한 철학을 하나의 이름으로 압축했고, 그 이름이 전 세계로 퍼져나갔다.

둘째, 기준점 설정이다. "그 사람이라면 이렇게 했을 것이다."라는 말이 집단 행동의 방향을 제시한다. 역사적 순간마다 사람들은 존경하는 이름을 떠올리며 선택의 기준으로 삼는다. 이름값이 행동의 나침반이 되는 것이다.

셋째, 세대 연결이다.

이름은 시간의 벽을 넘어 과거와 현재, 미래를 잇는다. 한 세대의 이름값이 다음 세대에게 전해지면서 역사의 연속성을 만든다. 역사는 이름을 통해 살아 숨 쉰다.

역사를 바꾸는 것은 결국 '이름'이다. 역사책을 펼쳐보면 수많은 사건이 기록되어 있다. 하지만 우리가 기억하는 것은 **날짜나 사건 자체가 아니라, 그것을 대표하는 이름**이다.

- 2차 세계대전 → 처칠, 히틀러, 루즈벨트
- 독립운동 → 안중근, 간디, 만델라
- 과학혁명 → 뉴턴, 아인슈타인, 마리 퀴리

결국, 역사를 움직이는 힘은 사건이 아니라 이름값이다.

평범한 사람들의 역사 만들기

우리는 역사책에 실리지 않을 수도 있다. 하지만 각자의 작은 공동체 속 이름값은, 그 공동체의 역사에는 분명히 기록된다.

- 한 교사의 이름은 제자의 인생 역사를 바꾼다.
- 한 자영업자의 성실함은 지역사회의 기억 속에 남는다.
- 한 직장인의 책임감은 조직의 문화사를 만든다.

결국, 누구의 이름이든 크고 작은 역사를 움직이는 힘을 가진다. 문제는 그 힘을 어떻게 사용하느냐다. 그렇다면 어떻게 역사를 움직이는 이름값을 만들 수 있을까?

첫 번째는 가치 있는 증거 남기기다.

순간의 성취보다는 지속적이고 가치 있는 행동이 역사에 기록된다. 일관된 신념을 바탕으로 한 반복적 행동이 이름값을 역사적 차원으로 끌어올린다.

두 번째는 기억 속에 새겨지기다.

아무리 좋은 일을 해도 기억되지 않으면 역사가 되지 못한다. 기록하고, 이야기하고, 전승할 수 있는 형태로 만들어야 한다. 스토리텔링의 힘이 필요한 이유다.

세 번째는 시대의 질문에 응답하기다.

그 시대가 필요로 하는 가치를 대표할 때 이름은 역사를 움직인다. 시대정신을 읽고, 그에 맞는 답을 제시하는 것이 역사적 이름값의 핵심이다.

이제 우리는 이름값 경제학의 역사적 공식을 제시할 수 있다.

이름값=시대의 상징×세대의 기억

이름은 개인의 호칭이지만, 시대와 세대를 대표할 때 역사를 움직이는 힘이 된다. 이 공식에서 중요한 것은 곱셈이라는 점이다. 시대를 상징하는 가치를 대표하더라도 기억되지 않으면 역사가 되지 못한다. 반대로 잘 기억되더라도 시대적 의미가 없으면 역사적 영향력을 갖지 못한다. 두 요소가 모두 커야 진정한 역사적 이름값이 탄생한다.

당신이 쓸 역사를 상상하라

이 장을 마무리하며 세 가지 질문을 던진다.

- 내 이름은 지금 어떤 작은 역사 속에 기록되고 있는가?
- 나는 내 시대의 질문에 어떻게 응답하고 있는가?
- 훗날 누군가 내 이름을 불렀을 때, 그것은 어떤 역사를 대표하게 될까?

이름값은 개인과 공동체를 넘어 역사를 움직이는 힘이 될 수 있다. 역사는 과거의 기록이 아니라 현재 진행형이다. 당신의 이름이 만들어 갈 역사를 상상해보라. 그 상상이 현실이 되는 순간, 당신은 진정한 역사의 주인공이 된다.

이름값은 인류의 자산이 된다

영원한 이름들의 비밀

우리는 매일 죽은 사람들과 함께 산다. 그들의 육체는 사라졌지만, 그들의 이름은 우리의 일상 속에 살아 숨 쉰다. 철학 시간에 소크라테스와 공자를 만나고, 과학 시간에 갈릴레오와 뉴턴을 만난다. 음악을 들으며 모차르트와 베토벤을 느끼고, 책을 읽으며 셰익스피어와 괴테와 대화한다. 수천 년의 시간을 뛰어넘어 그들의 이름이 우리에게 닿는다. 이것이 이름값의 궁극적 지평이다.

개인의 경계를 넘어, 시대의 한계를 뛰어넘어, 인류 전체의 집단 기억 속에 영원히 새겨지는 것. 그때 이름값은 더 이상 개인의 자산이 아니다. 인류 전체의 공동 자산이 된다.

당신의 이름도 그런 가능성을 가지고 있다. 규모의 차이는 있을지언정, 인류의 자산이 될 수 있는 잠재력을 품고 있다.

우리는 지금도 수천 년 전 사람들의 이름을 기억하며 산다.

- 철학 → 소크라테스, 공자
- 과학 → 갈릴레오, 뉴턴, 아인슈타인
- 예술 → 셰익스피어, 피카소, 모차르트

이들의 이름은 단순히 개인의 성취를 넘어, 인류 전체의 자산이 되었다. 이름값이 인류의 집단 기억 속에 새겨진 것이다.

시간을 초월한 이름들

레오나르도 다 빈치의 이름을 떠올려보자. 그는 15세기 이탈리아 사람이지만, 그의 이름은 21세기를 사는 우리에게도 여전히 살아있다. 예술과 과학, 공학과 철학을 아우르는 그의 창의성은 개인의 재능을 넘어 인류 전체의 가능성을 상징한다. 오늘날 창의적 인재를 논할 때 빠지지 않는 기준점이다.

마더 테레사는 어떨까. 가난한 이웃을 위한 그녀의 헌신은 특정 종교나 지역의 경계를 넘어섰다. 그녀의 이름은 무조건적 사랑과 이타적 봉사의 보편적 상징이 되었다. 종교를 믿지 않는 사람도, 다른 문화권 사람도 그녀의 이름 앞에서는 고개를 숙인다.

넬슨 만델라의 경우는 더욱 명확하다. 27년간의 감옥 생활 후 보여준 그의 용서와 화해는 남아프리카공화국을 넘어 전 인류의 희망이 되었다. 분쟁과 갈등이 일어나는 곳이면 어디든 만델라의 이름이 소환된다. 그의 이름값은 인류 평화의 소중한 자산이 되었다.

이들의 공통점은 무엇인가? 개인적 성취를 보편적 가치와 연결시켰다는 것이다. 그리고 그 연결점에서 시공간을 초월하는 이름값이 탄생했다.

인류 자산이 되는 조건

이름값이 인류의 자산이 되려면 세 가지 조건을 만족해야 한다.

첫째, 보편적 가치와의 연결이다.

정의, 평등, 자유, 사랑, 진리, 아름다움 같은 인류 공통의 가치를 대표할 때 이름은 문화와 시대를 초월한다. 개인의 욕망이나 특정 집단의 이익을 넘어선 보편적 지향이 있어야 한다.

둘째, 세대 간 전승의 체계다.

아무리 좋은 가치를 실현해도 기록되고 전해지지 않으면 사라진다. 책, 예술 작품, 제도, 제자, 스토리 등 다양한 형태로 이름이 세대와 세대를 이어줄 수 있어야 한다.

셋째, 경계를 넘나드는 공감이다.

특정 지역이나 문화권에 국한되지 않고 전 세계가 공감할 수 있을 때, 이름값은 진정한 인류적 유산이 된다. 언어의 장벽, 문화의 차이, 시대의 간격을 뛰어넘는 보편성이 필요하다.

작은 이름들의 큰 기여

물론 모든 이름이 세계사에 기록되지는 않는다. 그러나 작은 이름값도 인류 자산의 일부가 될 수 있다.

- 한 교사의 이름은 제자의 마음에 새겨져, 그 제자가 다시 세상을 바꾼다.
- 한 연구자의 논문은 작은 조각이지만, 인류 지식 자산을 구성한다.
- 한 봉사자의 헌신은 지역을 넘어, 인간애라는 보편적 가치에 기여한다.

결국, 이름값은 크든 작든 인류의 집단 자산 속에 축적된다. 개별적으로는 작아 보이지만, 모여서 인류 문명의 토대가 된다.

인류 자산을 만드는 전략

그렇다면 어떻게 인류의 자산이 될 수 있는 이름값을 만들 수 있을까?

- 보편적 가치를 붙잡아라: 개인의 욕망이 아니라, 인류적 가치와 연결된 이름이 오래 남는다.
- 기록을 세대에 남겨라: 말이 아니라 기록된 증거가 인류의 자산이 된다.
- 경계를 넘어 기여하라: 국경, 언어, 문화의 경계를 넘어 기여할 때, 이름은 인류 전체의 것이 된다.

궁극의 경제학 공식
이름값=개인의 증거×인류의 가치

개인의 증거가 아무리 뛰어나도 인류적 가치와 연결되지 않으면 시간이 지나면서 사라진다. 반대로 좋은 가치를 추구해도 구체적 증거가 없으면 공허한 구호에 그친다. 두 요소가 모두 클 때 비로소 인류의 자산이 되는 이름값이 탄생한다. 그리고 인류적 가치와 연결된 이름값은 시간이 갈수록 더욱 빛을 발한다. 당대에는 평가받지 못해도 후대에 재조명받는 경우가 많다. 당신이 남길 유산을 그려보라.

이 장을 마무리하며 세 가지 질문을 던진다.

- 내 이름은 지금 어떤 가치와 연결되어 있는가?
- 나는 내 시대와 내 공동체를 넘어, 인류 전체에 무엇을 남기고 있는가?
- 훗날 인류의 집단 기억 속에서 내 이름은 어떻게 기록될까?

이름값은 인류 전체의 자산이 될 수 있다. **이름값의 궁극적 지평은 인류의 집단 기억 속에 영원히 남는 것이다.** 개인의 성취를 넘어 인류 전체의 자산이 되는 것. 그것이야말로 이름값 경제학이 추구하는 최고의 가치다.

당신의 이름이 언젠가 누군가에게 영감을 주고, 세상을 더 나은 곳으로 만드는 데 기여할 수 있다면, 그보다 더 의미 있는 성공이 있을까.

인류의 자산이 되는 이름값. 그것이 우리 모두가 꿈꿔야 할 궁극적 목표다.

이름값은 영원히 살아남는다

죽음을 이기는 유일한 방법

인간은 필멸의 존재다. 아무리 건강하고 성공해도 결국 죽음 앞에 서는 평등하다. 하지만 한 가지만은 죽음을 이길 수 있다. 바로 이름이다. 육체는 사라져도 이름은 남는다. 사람은 떠나도 이름값은 영원히 살아남는다. 역사책 속에서, 예술 작품 속에서, 제도 속에서, 그리고 사람들의 기억 속에서 이름은 계속 불린다. 이것이 이름값의 불멸성이다.

죽음이 끝이 아니다. 오히려 이름값의 진정한 시작일 수 있다. 생물학적 생명이 끝나는 순간부터 이름값은 물리적 제약에서 해방되어 무한한 가능성을 갖게 된다. 당신의 이름도 그런 불멸성을 가질 수 있다. 지금 당신이 만들고 있는 이름값이 언젠가 시간을 초월해 영원히 살아남을 수 있다.

시간을 초월한 영혼들

셰익스피어를 보자. 그는 1616년에 세상을 떠났지만, 400년이 지난 지금도 그의 이름은 살아있다. 『로미오와 줄리엣』, 『햄릿』, 『맥베스』 같은 작품들이 전 세계 무대에서 매일 공연된다. 그의 이름값은 육체의 소멸과 함께 끝나지 않았다. 오히려 더욱 강력해졌다.

마더 테레사는 어떨까? 1997년 세상을 떠난 그녀의 이름은 여전히 무조건적 사랑과 헌신의 상징이다. 가톨릭 교회는 그녀를 성인으로 추대했지만, 종교를 넘어 전 인류가 그녀의 이름을 기억한다. 그녀의 이름값은 개인의 죽음을 넘어 인류 전체의 영감이 되었다.

우리나라의 유관순을 생각해보자. 17세의 짧은 생을 마쳤지만, 그녀의 이름은 한국인의 정체성과 분리될 수 없다. 독립과 저항의 상징으로 100년이 넘도록 불리고 있다. 어린 나이에 세상을 떠났지만, 그녀의 이름값은 오히려 시간이 갈수록 더욱 빛을 발한다.

이들 모두 생물학적 생명의 한계를 뛰어넘어 이름의 생명력으로 영원히 살아가고 있다.

불멸성의 메커니즘

이름값이 불멸하는 방식은 세 가지 경로를 통해 작동한다.

첫째, 기록의 보존이다.

책, 작품, 제도, 법률, 음악, 건축물 같은 유형무형의 기록이 이름을 후대에 전한다. 기록은 시간의 벽을 뚫고 이름을 운반하는 타임머신이다. 디지털 시대에는 이런 기록의 보존력이 더욱 강해졌다.

둘째, 가치의 전승이다.

정의, 자유, 사랑, 진리 같은 보편적 가치를 대표할 때 이름은 세대를 건너뛰며 살아남는다. 가치는 불멸하고, 그 가치와 결합한 이름도 함께 불멸성을 얻는다.

셋째, 공동체의 기억이다.

공동체가 그 이름을 불러주고 이어줄 때 이름은 진정한 불멸성을 갖는다. 기록이 물리적 보존이라면, 기억은 정신적 계승이다. 사람에서 사람으로 전해지는 이름은 가장 강력한 생명력을 가진다.

평범한 불멸들

모든 이름이 세계사에 남지는 않는다. 그러나 작은 이름값도 가족, 공동체, 후손에게는 영원히 살아남을 수 있다.

- 한 부모의 성실한 이름값은 자녀와 손주의 기억 속에 살아남는다.
- 한 스승의 이름은 제자들의 인생 속에서 계속 불린다.
- 한 자영업자의 성실함은 지역사회 이야기 속에 전해진다.

누구의 이름이든 증거와 기억 위에 세워진다면 각자의 영역에서 영원히 살아남을 수 있다. 규모의 차이는 있을지언정, 불멸성의 본질은 같다.

영원한 이름값을 만드는 법칙

그렇다면 어떻게 영원히 살아남는 이름값을 만들 수 있을까?

첫 번째 법칙은 가치를 기록하는 것이다.

말은 바람에 날아가지만 기록은 남는다. 자신의 경험과 지혜, 가치관을 구체적이고 지속 가능한 형태로 남겨야 한다. 책을 쓰고, 영상을 만들고, 시스템을 구축하고, 작품을 창조하는 것. 모든 기록이 이름값의 불멸성을 담보한다.

두 번째는 사람을 남기는 것이다.

내가 영향을 준 사람이 나의 이름을 계속 전해준다. 제자를 기르고, 후배를 양성하고, 가족에게 가치를 전수하는 것. 사람을 통한 전승은 가장 확실한 불멸성의 방법이다.

세 번째는 가치를 대표하는 것이다. 특정한 가치와 결합한 이름은 시대를 넘어 영원히 불린다. 성실, 정직, 용기, 지혜, 사랑 같은 보편적 가치의 상징이 될 때, 그 이름은 가치와 함께 불멸한다.

이름값=생명의 끝 이후에도 살아남는 증거

육체는 사라져도, 증거와 가치에 새겨진 이름은 불멸한다. 이 공식에서 핵심은 '생명의 끝 이후'라는 시간적 관점이다. 진정한 이름값은 개인의 생물학적 한계를 뛰어넘어 평가된다. 살아있을 때의 성공은 이름값의 시작일 뿐이다. 죽음 이후에도 계속 가치를 창출하는 것이 진정한 이름값의 완성이다. 그리고 '증거'라는 단어가 중요하다. 추상적 기억이 아니라 구체적이고 검증 가능한 흔적이 불멸성을 만든다. 기록, 작품, 제도, 사람 등 모든 것이 이름값의 증거가 될 수 있다.

당신의 불멸성을 설계하라

이 장을 마무리하며 세 가지 질문을 던진다.

- 나는 죽은 뒤에도 내 이름이 기억되길 바라는가?
- 그렇다면, 지금 어떤 증거와 가치를 남기고 있는가?
- 내 이름은 어떤 방식으로 영원히 살아남을 것인가?

이름값은 결국 불멸성을 갖는다. 이것이 이름값 경제학의 궁극적 진리다. 당신이 지금 쌓고 있는 이름값이 언젠가 시간을 초월해 영원히 살아남을 수 있다. 죽음은 끝이 아니라 이름값의 새로운 시작이다. 당신의 불멸성을 지금부터 설계하라.

이름값은 곧
당신의 운명이 된다

운명의 진짜 설계자

운명은 하늘이 정하지 않는다. 운명은 이름값이 만든다. 많은 사람들이 운명을 신비로운 힘이나 우연의 결과로 여긴다. 하지만 현실에서 우리의 운명은 놀랍도록 논리적이고 예측 가능하다. 어떤 기회가 찾아오는지, 어떤 사람을 만나게 되는지, 어떤 제안을 받게 되는지는 대부분 한 가지 요소에 의해 결정된다. 바로 당신의 이름이 어떤 신뢰와 이미지를 가지고 있느냐다.

이름값이 기회 분배의 기준이 되고, 기회는 선택을 만들고, 선택은 운명을 결정한다. 이것이 이름값 경제학의 궁극적 결론이다. 당신이 지금 쌓고 있는 이름값은 단순히 현재의 자산이 아니다. 미래의 운명을 설계하는 도구다.

이름이 바꾼 인생의 궤적

BTS를 보자. 이들의 이름값은 단순한 K-팝 아이돌의 범주를 완전히 뛰어넘었다. 그들의 이름은 한국 문화 전체를 세계 무대로 끌어올렸고, 음악 산업의 패러다임을 바꿨다. 더 중요한 것은 그들의 운명이 개인을 넘어 국가 차원의 소프트파워가 되었다는 점이다. 이름값이 개인의 운명을 넘어 집단의 운명까지 바꾼 사례다.

넬슨 만델라의 경우는 더욱 극명하다. 27년간의 감옥 생활이라는 절망적 상황에서도 그는 자신의 이름값을 포기하지 않았다. 오히려 그 시간을 통해 '용서와 화해'라는 더 큰 이름값을 완성했다. 그 결과 그의 운명은 단순한 정치인이 아니라 인류 평화의 상징이 되었다.

일론 머스크는 어떨까? 그의 이름은 '혁신'과 '미래'의 대명사가 되었다. 그 이름값 덕분에 그는 자동차, 우주항공, 뇌과학, 인공지능 등 전혀 다른 영역에서도 투자자와 인재를 끌어모을 수 있다. 이름값이 산업의 경계를 허물고 새로운 운명의 가능성을 열어준 것이다.

이들의 공통점은 이름값이 단순한 현재의 명성을 넘어 미래의 궤적을 완전히 바꾸는 힘이 되었다는 것이다.

이름값이 운명이 되는 과정

심리학적으로 사람들은 라벨링 효과Labeling Effect에 영향을 받는다. "이 사람은 성실하다."라는 이름값은 성실한 기회를, "이 사람은 신뢰할 수 있다."라는 이름값은 더 큰 신뢰를 부른다. 라벨은 행동을 규정하고, 행동은 다시 운명을 만든다. 이름값이 결국 자기실현적 예언Self-Fulfilling

Prophecy이 되는 것이다.

운명=이름값×(기회+선택+신뢰)

이름값이 낮으면 기회가 줄고, 운명은 제약된다. 이름값이 높으면 더 많은 선택지가 주어지고, 운명은 확장된다.

이 공식에서 이름값은 승수 역할을 한다. 이름값이 낮으면 아무리 좋은 기회가 와도 선택받을 확률이 낮고, 선택받아도 신뢰받기 어렵다. 반대로 이름값이 높으면 더 많은 기회가 찾아오고, 더 좋은 선택지가 주어지며, 더 큰 신뢰를 받는다.

괄호 안의 세 요소도 중요하다. 기회는 가능성의 문이고, 선택은 그 문을 여는 열쇠이며, 신뢰는 그 문 너머의 세계에서 성공할 수 있게 해주는 연료다. 이 세 요소가 모두 이름값에 의해 좌우된다.

운명을 설계하는 사람들

그렇다면 우리는 어떻게 이름값을 통해 운명을 설계할 수 있을까?

먼저 명확한 방향성을 가져야 한다.

어떤 운명을 원하는지, 어떤 분야에서 어떤 역할을 하고 싶은지 분명히 해야 한다. 목표가 없는 이름값은 방향 없는 배와 같다.

둘째, 일관성을 유지해야 한다.

오늘은 이런 이름값, 내일은 저런 이름값을 추구하면 신뢰를 잃는다. 한 방향으로 꾸준히 쌓아 올린 이름값만이 진정한 힘을 갖는다.

셋째, 증거를 계속 만들어야 한다.

말로만 하는 이름값은 허상이다. 구체적이고 검증 가능한 증거를 지속적으로 만들어야 한다.

넷째, 네트워크를 확장해야 한다.

아무리 좋은 이름값도 아무도 모르면 의미가 없다. 적절한 홍보와 네트워킹을 통해 이름값을 알려야 한다.

다섯째, 시대의 변화를 읽어야 한다.

과거에 유효했던 이름값이 현재에도 통하리라는 보장은 없다. 시대가 요구하는 새로운 가치에 맞춰 이름값을 업데이트해야 한다.

지금 이 순간의 선택

이제 우리는 이 책의 마지막 지점에 서 있다. 50개의 장에 걸쳐 이름값의 모든 면을 탐구했다. 이름값이 어떻게 형성되고, 어떻게 작동하며, 어떻게 개인과 사회를 변화시키는지 살펴봤다.

이제 남은 것은 하나다. 행동이다. 당신이 지금 이 글을 읽는 순간도 이름값은 만들어지고 있다. 당신이 오늘 어떤 선택을 하느냐에 따라 내일의 이름값이 결정된다. 그리고 그 이름값이 미래의 운명을 좌우할 것이다.

이 책을 마무리하며 가장 중요한 세 가지 질문을 던진다.

- 내 이름값은 지금 어떤 운명을 부르고 있는가?
- 나는 내 이름으로 제약된 삶을 살고 있는가, 아니면 확장된 기회를 얻고 있는

가?

- 결국 내 운명을 바꾸기 위해 오늘부터 쌓아야 할 이름값은 무엇인가?

이름값 경제학은 여기서 끝나지 않는다. 이것은 끝이 아니라 시작이다. 당신의 진짜 이름값은 이 책을 덮는 순간부터 만들어진다. 이론을 실천으로, 지식을 행동으로, 꿈을 현실로 바꾸는 것. 그것이야말로 진정한 이름값의 출발점이다.

운명은 정해진 것이 아니다. 운명은 만들어가는 것이다. 그리고 그 운명을 만드는 가장 강력한 도구가 바로 당신의 이름값이다.

이제 당신의 이름으로 새로운 운명을 써 내려가라. 당신만이 쓸 수 있는, 당신만의 이름값으로 말이다.

5부 이름값의 확장과 완결(확장 편)

1장 이름값을 만드는 사람들의 7가지 습관

- 이름값은 반복적 습관 속에서 형성된다.
- 성공적인 사람들은 기록, 피드백, 실행을 일상화한다.
- 습관은 신뢰와 전문성을 축적하는 증거가 된다.

2장 이름값은 교환되는 자산이다

- 이름값은 신뢰를 담보로 거래되는 무형 자산이다.
- 평판과 증거는 기회의 형태로 교환된다.
- 이름이 가진 자산 가치는 시장에서 실질적 영향력을 갖는다.

3장 이름값은 세대를 넘어간다

- 이름은 개인의 생애를 넘어 기억된다.
- 신뢰와 성취가 후대의 자산으로 이어진다.
- 이름은 세대를 넘어 사회적 유산으로 작동한다.

4장 이름값은 사회적 자본이 된다

- 이름값은 신뢰와 연결의 형태로 사회적 자본이 된다.
- 사회적 자본은 경제적·문화적 기회로 전환된다.
- 개인의 이름은 공동체 속에서 투자 가치가 된다.

5장 이름값이 불러오는 책임

- 큰 이름에는 큰 책임이 따른다.
- 책임을 다하지 못하면 이름값은 순식간에 무너진다.
- 이름값은 명예이자 동시에 의무다.

6장 이름값은 공동체를 바꾼다

- 영향력 있는 이름은 공동체의 규범과 방향을 바꾼다.
- 이름은 개인을 넘어 사회적 변화를 이끈다.
- 공동체적 차원에서 이름값은 변혁의 힘이다.

7장 이름값은 역사를 움직인다

- 특정 이름은 시대의 전환점이 된다.
- 역사적 사건은 결국 '이름'을 통해 기억된다.
- 이름은 역사의 방향을 바꾸는 동력이 된다.

8장 이름값은 인류의 자산이 된다

- 뛰어난 이름은 국경을 넘어 인류 공동의 자산이 된다.
- 보편적 가치를 담은 이름은 전 세계에서 기억된다.
- 이름은 개인에서 시작해 인류 전체로 확장된다.

9장 이름값은 영원히 살아남는다

- 물리적 생명은 끝나도 이름은 기억 속에 남는다.
- 기록과 평판은 시간을 넘어 불멸의 힘을 갖는다.
- 이름은 곧 인간이 남길 수 있는 가장 오래된 유산이다.

10장 이름값은 곧 당신의 운명이 된다

- 이름값은 단순한 평판이 아니라 인생 궤적을 결정한다.
- 이름값은 기회를 만들고, 기회는 운명을 바꾼다.
- 결국 이름은 곧 삶의 방향이자 미래다.

"이름값은 개인을 넘어 세대와 공동체, 역사를 움직이며, 결국 당신의 운명까지 결정짓는 확장된 자산이다."

이름값은 살아 있는 증거다

돌아온 BTS, 그리고 당신

우리는 이 책의 첫 장에서 "BTS가 BTS했다"는 말로 여행을 시작했다. 단순해 보이는 이 문장 속에 이름값 경제학의 모든 비밀이 숨어 있었다. 이름이 단순한 호칭이 아니라 증거와 기대, 그리고 신뢰의 집합체라는 사실 말이다.

BTS라는 세 글자가 전 세계 수억 명의 마음을 움직일 수 있었던 이유는 무엇일까? 그 이름 속에 이미 수많은 증거가 쌓여 있었기 때문이다. 매일 밤 연습실에서 흘린 땀, 완벽을 향한 끝없는 도전, 팬들과의 진정성 있는 소통, 사회적 메시지를 담은 음악. 이 모든 것이 BTS라는 이름 안에 압축되어 있었다.

그리고 지금 이 책을 마무리하며 깨닫는다. 당신의 이름도 BTS와 본질적으로 다르지 않다는 것을. 규모의 차이는 있을지언정, 원리는 같다. 이름값은 증거에서 비롯되고, 신뢰에서 확장되며, 결국 화폐처럼 시장에서 거래된다.

우리가 함께 걸어온 길

50장에 걸친 이 여정을 돌아보자. 1부에서 우리는 이름이 단순한 부르기가 아님을 확인했다. 이름은 정체성이고, 브랜드이며, 약속이었다.

2부에서는 말이 아니라 증거가 이름값을 만든다는 냉혹한 현실을 마주했다. 좋은 의도만으로는 충분하지 않다는 것, 구체적이고 검증 가능한 증거만이 이름값을 쌓아 올린다는 것을 배웠다.

3부에서는 가치-행동-증거의 연결고리를 탐구했다. 어떻게 추상적 가치가 구체적 행동으로 이어지고, 그 행동이 어떻게 증거가 되어 평판을 만들며, 평판이 어떻게 기회로 전환되는지를 살펴보았다.

4부에서는 작은 습관과 꾸준함의 힘을 이야기했다. 누구라도 매일의 작은 선택을 통해 자신의 이름을 자산으로 만들 수 있다는 희망적 메시지였다.

그리고 마지막 5부에서는 이름값의 궁극적 지평을 탐험했다. 개인을 넘어 공동체를, 공동체를 넘어 역사를, 역사를 넘어 인류 전체를, 그리고 시간을 넘어 영원성까지. 이름값이 확장되는 장대한 여정을 함께 걸었다.

살아 있는 증거로서의 이름

이제 우리는 안다. 이름값은 곧 나의 증명이라는 것을. 사람은 언젠가 사라지지만 이름은 남는다. 육체는 소멸해도 이름은 영원하다. 그리고 그 이름이 어떤 증거 위에 쌓였는가에 따라 불리는 방식이 완전히 달라진다.

"그 사람은 믿을 만하다."
"그 이름은 곧 책임의 상징이다."
"그 이름은 우리 공동체를 바꾸었다."
"그 이름은 시대를 앞서갔다."
"그 이름은 인류의 희망이었다."

이것이 우리가 남길 수 있는 가장 강력한 유산이다. 돈도 권력도 명예도 시간 앞에서는 무력하다. 하지만 이름값은 다르다. 제대로 쌓인 이름값은 시간이 갈수록 더욱 빛을 발한다.

지금 이 순간, 당신에게

당신의 이름은 오늘 어떤 증거 위에 서 있는가? 지금 이 순간 누군가 당신의 이름을 들었을 때 가장 먼저 떠오르는 것은 무엇인가? 그것이 당신이 원하는 이미지와 일치하는가? 내일 누군가 당신의 이름을 부를 때, 그 입술 위에서 어떤 의미로 울려 퍼질 것인가? 신뢰인가, 의심인가? 기대인가, 실망인가? 존경인가, 무관심인가?

그리고 상상해보라. 백 년 후, 혹은 천 년 후에도 당신의 이름이 남는다면, 그것은 어떤 가치와 함께 기록될 것인가? 어떤 이야기가 당신의 이름과 함께 전해질 것인가?

퍼스널 브랜딩을 넘어선 인생 설계

많은 사람들이 이름값을 퍼스널 브랜딩의 연장선에서 생각한다. SNS에 올릴 콘텐츠를 고민하고, 네트워킹 이벤트에 참석하며, 온라인 프로필을 다듬는 것. 이런 활동들도 분명 의미가 있다. 하지만 진정한 이름값은 그보다 훨씬 깊고 넓은 개념이다.

퍼스널 브랜딩이 전략적 선택의 문제라면, 이름값은 존재 방식의 문제다. 브랜딩은 어떻게 보일지를 결정하는 것이고, 이름값은 어떻게 살지를 결정하는 것이다. 브랜딩은 외부의 시선을 의식한 연출이지만, 이름값은 내면의 가치를 바탕으로 한 진정성이다.

더 중요한 것은 시간의 관점이다. 퍼스널 브랜딩은 트렌드에 따라 변할 수 있지만, 이름값은 평생에 걸친 일관된 프로젝트다. 선택의 문제가 아니라 숙원사업이다. 당신이 태어나는 순간부터 세상을 떠나는 순간까지, 그리고 그 이후에도 계속되는 장대한 여정이다.

평생 프로젝트의 시작

이름값은 단기간에 완성되는 것이 아니다. 하루아침에 만들어지는 것도 아니다. 작은 증거 하나, 작은 행동 하나, 작은 약속 하나가 모여서 당신의 이름은 서서히 힘을 얻는다. 마치 나무가 자라는 것처럼. 매일 조금씩, 눈에 보이지 않게, 하지만 확실하게.

어느 날 문득 돌아보면 당신의 이름이 거대한 숲이 되어 있을 것이다. 그 숲은 당신의 삶을 넘어 당신이 속한 공동체와 세대, 더 나아가 인류의 기억 속으로 확장될 것이다. 이것이 이름값 경제학의 진정한 의미다. 단순히 개인의 성공을 위한 전략이 아니라, 인류 전체를 더 나은 방향으로 이끄는 집단적 노력이다. 당신이 좋은 이름값을 쌓을 때, 세상도 함께 좋아진다.

이 책을 덮는 지금, 나는 당신이 단 하나의 사실만은 잊지 않기를 간절히 바란다.

이름값은 설명이 아니라 증거로 완성된다.

말로 하는 약속이 아니라 행동으로 보여주는 증명이다. 한 번의 거창한 선언이 아니라 매일의 작은 실천이다. 완벽한 계획이 아니라 불완전한 시작이다.

당신의 이름은 이미 화폐다. 지금 이 순간에도 누군가는 당신의 이름을 평가하고 있고, 그 평가를 바탕으로 기회를 주거나 주지 않는 결정을 내리고 있다. 문제는 그 화폐의 가치가 얼마나 되느냐는 것이다. 그 가치를 어떤 증거로 뒷받침할지는 이제 당신의 선택에 달려 있다. 오늘 당신이 내리는 선택이 내일의 이름값을 만들고, 내일의 이름값이 미래의 운명을 결정할 것이다.

새로운 출발선에서

당신의 이름이 곧 당신의 유산이 될 것이다. 지금까지 쌓아온 것도 유산이고, 앞으로 쌓아갈 것도 유산이다. 그 유산은 당신 개인을 넘어 가족에게, 공동체에게, 그리고 인류에게 전해질 것이다.

"당신의 이름은 얼마나 가치 있는 화폐인가?"

이것이 이 책이 던지는 마지막 질문이다. 그리고 이것이 당신이 평생에 걸쳐 답해야 할 질문이다. 신뢰가 자본이 되는 시대에 BTS가 BTS했듯, 이제 당신도 당신의 이름값을 해야 한다. 당신만이 할 수 있는, 당신만의 방식으로.

이름값 경제학의 여행은 여기서 끝나지 않는다. 오히려 지금부터가 진짜 시작이다. 이론에서 실천으로, 지식에서 행동으로, 꿈에서 현실로 나아가는 여정의 시작점에 당신이 서 있다.

당신의 이름으로 세상을 바꿔라. 당신만이 쓸 수 있는 이야기를, 당신만이 남길 수 있는 증거를 만들어가라. 그것이 이름값 경제학이 당신에게 건네는 마지막 메시지다.

　책의 마지막 장을 덮는 지금, 이 한 권의 책이 사실은 나 혼자 쓴 것이 아님을 고백하고 싶습니다.

　먼저, 내 이름값을 지탱해 준 모든 사람들에게 깊이 감사드립니다. 내게 신뢰를 주었던 가족, 친구, 동료, 그리고 길 위에서 만난 수많은 사람들의 작은 믿음이 없었다면, 이 책의 단어 하나하나도 존재하지 못했을 것입니다.

　또한 이 책의 독자인 당신에게 진심으로 감사드립니다. 당신이 이 책을 펼쳐 주었기에, 내 이름은 다시 한번 증거로 살아납니다. 책을 읽어 준다는 것은 단순히 글자를 소비하는 일이 아니라, 저자의 이름에 시간을 투자해 준다는 것입니다. 그 선택 하나만으로도 내 이름은 더 큰 책임을 얻게 되었고, 이 책은 비로소 완성되었습니다.

　나는 이 책을 쓰며 수없이 질문했습니다.

　"사람은 떠나도 이름은 남는다. 그렇다면, 나는 내 이름으로 무엇을 남기고 싶은가?"

그리고 지금, 이 질문을 당신에게 건네며 마무리하고 싶습니다.

이 책을 읽고 있는 당신, 혹은 이 마지막 페이지까지 함께 와 준 당신에게 이 책을 바칩니다. 당신의 이름은 이미 충분히 소중합니다. 이제 남은 것은, 그 이름을 어떤 증거 위에 세울 것인가 하는 당신의 선택입니다.

그리고 나는 믿습니다. 당신의 이름은 곧, 누군가의 희망이 되고, 누군가의 역사 속에 기록될 것입니다.

**당신의 이름값이 당신의 삶을 넘어,
세대와 인류를 밝히는 증거가 되기를 기도합니다.**

이 책이 당신의 이름값을 세우는 여정에 작은 불씨가 되기를 바라며, 마지막 감사를 올립니다.

2026년 1월의 어느 늦은 밤,
지식소통가 **조연심**

이름값
경제학

1판 1쇄 펴낸날 2026년 1월 21일

지은이 조연심

펴낸이 나성원
펴낸곳 나비의활주로

책임편집 김정웅
디자인 BIG WAVE

전자우편 butterflyrun@naver.com
출판등록 제2010-000138호
상표등록 제40-1362154호
ISBN 979-11-93110-95-9 03320